A Roda da Vida

Elisabeth Kübler-Ross

A Roda da Vida

Título original: *The Wheel of Life*

Copyright © 1998 por Dra. Elisabeth Kübler-Ross
Copyright da tradução © 1998 por GMT Editores Ltda.

Todos os direitos reservados. Nenhuma parte deste livro pode ser utilizada ou reproduzida sob quaisquer meios existentes sem autorização por escrito dos editores.

tradução: Maria Luiza Newlands Silveira
preparo de originais: Regina da Veiga Pereira
revisão: Flávia Midori, Rebeca Bolite e Sérgio Bellinello Soares
diagramação: Valéria Teixeira
capa: DuatDesign
imagens de capa: balão: Julius Fekete/Shutterstock; grama: antpkr/Shutterstock; fundo: CHOATphotographer/Shutterstock e Elenamiv/Shutterstock
impressão e acabamento: Lis Gráfica e Editora Ltda.

CIP-BRASIL. CATALOGAÇÃO NA PUBLICAÇÃO
SINDICATO NACIONAL DOS EDITORES DE LIVROS, RJ

K97r   Kübler-Ross, Elisabeth, 1926-2004

A roda da vida/Elisabeth Kübler-Ross; tradução de Maria Luiza Newlands Silveira; Rio de Janeiro: Sextante, 2017.
320 p.; 14 x 21 cm.

Tradução de: The Wheel of Life
ISBN 978-85-431-0454-6

1. Kübler-Ross, 1926-2004. 2. Escritora – Suíça – autobiografia. 3. Morte. I. Título.

16-37254

CDD 928.41
CDU 929:821.133.1

Todos os direitos reservados, no Brasil, por
GMT Editores Ltda.
Rua Voluntários da Pátria, 45 – Gr. 1.404 – Botafogo
22270-000 – Rio de Janeiro – RJ
Tel.: (21) 2538-4100 – Fax: (21) 2286-9244
E-mail: atendimento@sextante.com.br
www.sextante.com.br

*Dedico este livro a meus filhos,
Kenneth e Barbara*

*Quando acabamos de fazer tudo o que viemos
fazer aqui na Terra, podemos sair de nosso corpo,
que aprisiona nossa alma assim como um casulo
aprisiona a futura borboleta.
E, na hora certa, podemos deixá-lo para trás,
e não sentimos mais dor, nem medo, nem
preocupações – estamos livres como uma linda
borboleta voltando para casa, para Deus...*

– DE UMA CARTA A UMA CRIANÇA COM CÂNCER

SUMÁRIO

1. Nada acontece por acaso   9

PARTE I – "O CAMUNDONGO"

2. O casulo   16
3. Um anjo moribundo   22
4. Meu coelhinho preto   29
5. Fé, esperança e amor   38
6. Meu próprio jaleco branco   46
7. Minha promessa   55
8. A sensação de ter um objetivo   61
9. Terra abençoada   68
10. Borboletas   78

PARTE II – "O URSO"

11. Jantar em casa   88
12. Faculdade de medicina   96
13. A boa prática da medicina   106
14. Elisabeth Kübler-Ross, médica   111
15. Hospital Estadual de Manhattan   119
16. Vivendo até a morte   128
17. Minha primeira aula   134
18. Maternidade   144
19. Sobre a morte e o morrer   150
20. De corpo e alma   161
21. Minha mãe   170
22. A finalidade da vida   177
23. Fama   184

24. A Sra. Schwartz 190
25. Entre a vida e a morte 197

PARTE III – "O BÚFALO"

26. Jeffy 204
27. A vida além da morte 211
28. A prova 218
29. Um canal para o outro lado 225
30. A morte não existe 235
31. Minha consciência cósmica 244
32. A morada final 253
33. Aids 262
34. Healing Waters 269

PARTE IV – "A ÁGUIA"

35. Serviços prestados 282
36. A médica do interior 288
37. Formatura 296
38. O sinal de Manny 300
39. A borboleta 305
40. Sobre a vida e o viver 314

Agradecimentos 319

1
Nada acontece por acaso

Há anos tenho sido perseguida por certa má reputação. Na verdade, as pessoas costumam me ver como Aquela Senhora que Fala Sobre a Morte e o Morrer. Acreditam que o fato de eu ter passado mais de três décadas fazendo pesquisas sobre a morte e o que acontece depois dela faz de mim uma especialista no assunto. Acho que não entenderam direito.

A única coisa incontestável em meu trabalho é a importância da vida.

Sempre digo que a morte pode ser uma das maiores experiências que se pode ter. Se você vive bem cada dia de sua vida, não tem o que temer.

Talvez este, que certamente é meu último livro, torne isso mais claro. Poderá também despertar novas perguntas e quem sabe até mesmo fornecer algumas respostas.

Hoje, aqui sentada nesta sala cheia de flores de minha casa em Scottsdale, Arizona, os últimos setenta anos de minha vida me parecem extraordinários. Aquela menina criada na Suíça jamais poderia prever, nem em seus sonhos mais extravagantes – e eles eram bastante extravagantes –, que acabaria sendo a autora mundialmente famosa de *Sobre a morte e o morrer*, um livro que, ao explorar o trecho final da vida, lançou-me no centro de uma controvérsia médica e teológica. Muito menos poderia imaginar que passaria o resto de seus dias explicando que a morte não existe.

Com os pais que tive, eu deveria ter sido uma dona de casa suíça boa e piedosa. Em vez disso, acabei vindo para o Sudoeste norte-americano e sendo uma psiquiatra obstinada, escritora e conferencista, que se comunica com espíritos de um mundo onde acredita haver muito mais amor e glória do que no nosso. A medicina moderna se tornou uma espécie de profeta que oferece uma vida sem dores. Isso é absurdo. A única coisa que conheço capaz de curar realmente as pessoas é o amor incondicional.

Alguns de meus pontos de vista são pouco convencionais. Por exemplo, ao longo dos últimos anos, sofri meia dúzia de derrames. Meus médicos primeiro me fizeram advertências e em seguida me imploraram que deixasse de fumar, tomar café e comer chocolate. Mas ainda me permito esses pequenos prazeres. Por que não? É a minha vida.

É como tenho vivido desde sempre. Se sou independente, aferrada às minhas opiniões e meus modos de ser, se estou um pouco fora dos padrões, e daí? É assim que sou.

Isoladas, as peças às vezes parecem não se encaixar bem umas nas outras.

Mas aprendi com a experiência que na vida nada acontece por acaso. As coisas que aconteceram comigo tinham de acontecer.

Era meu destino trabalhar com doentes terminais. Não tive escolha quando deparei com meu primeiro paciente com aids. Achei que precisava viajar mais de 400 mil quilômetros todo ano para coordenar seminários que ajudavam as pessoas a lidar com os aspectos mais dolorosos da vida, da morte e da transição de uma fase para outra. Mais tarde, senti o impulso de comprar uma fazenda de 120 hectares numa região rural da Virgínia, onde criei meu próprio centro de tratamento, com planos de adotar bebês com aids. E, embora seja difícil admitir, vejo que era meu destino ser obrigada a sair daquele lugar idílico.

Em 1985, depois de anunciar minha intenção de adotar bebês soropositivos, tornei-me a pessoa mais desprezada de todo o vale de Shenandoah, e, apesar de ter logo abandonado meus planos, havia um grupo de homens que fez de tudo, exceto me matar, para eu ir embora. Atiravam em minhas janelas e alvejavam meus animais. Enviavam uma espécie de mensagem que tornava perigosa e desagradável a vida naquele lugar deslumbrante. Mas ali era o meu lar e eu teimosamente me recusei a deixá-lo.

Havia me mudado dez anos antes para a fazenda, que ficava em Head Waters, na Virgínia. A fazenda concretizava todos os meus sonhos e coloquei ali todo o dinheiro que ganhara com livros e conferências para transformar esses sonhos em realidade. Ergui ali minha casa, um chalé nas proximidades e uma casa de fazenda. Construí um centro de tratamento onde realizava seminários, o que me permitiu reduzir meu frenético programa de viagens. Estava planejando adotar os bebês, para que eles pudessem desfrutar dos dias que lhes restavam em meio ao esplendor da vida ao ar livre no campo.

A vida simples da fazenda era tudo para mim. Nada era mais relaxante depois de uma longa viagem de avião do que chegar ao caminho sinuoso que levava à minha casa. O sossego da noite tinha um efeito mais calmante do que o de uma pílula para dormir. Acordava com uma sinfonia de sons de vacas, cavalos, galinhas, porcos, burros, lhamas... Toda a barulhenta bicharada dando-me boas-vindas. Os campos desdobravam-se até onde minha vista podia alcançar, cintilando sob o orvalho fresco da manhã. Árvores antigas ofereciam sua sabedoria silenciosa.

Havia trabalho de verdade a fazer. Minhas mãos ficavam sujas. Tocavam a terra, a água. Trabalhavam com a matéria-prima da vida.

Minha vida.

Minha alma estava ali.

Então, no dia 6 de outubro de 1994, puseram fogo na minha casa.

Ela queimou por inteiro e não restou nada. Todos os meus papéis foram destruídos. Tudo o que eu tinha transformou-se em cinzas.

Eu estava correndo pelo aeroporto de Baltimore, tentando pegar um avião de volta para casa, quando recebi a notícia de que tudo estava em chamas. A pessoa amiga que me contou isso insistiu que eu não fosse direto para lá, pelo menos naquele momento. Mas já tinham me dito para não seguir a carreira de médica, para não falar com pacientes terminais, para não abrir um hospital para pacientes com aids na prisão e, toda vez, eu teimosamente fiz o que achava certo, em vez de o que esperavam de mim. Dessa vez não foi diferente.

Todo mundo enfrenta momentos difíceis na vida. Quanto mais momentos difíceis enfrentamos, mais crescemos e aprendemos.

O avião seguiu zunindo. Logo, eu estava no banco de trás do carro de um amigo, correndo pelas estradas escuras do campo. Era quase meia-noite. A alguns quilômetros, vislumbrei os primeiros sinais da fumaça e das chamas. Destacavam-se contra o céu inteiramente negro. Dava para ver que era um grande incêndio. De perto, a casa, ou o que restava dela, mal se distinguia através das labaredas. Comparei a cena com estar no meio do inferno. Os bombeiros disseram que nunca tinham visto nada igual. O calor intenso manteve-os a distância a noite toda e pela manhã adentro.

Bem tarde, naquela primeira noite, procurei abrigo numa fazenda vizinha que costumava receber hóspedes. Preparei uma xícara de café, acendi um cigarro e refleti sobre aquela minha tremenda perda pessoal na fornalha enraivecida que um dia fora a minha casa. Era devastadora, atordoante, acima de qualquer compreensão. A lista incluía os diários que meu pai escrevera sobre a minha infância, meus papéis e diários pessoais, umas vinte mil anotações relacionadas à minha pesquisa sobre a vida depois da morte, minha coleção de arte nativa norte-americana, fotografias, roupas... tudo.

Por 24 horas, fiquei em estado de choque. Não sabia como reagir, se chorava, gritava, brandia os punhos para Deus ou apenas ficava pasma com a dureza da mão do destino.

As adversidades somente nos tornam mais fortes.

As pessoas sempre me perguntam como é a morte. Digo-lhes que é sublime. É a coisa mais fácil que terão de fazer.

A vida é dura. A vida é luta.

Viver é como ir para a escola. Dão a você muitas lições para estudar. Quanto mais você aprende, mais difíceis ficam as lições. Aquela experiência foi uma dessas lições. Já que não adiantava negar a perda, eu a aceitei. O que mais poderia fazer? De qualquer forma, era só um monte de coisas, e, mesmo que fossem importantes ou tivessem valor sentimental, nada que pudesse ser comparado ao valor da vida. Eu estava ilesa. Meus dois filhos, crescidos, Kenneth e Barbara, estavam vivos. Um bando de idiotas queimara minha casa com tudo o que estava dentro, mas não tinha conseguido me destruir.

Quando aprendemos as lições, a dor se vai.

Esta minha vida, que de certa maneira começou pelo mundo afora, foi muitas coisas, mas nunca foi fácil. Isso é um fato, não uma queixa. Aprendi que não há alegria sem dificuldades. Não existe prazer sem dor. Saberíamos o que é o bem-estar da paz sem as angústias da guerra? Se não fossem as doenças, será que perceberíamos que nossa humanidade está ameaçada? Se não houvesse a morte, apreciaríamos a vida? Se não existisse o ódio, saberíamos que nosso objetivo supremo é o amor?

Como gosto de dizer: "Se protegêssemos os cânions dos vendavais, nunca veríamos a beleza de seus relevos."

Confesso que aquela noite de outubro em 1994 foi uma dessas ocasiões em que é difícil encontrar beleza. Mas no decorrer de minha vida eu já estivera em encruzilhadas semelhantes, buscando no horizonte algo quase impossível de se enxergar. Nesses momentos, ou você cai no negativismo e procura atribuir a culpa a alguém ou opta pela recuperação e por continuar a amar. Como acredito que o único propósito de nossa existência é crescer, não tive dificuldade em tomar uma decisão.

Assim, alguns dias depois do incêndio, dirigi-me à cidade, comprei uma muda de roupas e preparei-me para o que viria em seguida.

De certa forma, esta é a história de minha vida.

PARTE I

"O CAMUNDONGO"

(primeiros anos de vida)

◉

*O camundongo gosta de entrar
e sair de todos os lugares,
é ativo e travesso, está sempre
à frente dos outros.*

2
O CASULO

Ao longo da vida surgem pistas que nos indicam para qual direção devemos seguir. Se não damos atenção a essas pistas, tomamos decisões erradas e acabamos levando uma vida infeliz. Se ficamos atentos, aprendemos nossas lições e temos uma vida plena e boa, assim como uma boa morte.

O maior dom que Deus nos concedeu foi o livre-arbítrio. O livre-arbítrio põe sobre nossos ombros a responsabilidade por fazer as melhores escolhas possíveis.

Eu estava no sexto ano escolar quando tomei minha primeira grande decisão inteiramente sozinha. Perto do fim do semestre, o professor deu uma tarefa à turma. Tínhamos de escrever uma redação sobre o que queríamos ser quando crescêssemos. Na Suíça, essa tarefa específica era um grande acontecimento. Era o que determinaria a nossa educação futura: receber treinamento para uma profissão ou passar anos nos dedicando a rigorosos estudos universitários.

Peguei no lápis e no papel com um entusiasmo fora do comum. Entretanto, embora eu acreditasse que estava definindo o meu destino, a realidade era outra. Nem tudo dependia da criança.

Bastaria que eu relembrasse a noite anterior. Na hora do jantar, meu pai empurrara seu prato para o lado e estudara os rostos de sua família antes de fazer uma declaração importante. Ernst Kübler era um homem forte e rijo, com opiniões coerentes com seu físico. Era muito severo e exigente com meu irmão mais velho, Ernst Junior, e obrigara-o a seguir um caminho universitário rigoroso. Agora, estava prestes a revelar o futuro de suas filhas trigêmeas.

Uma sensação de suspense envolveu-me quando ele começou dizendo a Erika, a mais frágil das três, que ela seguiria um curso universitário. Depois disse a Eva, a menos motivada, que ela receberia uma educação não especializada numa escola para moças. Finalmente, seus olhos pousaram em mim e rezei para que ele me permitisse realizar o sonho de tornar-me médica.

Que ele certamente não ignorava.

Mas nunca esquecerei o momento que se seguiu.

– Elisabeth, você vai trabalhar na minha empresa – disse ele. – Preciso de uma secretária eficiente e inteligente. É o lugar certo para você.

Fui tomada pelo desalento. Crescendo como trigêmea, uma entre três meninas idênticas, toda a minha vida tinha sido uma luta por minha identidade. Agora, mais uma vez, negavam-me o direito aos pensamentos e sentimentos que me tornavam única. Imaginei-me na empresa dele. Faria um trabalho burocrático. Sentada o dia inteiro diante de uma mesa. Escrevendo números. Os dias seriam tão rígidos quanto as linhas de um gráfico.

Não me via fazendo aquilo. Desde nova, tivera uma imensa curiosidade sobre a vida. Olhava o mundo com admiração e reverência. Sonhava tornar-me médica no interior do país ou, melhor ainda, praticar a medicina entre os pobres da Índia, como meu herói Albert Schweitzer fizera na África. Não sei de onde me tinham vindo essas ideias, mas eu sabia que não fora feita para trabalhar na empresa de meu pai.

– Não, muito obrigada! – retruquei bruscamente.

Naquela época, esse tipo de rompante vindo de uma criança não era apreciado, especialmente em minha casa. Meu pai ficou vermelho de raiva. As veias de suas têmporas incharam-se. Então, ele explodiu.

– Se não quer trabalhar comigo, então pode passar o resto da sua vida como criada! – gritou, e entrou furioso no escritório.

– Para mim, está bom – respondi com aspereza, e estava sendo sincera.

Preferia trabalhar como criada e aferrar-me à minha independência do que deixar que qualquer pessoa, até mesmo meu pai, me condenasse a trabalhar como guarda-livros ou secretária para o resto da vida. Seria o mesmo que ir para a prisão.

Tudo isso fez meu coração bater mais forte e minha caneta correr rápida na manhã seguinte quando, na escola, tivemos de escrever nossas redações. A minha não fazia uma única referência a qualquer tipo de trabalho de escritório. Ao contrário, escrevi com grande entusiasmo sobre seguir o exemplo de Schweitzer e ir para a selva pesquisar as muitas e variadas formas de vida. "Quero encontrar o sentido da vida." Desafiando meu pai, também declarei que meu sonho era ser médica. Não me importava se ele lesse a redação e ficasse zangado outra vez. Ninguém poderia afastar de mim os meus sonhos. "Aposto que um dia poderei fazer isto por conta própria", eu dizia. "Devemos sempre tentar alcançar a estrela mais alta."

As perguntas de minha infância: por que nasci trigêmea sem nenhuma identidade própria definida? Por que meu pai era tão severo? Por que minha mãe era tão amorosa?

Porque tinha de ser. Fazia parte do plano.

Acredito que todos temos um anjo da guarda ou um espírito que nos protege. Ele nos ajuda na transição entre a vida e a morte e também a escolher nossos pais antes de nascermos.

Meus pais eram um típico casal conservador da classe média alta de Zurique, na Suíça. A personalidade deles era uma prova do velho axioma da atração dos opostos. Meu pai, o diretor-assistente da maior companhia de material de escritório da cidade, era um homem forte, sério, responsável e parcimonioso em suas despesas. Tinha olhos castanho-escuros e via apenas duas alternativas na vida: seus princípios e os princípios errados.

Mas também tinha um enorme entusiasmo pela vida. Organizava ruidosas cantorias em torno do piano da família e vivia para explorar as maravilhas das paisagens suíças. Como membro do renomado Clube de Esqui de Zurique, sua maior felicidade era fazer caminhadas, escaladas ou praticar esqui nas montanhas. Foi uma paixão que ele passou para os filhos.

Minha mãe parecia sempre bem disposta, bronzeada e saudável, apesar de não participar de atividades ao ar livre com o mesmo entusiasmo de meu pai. Pequena e atraente, era uma perfeita e prática dona de casa que tinha orgulho de suas habilidades. Era ótima cozinheira. Costurava grande parte de suas roupas, tricotava suéteres de lã, mantinha a casa organizada e cuidava de um jardim que atraía a admiração de muita gente. Era um trunfo excelente para a vida profissional de meu pai. Depois que meu irmão nasceu, dedicou-se a ser uma boa mãe.

Mas ela queria uma filhinha bonita para completar o quadro. Ficou grávida pela segunda vez sem nenhuma dificuldade. Quando entrou em trabalho de parto em 8 de julho de 1926, rezou por uma coisinha gorducha e macia de cabelos encaracolados que pudesse vestir como uma boneca. A Dra. B., uma obstetra idosa, ajudou-a durante as dores e contrações. Meu pai, avisado no trabalho, chegou ao hospital para o apogeu dos nove meses de espera. A médica curvou-se e pegou um bebê, o menor recém-nascido que qualquer pessoa naquela sala de parto já tinha visto nascer vivo.

Assim foi a minha chegada. Eu pesava menos de 1 quilo. A médica tinha ficado horrorizada com o meu tamanho, ou melhor, com a minha falta de tamanho. Parecia um pequenino camundongo. Ninguém achava que eu sobreviveria. Entretanto, assim que meu pai me ouviu chorar pela primeira vez, disparou para o telefone do corredor e comunicou à sua mãe, Frieda, que ela ganhara outro neto homem.

Quando correu de volta para a sala de parto, deram-lhe a informação correta.

– *Frau* Kübler – disse a enfermeira – na verdade deu à luz uma menina.

Disseram a meu pai que bebês tão pequenos assim às vezes

podem não ser corretamente identificados na hora do parto. De modo que ele correu de volta para o telefone e contou à minha avó que ela ganhara a sua primeira neta.

– Estamos pensando em chamá-la de Elisabeth – informou ele, orgulhoso.

No momento em que meu pai entrou novamente na sala de parto para confortar minha mãe, não sabia que outra surpresa o esperava. Uma segunda menina acabara de nascer. Era frágil como eu, tinha menos de 1 quilo. Quando acabou de dar as boas-novas adicionais à minha mãe, verificou que ela ainda sentia dores consideráveis. Ela jurava que ainda não havia terminado, que ia ter outra criança. Meu pai atribuiu aquela bobagem ao cansaço, e a velha e experiente médica concordou sem muita convicção.

De repente, minha mãe sentiu novas contrações. Começou a fazer força e minutos mais tarde deu à luz uma terceira menina. Essa era grande, pesava mais de 3 quilos, o triplo do peso das outras duas. E tinha a cabecinha coberta de cachos! Minha mãe estava exausta mas ficou entusiasmada. Finalmente, tinha a menina com que sonhara durante os últimos nove meses.

A Dra. B., uma mulher idosa, considerava-se uma clarividente. Éramos as primeiras trigêmeas que ela ajudava a nascer. Examinou nossos rostos detalhadamente e fez previsões acerca de cada uma de nós para minha mãe. Disse que Eva, a que nascera por último, estaria sempre "mais perto do coração da mãe"; enquanto Erika, a segunda criança, sempre "escolheria o caminho do meio". Depois, a Dra. B. fez um gesto em minha direção, observou que eu abrira caminho para as outras e acrescentou: "Vocês nunca precisarão se preocupar com essa aqui."

A edição do dia seguinte de todos os jornais locais traziam a excitante notícia do nascimento das trigêmeas Kübler. Até ler as manchetes, minha avó acreditara que meu pai havia feito uma brincadeira boba com ela. As comemorações prolongaram-se por muitos dias. Só meu irmão não participou do entusiasmo geral. Seus dias de pequeno príncipe encantado tinham terminado abruptamente. Viu-se soterrado sob uma avalanche de fraldas. Logo estaria empurrando um pesado carrinho de bebê ladeira acima e vendo suas três irmãs sentarem-se em peniquinhos idênticos. Tenho certeza de que a falta de atenção que recebeu na ocasião foi a causa de seu distanciamento da família mais tarde.

Para mim, ser trigêmea era um pesadelo. Não desejaria o mesmo nem para o meu pior inimigo. Eu não tinha identidade sem minhas irmãs. Nós éramos parecidas. Recebíamos os mesmos presentes. Os professores nos davam as mesmas notas. Quando nos levavam para passeios no parque, os transeuntes perguntavam quem era quem. Algumas vezes, minha mãe admitia que nem ela mesma sabia.

Era um grande peso psicológico. Não só eu tinha sido uma coisinha insignificante de menos de 1 quilo ao nascer, com pouca chance de sobrevivência, como também passei toda a minha infância tentando entender quem eu era. Sempre tive a impressão de que precisaria trabalhar dez vezes mais do que qualquer pessoa e realizar dez vezes mais coisas para provar que merecia algo... que merecia viver. Era uma tortura permanente.

Só quando me tornei adulta percebi que aquelas circunstâncias tinham sido de fato uma bênção. Eu mesma as escolhera para mim antes de vir ao mundo. Podem não ter sido agradáveis. Podem não ter sido as que eu queria. Mas foram elas que me deram firmeza, determinação e energia para todo o trabalho que me esperava mais adiante.

3
UM ANJO MORIBUNDO

Depois de quatro anos criando trigêmeas num apartamento pequeno de Zurique em que não tinha nem espaço nem privacidade, meus pais alugaram uma encantadora casa de três andares no campo, em Meilen, uma tradicional vila suíça à beira de um lago a meia hora de trem da capital. A casa tinha sido pintada de verde, o que nos fez chamá-la de "A Casa Verde".

Nossa nova casa ficava numa colina coberta de relva de onde era possível ver a cidade. Tinha um aspecto bem característico do Velho Mundo e um pequeno pátio gramado onde podíamos correr e brincar. Havia uma horta que nos abastecia de legumes frescos que nós mesmos colhíamos. Cheia de energia, eu estava sempre ao ar livre, como digna filha de meu pai. Às vezes, passava o dia inteiro vagando pelos bosques e campinas à procura de pássaros e animais.

Guardo duas lembranças muito remotas desse tempo, ambas muito importantes para moldar a pessoa que eu viria a ser.

A primeira foi a descoberta de um livro ilustrado sobre a vida numa aldeia africana, que despertou para sempre a minha curiosidade sobre as diferentes culturas do mundo. Fiquei imediatamente fascinada pelas fotografias de crianças de pele escura. Tentei compreendê-las melhor inventando um mundo de faz de conta que eu podia explorar, inclusive com uma língua secreta que só eu e minhas irmãs conhecíamos. Atormentei meus pais para que me dessem uma boneca de rosto preto, impossível de encontrar na Suíça. Cheguei a desistir de brincar com a minha coleção de bonecas até que me dessem uma de rosto preto.

Quando soube que haveria uma nova exposição sobre a África no Jardim Zoológico de Zurique, resolvi sair de casa às escondidas para vê-la. Tomei o trem como já fizera antes com meus pais e cheguei ao zoológico com a maior facilidade. Ouvi os tocadores de tambor africanos produzindo os ritmos mais belos e exóticos do mundo. Enquanto isso, toda a cidade de Meilen estava à procura da Kübler fujona, da menina levada. Não tinha a menor ideia da preocupação que estava causando enquanto perambulava naquela noite, mas depois fui devidamente castigada.

Mais ou menos na mesma época, também me lembro de ter ido assistir a uma corrida de cavalos com meu pai. Como era muito pequena, ele empurrou-me para a frente dos adultos para que eu visse melhor. Sentei-me na grama úmida da primavera durante toda a tarde. Apesar de sentir um pouco de frio, fiquei ali quieta para aproveitar a oportunidade de estar tão próxima daqueles cavalos tão bonitos. Peguei um resfriado logo depois, e só me lembro em seguida de uma noite de sonambulismo e delírio em que andei pelo porão de nossa casa.

Eu estava totalmente desorientada quando minha mãe me encontrou e então me levou para o quarto de hóspedes, onde podia manter-me sob observação. Era a primeira vez que eu dormia longe de minhas irmãs. Estava com uma febre alta que evoluiu rapidamente para a pleurisia e a pneumonia. Sabia que minha mãe estava aborrecida com meu pai por ele ter viajado para esquiar, deixando-a sozinha com seu trio cansativo e um menino pequeno.

Às quatro da madrugada, com a febre nas alturas, minha mãe chamou uma vizinha para tomar conta de minhas irmãs e meu irmão e pediu a outro vizinho, o Sr. H., que tinha um carro, para nos levar ao hospital. Enrolou-me em vários cobertores e segurou-me em seus braços, enquanto o Sr. H. seguia a toda velocidade para o hospital pediátrico de Zurique.

E assim fui apresentada à medicina praticada nos hospitais de uma maneira que, infelizmente, é memorável por ter sido desagradável. A sala de consultas era fria. Ninguém me dirigira uma palavra sequer. Nem "Olá". Nem "Como é que você está?". Nada. Um médico puxou os cobertores aconchegantes que envolviam meu corpo tiritante e rapidamente me despiu. Pediu que minha mãe saísse da sala. Então, fui pesada, cutucada, remexida, pediram-me que tossisse e trataram-me mais como uma coisa do que como uma menina pequena, enquanto procuravam a causa de meus problemas.

Lembro-me em seguida de acordar num quarto estranho. Na verdade, parecia mais uma caixa de vidro. Ou um aquário. Não havia janelas. O silêncio era absoluto. Uma lâmpada colocada no alto ficava acesa praticamente o tempo todo. Ao longo das semanas seguintes, vi pessoas vestidas com jalecos brancos entrarem e saírem sem pronunciar uma única palavra ou dar um sorriso amigável.

Havia outra cama no aquário, ocupada por uma menina uns dois anos mais velha do que eu. Tinha uma aparência muito frágil e sua pele era tão pálida e doentia que parecia translúcida. Lembrava um anjo sem asas, um pequeno anjo de porcelana. Ninguém jamais a visitava.

Nem sempre estava consciente, de modo que nunca nos falávamos. Mas estávamos muito bem juntas, tranquilas e acostumadas uma com a outra. Olhávamo-nos nos olhos durante um tempo infindável. Era nossa forma de comunicação. Tivemos conversas longas, profundas e significativas sem jamais emitir um único som. Era simplesmente uma espécie de transferência de pensamentos. Tudo o que tínhamos de fazer era abrir nossos olhos de crianças para iniciar o fluxo. Ah, e havia muito o que falar!

Um dia, porém, antes de minha própria doença tomar um rumo mais drástico, abri meus olhos depois de um sono cheio de sonhos e vi minha companheira de quarto olhando para mim, esperando. Tivemos então uma linda conversa, muito comovente e proveitosa. Minha pequena amiga de porcelana disse que iria embora mais tarde, naquela mesma noite. Fiquei preocupada.

– Está tudo bem – disse. – Os anjos estão esperando por mim.

Durante a noite, ela se mexeu mais do que de costume. Quando eu tentava chamar sua atenção, parecia sempre olhar além de mim, ou através de mim.

– É importante que você continue lutando – explicou. – Você vai conseguir. Vai voltar para casa e para sua família.

Fiquei muito feliz, mas meu ânimo mudou abruptamente.

– E você? – perguntei.

Ela disse que sua verdadeira família estava "do outro lado" e garantiu que não havia motivo para eu me preocupar. Trocamos sorrisos antes de ela mergulhar outra vez no sono. Eu não sentia medo por causa da viagem que minha nova amiga iria fazer. Ela também não. Parecia tão natural quanto o sol sumir a cada dia e a lua tomar seu lugar no céu.

Na manhã seguinte, vi que a cama de minha amiga estava vazia. Nenhum dos médicos ou enfermeiras disse sequer uma palavra sobre a partida dela, mas eu sorri por dentro, lembrando o que ela me confiara antes de ir. Talvez eu soubesse mais do que eles. Nunca esqueci minha pequena amiga, que aparentemente morreu sozinha, mas que, estou certa, foi ajudada por pessoas do outro plano. Eu sabia que ela estava indo para um lugar melhor.

Quanto a mim, não tinha tanta certeza. Detestava minha médica. Culpava-a por não permitir que meus pais se aproximassem e ficassem apenas do outro lado do vidro. Olhavam para mim lá de fora, enquanto eu precisava desesperadamente de um abraço. Queria ouvir as vozes deles. Queria sentir o calor da pele de meus pais e ouvir minhas irmãs e meu irmão rirem. Em vez disso, meus pais encostavam seus rostos no vidro. Mostravam desenhos mandados por minhas irmãs, sorriam e acenavam; e suas visitas não passaram disso no período em que estive no hospital. Meu único prazer era puxar a pele morta de meus lábios queimados. Era bom e irritava um bocado minha médica. Ela batia sempre na minha mão, ameaçando amarrar meus braços e me imobilizar se eu não parasse. Rebelde e entediada, eu continuava. Não conseguia parar. Era minha única distração. Um dia, porém, depois que meus pais saíram, a médica insensível entrou em meu quarto, viu meus lábios sangrando e prendeu meus braços na cama para que eu não pusesse mais as mãos na boca.

E então usei os dentes. Meus lábios sangravam sem parar. A médica me detestava porque achava que eu era uma criança teimosa e desobediente. Mas não era nada disso. Era uma criança doente e solitária que ansiava por calor humano. Costumava esfregar os pés e as pernas uns nos outros para sentir o toque reconfortante da pele humana. Não estavam tratando uma criança da maneira certa, e, com certeza, para crianças muito mais doentes do que eu isso deve ter sido ainda pior.

Então, certa manhã, vários médicos amontoaram-se ao meu redor murmurando sobre a necessidade de uma transfusão de sangue. Bem cedo, no dia seguinte, meu pai irrompeu por aquele meu quarto desesperadamente vazio e desanimador, parecendo muito grande e heroico. Comunicou-me que eu iria receber um pouco do seu "bom sangue cigano". E, de uma hora para outra, foi como se o quarto se iluminasse. Ficamos deitados em macas vizinhas e espetaram tubos em nossos braços. O aparelho de sucção-circulação-bombeamento era movido a manivela e parecia um moedor de café. Papai e eu olhávamos para os tubos vermelhos. Cada vez que a manivela era acionada, o sangue era sugado do tubo de papai e entrava no meu.

– Isso vai deixar você em ponto de bala – disse, animado. – Logo vai poder voltar para casa.

Naturalmente, eu acreditei.

Fiquei deprimida quando tudo terminou porque então meu pai se levantou e me deixou sozinha outra vez. No entanto, depois de vários dias, minha febre baixou e a tosse diminuiu. E, numa manhã, papai apareceu outra vez. Mandou que eu levantasse meu corpo mirrado da cama e seguisse pelo corredor até um pequeno vestiário.

– Há uma coisinha lá esperando por você – disse.

Embora eu não sentisse firmeza nas pernas, minha animação me levou pelo corredor, onde imaginava que encontraria minha mãe e minhas irmãs prontas para me fazerem uma surpresa. Em vez disso, entrei num quarto vazio. A única coisa lá dentro era uma pequena mala de couro. Meu pai enfiou a cabeça pela porta e pediu que eu abrisse a maleta e me vestisse depressa. Eu estava fraca e com medo de cair, além de mal ter forças para abrir a maleta. Mas não queria desobedecer a meu pai e talvez perder a oportunidade de ir para casa com ele.

Assim, usei toda minha energia para abrir a mala. E encontrei a melhor surpresa de toda a minha vida. Dentro, estavam minhas roupas bem dobradas, obviamente por minha mãe, e, por cima de tudo, uma boneca negra. Era a boneca negra com que eu havia sonhado por muitos meses. Peguei-a e comecei a chorar. Nunca tivera uma boneca só minha. Nem uma. Nem um brinquedo ou peça de roupa que não dividisse com minhas irmãs. Mas aquela boneca negra era evidentemente minha, toda minha, claramente distinguível das bonecas brancas de Eva e Erika. Estava tão feliz que dançaria – se minhas pernas fracas aguentassem.

Em casa, meu pai me carregou para cima e me colocou na cama. Nas semanas seguintes, aventurei-me apenas até a espreguiçadeira da sacada, onde descansava com a minha preciosa boneca negra nos braços, deixando que o sol aquecesse minha pele, enquanto admirava as árvores e as flores, com minhas irmãs brincando por perto. Sentia-me tão feliz por estar em casa que nem me importava por não poder brincar com elas.

Fiquei triste por perder o início das aulas, mas, num dia ensolarado, minha professora favorita, *Frau* Burkli, apareceu lá em casa com a turma inteira. Reuniram-se sob minha sacada e fizeram uma serenata com minhas canções alegres favoritas. Antes de ir embora, minha professora me deu de presente um adorável urso-negro cheio das mais deliciosas trufas de chocolate, que devorei em tempo recorde.

Lenta mas seguramente, voltei ao normal. E, como percebi muito mais tarde em minha vida, muito tempo depois de ter ido engrossar as fileiras daqueles médicos de jalecos brancos, minha recuperação deveu-se em grande parte ao melhor remédio do mundo: os cuidados, o conforto e o amor que recebi em casa... além de alguns chocolates!

4
Meu coelhinho preto

Em reuniões de família, meu pai adorava tirar fotografias que depois dispunha meticulosamente em álbuns. Também mantinha diários detalhados em que registrava quando cada um de nós tinha pronunciado as primeiras palavras, aprendido a engatinhar, a falar, dito algo engraçado ou inteligente – recordações preciosas que sempre me faziam sorrir, até que a maioria delas foi destruída. Graças a Deus, ainda estão todas guardadas em minha memória.

O Natal era a melhor época do ano. Na Suíça, as crianças começam a trabalhar muito antes das festas, preparando presentes para todos os membros da família e parentes próximos. Nos dias que precediam o Natal, ficávamos juntas tricotando capas para cabides de roupas, bordando lenços com motivos elaborados e escolhendo novos pontos para toalhas de mesa e panos de prato decorativos. Fiquei muito orgulhosa de meu irmão quando ele trouxe para casa um conjunto para polir sapatos que fizera na oficina de carpintaria da escola.

Minha mãe era a melhor cozinheira do mundo, mas se esmerava em preparar cardápios novos e especiais para as festas de fim de ano. Era muito exigente com relação aos lugares onde comprava a carne e os legumes e não se esquivava de andar quilômetros para conseguir alguma coisa em especial, mesmo que só pudesse encontrá-la em uma loja do outro lado da cidade.

Embora considerássemos papai uma pessoa econômica, no Natal ele sempre trazia para casa um buquê de flores frescas, anêmonas, ranúnculos, margaridas e mimosas. Todo mês de dezembro, só de fechar os olhos, ainda sou capaz de sentir o perfume dessas flores. Papai também trazia para casa caixas de tâmaras, um pouco de figos secos e outras guloseimas que tornavam mística e especial a época do Advento. Minha mãe enchia todos os vasos com flores e ramos de pinheiro e decorava a casa de modo especialmente bonito. Havia uma atmosfera de expectativa e excitação por toda a parte.

No dia 25 de dezembro, papai levava todas as crianças para uma longa caminhada à procura do Menino Jesus. Bom contador de histórias, ele nos fazia acreditar que a cintilação na neve era um sinal de que o bebê Jesus estava apenas um pouco adiante. Nunca lhe fazíamos perguntas enquanto caminhávamos pelas florestas e subíamos as colinas, sempre esperando ver o Menino Jesus com nossos próprios olhos. A caminhada durava várias horas, até escurecer, quando meu pai, com um suspiro, desistia e decidia que era hora de voltar, para que mamãe não ficasse preocupada.

Porém, assim que chegávamos ao jardim, encontrávamos mamãe envolta num casaco grosso, chegando também talvez de alguma compra de última hora. Entrávamos todos ao mesmo tempo em casa e, com grande excitação, descobríamos que o Menino Jesus estivera com certeza em nossa sala e acendera todas as velas de uma imensa e muito enfeitada árvore de Natal. Havia embrulhos sob a árvore. Comíamos uma grande ceia, enquanto as velas tremeluziam.

Mais tarde, íamos para o outro cômodo, que servia de sala de música e biblioteca, e minha família começava a cantar as antigas e queridas canções de Natal. Minha irmã Eva tocava piano e meu irmão acompanhava-a no acordeão. Meu pai tinha uma esplêndida voz de tenor e todos cantávamos juntos. Depois, meu pai lia uma história de Natal, com as crianças sentadas a seus pés escutando fascinadas. Enquanto minha mãe reacendia as velas e preparava a sobremesa, corríamos para perto da árvore para tentar descobrir o que havia dentro de cada pacote. Por fim, depois da sobremesa, abríamos os presentes e fazíamos brincadeiras e jogos até a hora de dormir.

Nos dias normais de trabalho, meu pai costumava sair bem cedo pelas manhãs para tomar o trem para Zurique. Voltava para o almoço e depois saía outra vez para a estação de trem. Isso deixava pouco tempo para minha mãe fazer as camas e limpar a casa antes de preparar o almoço, que costumava ser uma refeição completa, a principal do dia. Todos tínhamos de estar à mesa e ficávamos sujeitos ao "olhar de águia" de meu severo pai disciplinador se fizéssemos barulho demais ou deixássemos comida no prato. Ele raramente precisava levantar a voz, de modo que, quando o fazia, todos logo se comportavam como deviam. Se isto não acontecia, ele nos chamava para ir ao seu escritório e já sabíamos o que isto significava.

Não me lembro de ter visto papai perder a paciência com Eva ou Erika. Erika ficava o tempo todo extraordinariamente quieta e bem-comportada. Eva era a favorita de minha mãe. Portanto, Ernst e eu éramos os alvos habituais. Meu pai deu apelidos a mim e às minhas irmãs: Erika era Augedaechli, que significa a pálpebra sobre o olho, simbolizando como ele se sentia próximo dela e talvez porque sempre a via meio sonhando, meio adormecida, com os olhos quase fechados. A mim, que estava sempre pulando de galho em galho nas árvores, ele chamava de Meisli, ou pequeno pardal, que depois trocou por Museli, ou camundonguinho, porque eu nunca ficava parada. Eva era chamada de Leu, que quer dizer leão, provavelmente por causa da quantidade de cabelo maravilhoso que ela tinha, assim como por seu apetite! Ernst era o único que não tinha apelido.

À noite, bem depois de voltarmos da escola e meu pai do trabalho, reuníamo-nos todos na sala de música e cantávamos. Meu pai, um solicitado mestre de cerimônias do famoso Clube de Esqui de Zurique, fez questão que aprendêssemos centenas de canções e baladas populares. Com o passar do tempo, ficou claro que Erika e eu não tínhamos nenhum talento musical e acrescentávamos apenas notas desafinadas a um concerto de vozes que poderia ser bastante animado. Como resultado, ele nos delegou as tarefas da cozinha. Quase todos os dias, enquanto os outros cantavam, Erika e eu lavávamos a louça do jantar e acabávamos cantando sozinhas. Mas não nos importávamos. Ao terminar, em vez de ir ao encontro dos outros, ficávamos sentadas no balcão cantando e pedindo que eles tocassem nossas canções favoritas, como *Ave Maria, Das alte Lied* e *Always*. Bons tempos eram aqueles.

Na hora de dormir, íamos para nossas camas idênticas, cobertas com lençóis idênticos e colocávamos em cadeiras idênticas nossas roupas idênticas para a manhã seguinte. Das bonecas aos livros, tudo era igual para nós três. Era enlouquecedor. Lembro do coitado de meu irmão sendo usado como cão de guarda durante nossas sessões nos peniquinhos. A tarefa dele era impedir que eu me levantasse depressa demais e fugisse antes que minhas irmãs acabassem. Eu detestava aquele sistema e sentia-me como se estivesse numa camisa de força. Tudo isso contribuiu para toda aquela ânsia pela minha própria identidade.

Na escola, eu tinha muito mais características próprias do que minhas irmãs. Era ótima aluna, especialmente em matemática e idiomas, mas era mais conhecida por defender, contra os encrenqueiros, as crianças mais fracas, indefesas ou portadoras de alguma deficiência. Meus punhos socavam tantas vezes as costas dos valentões da escola que minha mãe estava acostumada a ouvir o filho do açougueiro, o mexeriqueiro da cidade, dizer, ao passar por nossa casa, depois das aulas: "Betli vai chegar tarde hoje. Está batendo num dos meninos." Meus pais nunca ficavam zangados porque sabiam que eu só protegia os que não podiam se defender.

Também ao contrário de minhas irmãs, eu estava sempre às voltas com bichos de estimação. No final do jardim de infância, um amigo da família voltara da África e me dera um macaquinho, a que chamei de Chiquito. Ficamos grandes amigos rapidamente. Pegava também todos os tipos de animais e criei um hospital improvisado no porão para pássaros, sapos e cobras feridos. Certa vez, alimentei um corvo machucado, que se recuperou e voltou a voar. Descobri que os animais sabiam instintivamente em quem confiar.

Isto também se aplicava aos mais ou menos dez coelhos que criávamos num pequeno cercado no jardim. Eu era em princípio a responsável pela limpeza da casa deles, além de cuidar de sua alimentação e brincar com eles. Apesar de minha mãe, de tempos em tempos, incluir ensopado de coelho no cardápio, eu nunca pensei em como os coelhos iam parar na panela, o que era muito conveniente. Por outro lado, percebia que os coelhos só se aproximavam do portão quando eu entrava, nunca quando se tratava de qualquer outra pessoa de minha família. Esse favoritismo fazia com que eu os mimasse ainda mais. Eles, pelo menos, eram capazes de me distinguir de minhas irmãs.

Depois que começaram a se multiplicar, meu pai decidiu reduzir o número de animais. Não entendo por que ele fez isso. A alimentação deles não custava nada, pois só comiam dentes-de-leão e capim, o que não faltava em nosso jardim. Papai devia imaginar que, de alguma forma, estava poupando dinheiro. Certa manhã, pediu que minha mãe preparasse um coelho assado. Depois, voltou-se para mim.

– Leve um de seus coelhos para o açougueiro na ida para a escola – disse. – E traga-o de volta quando vier para o almoço, de modo que sua mãe tenha tempo de prepará-lo para o jantar.

Embora tenha ficado sem fala por estar pensando no que ele havia pedido, obedeci. Naquela noite, assisti à minha família comer o "meu" coelho. Quase engasguei quando meu pai sugeriu que eu provasse. "Só uma perna", disse. Recusei teimosamente, mas procurei evitar um "convite" para ir ao escritório dele.

Esse drama se repetiu por meses a fio, até restar apenas meu coelho favorito, Blackie. Ele era uma grande e gorda bola macia. Eu adorava abraçá-lo e lhe contar meus segredos. Era um grande ouvinte, um terapeuta maravilhoso. Estava convencida de que era a única criatura no mundo inteiro que me amava incondicionalmente. Então, chegou o dia que eu mais temia. Depois do café, meu pai pediu que levasse Blackie para o açougueiro. Fui andando trêmula e perturbada até onde ele estava. Ao pegá-lo, confessei-lhe o que tinham me mandado fazer. Blackie olhou para mim, mexendo seu nariz cor-de-rosa.

– Não posso fazer isso – disse, e coloquei-o no chão. – Fuja – implorei. – Vá embora! – Mas ele não saiu do lugar.

Por fim, meu tempo se esgotou. Estava na hora de ir para a escola. Agarrei Blackie e corri para o açougue com as lágrimas rolando pelo rosto. O pobre Blackie sentiu que algo terrível ia acontecer, não posso deixar de pensar, pois o coração dele batia tão forte quanto o meu quando o entreguei ao açougueiro e corri para a escola sem me despedir.

Passei o resto do dia pensando em Blackie. Imaginava se ele já estaria morto, se saberia que eu o amava e que sentiria falta dele para sempre. Arrependi-me de não ter me despedido. Essas perguntas que eu me fazia então, sem falar na minha atitude, plantavam as sementes de meu futuro trabalho. Eu odiava a maneira como me sentia e culpava meu pai.

Depois da escola, fui andando bem devagar até a vila. O açougueiro estava esperando à porta do açougue. Ao entregar-me a sacola em que estava Blackie, disse:

– Que pena você ter precisado trazer esta coelha... Em um ou dois dias, ela teria tido filhotes.

(Eu não sabia que Blackie era fêmea.)

Não imaginava que pudesse me sentir ainda pior, mas foi o que aconteceu. Em casa, coloquei a sacola ainda quente sobre o balcão da cozinha. Mais tarde, sentei-me à mesa e vi minha família comer o "meu" coelho. Não chorei. Não queria que meus pais soubessem quanto me tinham feito sofrer.

Raciocinei que obviamente eles não me amavam e por isso eu precisava aprender a ser forte. Mais forte do que todo mundo.

Depois que meu pai cumprimentou minha mãe pela refeição deliciosa, eu disse a mim mesma: "Se você for capaz de aguentar isso, será capaz de aguentar qualquer coisa na vida."

...

    Quando eu tinha 10 anos, meu pai comprou uma casa bem maior e nos mudamos para o que chamávamos de "A Casa Grande", num local mais distante nas colinas, acima da cidade. Havia seis quartos, mas meus pais continuaram colocando nós três, as meninas, num mesmo cômodo. Na época, o único espaço que me interessava era o exterior. Tínhamos um pátio espetacular, um gramado de 200 metros quadrados, flores e um jardim, que foi indiscutivelmente a origem de meu interesse da vida inteira em cultivar qualquer coisa que florescesse. Estávamos também rodeados por fazendas e vinhedos com aquela beleza característica dos cartões-postais, e, a distância, havia montanhas escarpadas com os topos cobertos de neve.

    Eu perambulava por todo o campo, procurando pássaros, gatos, cobras, sapos e outros animais que estivessem feridos. Levava-os para o nosso porão, onde instalei um belo laboratório. Referia-me orgulhosamente a ele como "meu hospital". Para os meus pacientes menos afortunados, criei um cemitério sob um salgueiro e mantinha aquela área sombreada sempre enfeitada de flores.

    Meus pais não me protegiam da vida nem da morte quando as coisas aconteciam naturalmente, o que me permitiu assimilar as diferentes circunstâncias, assim como as reações das pessoas com relação a ambas. Quando estava no terceiro ano da escola, minha turma foi apresentada a uma nova colega chamada Suzy. O pai dela, um jovem médico, tinha acabado de se mudar com a família para Meilen. Não era fácil recomeçar a exercer a profissão de médico numa pequena cidade, e ele custou a conseguir pacientes. Mas todos achavam que Suzy e a irmã mais nova eram adoráveis.

    Então, alguns meses mais tarde, Suzy parou de ir à escola. Em breve se espalharia a notícia de que ela estava gravemente doente. Todos na cidade culpavam seu pai por não conseguir curá-la.

Não deve ser um bom médico, diziam. Mas nem os melhores do mundo poderiam tê-lo feito. Suzy, soube-se mais tarde, tinha contraído meningite.

A cidade inteira, inclusive as crianças da escola, acompanharam o declínio gradual do estado de Suzy: primeiro a paralisia, depois a surdez e, finalmente, a perda da visão. As pessoas da vila, apesar de sentirem pena da família, eram como as que vivem em lugares pequenos: temiam que a horrível doença entrasse em suas casas caso se aproximassem muito. O resultado foi que praticamente todos se afastaram da nova família, que ficou só num momento de grande necessidade emocional.

Pensar nisso me perturba até hoje, embora eu fizesse parte do grupo de colegas de Suzy que continuou a manter contato com sua família. Entregava bilhetes, desenhos e flores-do-campo à irmã dela para que levasse para casa.

– Diga a Suzy que estamos pensando nela – eu falava. – Diga que estamos sentindo sua falta.

Nunca esquecerei que, no dia que Suzy morreu, as cortinas do seu quarto estavam fechadas. Lembro-me de ter ficado triste porque ela estava isolada do sol, dos pássaros, das árvores e de todos os belos sons e paisagens da natureza. Não me parecia certo. Também não aprovei as manifestações exageradas de tristeza e luto que se seguiram, pois achava que a maioria dos habitantes de Meilen estava aliviada por aquela provação ter finalmente terminado. Sem nenhuma razão para permanecer ali, a família de Suzy mudou-se.

Causou-me uma impressão muito mais positiva a morte de um dos amigos de meus pais. Ele era um fazendeiro, talvez com cerca de 50 anos. Anos antes, fora ele quem correra para o hospital comigo e com minha mãe quando eu tivera pneumonia. Sua morte foi consequência da queda de uma macieira em que quebrou o pescoço, mas não morreu de imediato.

No hospital, os médicos disseram que não podiam fazer nada, e, sendo assim, ele insistiu em ser levado embora para morrer em casa. Havia tempo mais do que suficiente para a família, os parentes e amigos despedirem-se dele. No dia em que fomos visitá-lo, estava cercado pela família e pelos filhos. Seu quarto transbordava de flores silvestres e a cama tinha sido colocada numa posição que lhe permitia ver pela janela seus campos e árvores frutíferas, resultado de seu trabalho que sobreviveria com o passar dos anos. A dignidade, o amor e a paz que vi deixaram em mim uma impressão duradoura.

Ele morreu no dia seguinte, e voltamos à tarde para velar seu corpo. Eu estava muito relutante em participar, sem nenhuma vontade de passar pela experiência de estar diante de um corpo sem vida. Vinte e quatro horas antes, aquele homem, cujos filhos iam à escola comigo, tinha pronunciado meu nome, penosamente mas do fundo do coração: "a pequena Betli". No entanto, o velório me proporcionou um momento fascinante. Ao olhar para o corpo, percebi que o homem não estava mais ali. A força e a energia que deram vida a ele haviam desaparecido.

Em minha mente, comparei a morte dele com a de Suzy. O que quer que tenha acontecido com ela desenrolou-se no escuro, por trás de cortinas fechadas que impediram a entrada até mesmo do calor dos raios do sol durante os momentos finais de sua vida. O fazendeiro morreu o que hoje chamo de uma boa morte: em casa, cercado de amor e respeito, dignidade e afeição. Sua família disse tudo o que tinha a dizer e chorou sua morte sem arrependimentos ou questões mal resolvidas.

Minhas poucas experiências de então me fizeram perceber que a morte é algo que nem sempre se pode controlar. Porém, com direito a algumas escolhas, isso era até aceitável.

5
FÉ, ESPERANÇA E AMOR

Eu tinha sorte na escola. Meu interesse por matemática e pelas matérias básicas me tornava uma daquelas crianças estranhas que gostam de ir para a escola. Mas reagia de modo totalmente oposto quando se tratava do estudo semanal obrigatório de religião. Isso era ruim porque, para uma criança, eu tinha claras tendências espirituais. Porém, R., o pastor protestante da cidade, ensinava as Escrituras aos domingos com grande ênfase no medo e na culpa, e eu não me identificava com o Deus dele.

Era um homem frio, bruto e rude. Seus cinco filhos, que sabiam como ele era pouco cristão, apareciam na escola famintos e com hematomas pelo corpo. Os coitados tinham uma aparência cansada. Dávamos disfarçadamente a eles sanduíches para o café da manhã que não tinham tomado em casa e acolchoávamos seus traseiros com suéteres e almofadas para que aguentassem sentar nos bancos de madeira ao ar livre. Seus segredos de família acabaram chegando ao pátio do colégio: todas as manhãs, seu muito reverendo pai os espancava com o que estivesse mais à mão.

Em vez de enfrentá-lo por causa de seu comportamento terrivelmente abusivo, os adultos admiravam seus sermões eloquentes e altamente dramáticos; mas nós, as crianças, que estávamos sujeitas à sua forma ditatorial de ensino e à sua rígida disciplina, é que sabíamos como ele era de verdade. Bastava suspirar durante sua aula ou virar ligeiramente a cabeça para merecer uma pancada brusca de sua régua de madeira num braço, na cabeça, numa orelha ou onde quer que fosse.

Passei a não gostar dele, e de religião em geral, no dia em que minha irmã Eva foi chamada para recitar um salmo, que tínhamos decorado na semana anterior. Minha irmã sabia-o perfeitamente. Porém, antes que terminasse, uma menina próxima a ela tossiu. O pastor presumiu erradamente que ela havia soprado o salmo para minha irmã. Sem fazer nenhuma pergunta, ele agarrou uma trança de cada menina e bateu com suas cabeças uma de encontro à outra. O estalo causado pelo impacto dos ossos produziu um som que fez a turma toda estremecer.

Era demais, e eu explodi. Lancei o livro preto de salmos que tinha na mão no rosto dele. Acertou-lhe em cheio na boca. Ele ficou estupefato e olhou diretamente para mim, mas eu estava exaltada demais para me intimidar.

– Você não é nenhum exemplo de pastor afetuoso, prestativo, compreensivo, piedoso ou solidário! – berrei. – Não quero fazer parte de nenhuma religião que você esteja ensinando! – E disparei para fora da escola, jurando nunca mais voltar.

No caminho para casa, senti-me perturbada e assustada. Mesmo sabendo que minha atitude tinha sido justificada, temia as consequências. Imaginava-me sendo expulsa da escola. Mas a maior incógnita era meu pai. Não queria nem pensar em como ele me castigaria. Por outro lado, ele não era um dos grandes admiradores do pastor R. O pastor havia recentemente escolhido nossos vizinhos como a mais exemplar família cristã da cidade, e, no entanto, todas as noites ouvíamos os pais gritarem, brigarem e baterem nos filhos. Aos domingos, tinham uma aparência encantadora. Mas meu pai admirava-se de como o pastor podia ser tão cego.

Na volta, parei para descansar sob a sombra de uma das grandes árvores que margeavam um vinhedo. Aquela sim era a minha igreja. Os campos abertos. As árvores. Os pássaros. A luz do sol. Não tinha dúvidas sobre a santidade e respeito que a Mãe Natureza inspirava. Eterna e honesta em sua aparência. Bela e a mais benévola na maneira de tratar os outros. Aquele era o meu refúgio contra os problemas, o porto seguro que me abrigava e protegia contra adultos intrometidos. Ali estava realmente a mão de Deus.

Meu pai iria compreender. Fora ele quem me ensinara a venerar o generoso esplendor da natureza levando-nos por longas caminhadas pelas montanhas, quando esquadrinhávamos os urzais e campinas, nadávamos em riachos claros e frescos e abríamos nossos próprios caminhos por florestas densas. Levava-nos não só em agradáveis caminhadas de primavera, como em perigosas expedições na neve. Transmitiu-nos seu entusiasmo pelas montanhas mais altas, por um *edelweiss* meio escondido entre as rochas ou pela visão de uma rara flor alpina. Saboreamos a beleza do pôr do sol. Também aprendemos a respeitar o perigo, como na ocasião em que sofri uma queda quase fatal numa profunda fenda glacial – e só pude ser resgatada porque estava usando minha corda de segurança.

Esses caminhos ficaram marcados para sempre em nossas almas.

Antes de ir para casa, onde àquela hora já teriam certamente chegado as notícias sobre minha briga com o pastor R., esgueirei-me para um local secreto na campina abaixo de nossa casa. Para mim, aquele era o lugar mais sagrado do mundo inteiro. No centro de um terreno selvagem e de vegetação tão abundante e cerrada que nenhum ser humano ainda entrara ali – exceto eu – havia uma rocha enorme, talvez com quase 2 metros de altura e coberta de musgo, líquen, salamandras e répteis. Era o melhor lugar para eu me integrar com a natureza e onde ninguém no mundo poderia me encontrar.

Subi no topo da rocha. Com o sol filtrando-se através das árvores como faz nos vitrais de uma igreja, levantei meus braços para o céu como um índio e entoei uma prece inventada na hora agradecendo a Deus por tudo o que a vida oferecia. Senti-me mais próxima do Todo-Poderoso do que o pastor R. jamais seria capaz de algum dia me fazer sentir.

De volta ao mundo real, minhas relações com o mundo espiritual foram uma questão a ser discutida. Em casa, meus pais não me fizeram uma pergunta sequer sobre o incidente com o pastor R. Interpretei o silêncio deles como apoio à minha atitude. Três dias mais tarde, porém, a junta escolar reuniu-se numa sessão de emergência para discutir o caso. Na realidade, a reunião discutiria apenas qual a melhor forma de punição. Eles não tinham dúvida de que eu estava errada.

Felizmente, meu professor favorito, o Sr. Wegmann, convenceu a junta a me deixar contar minha versão do incidente. Entrei na sala bastante nervosa. Quando comecei a falar, olhei diretamente para o pastor R. Ele estava sentado com a cabeça baixa e as mãos juntas, a imagem perfeita da devoção. Depois, me pediram que fosse para casa e esperasse.

Os dias seguintes passaram-se muito devagar até que, certa noite, o Sr. Wegmann veio à nossa casa depois do jantar. Comunicou a meus pais que eu estava oficialmente dispensada das aulas do pastor R. Ninguém ficou descontente. A punição leve dava a entender que eu não agira de modo impróprio. O Sr. Wegmann perguntou o que eu achava. Respondi que achava justo, mas que, antes de dizer qualquer coisa definitiva, queria que mais uma condição fosse aceita. Queria que Eva também fosse dispensada das aulas do pastor R. "Concedido", disse o Sr. Wegmann.

Para mim, não havia nada mais divino ou que inspirasse a crença em algum poder maior do que a natureza, a vida ao ar livre. Os tempos que passamos num pequeno chalé alpino em Amden foram indiscutivelmente o ponto alto de minha juventude. O melhor de todos os guias, meu pai sempre fazia alguma observação sobre cada flor ou árvore que encontrávamos. Esquiávamos no inverno. Todos os verões, ele organizava enérgicas caminhadas de duas semanas em que aprendíamos a viver de modo espartano e a seguir uma rígida disciplina. Também nos levava para explorar as charnecas, as campinas e os riachos que correm pela floresta.

Entretanto, quando minha irmã Erika perdeu o entusiasmo por essas excursões, ficamos preocupados. Por volta dos 12 anos, ela começou a ficar cada vez mais desanimada ao sair para os passeios. Recusara-se terminantemente a participar de nossa caminhada anual de três dias organizada pela escola, na qual iam vários adultos e um professor. Isso deveria ter sido um sinal de alerta para algo mais sério. Já tendo feito longas caminhadas com nosso pai quase sem nenhum conforto e com pouca comida, estávamos bem treinados para esse tipo de passeio. Até mesmo Eva e eu não conseguíamos compreender qual era o problema de nossa irmã. Meu pai, que não tolerava frescuras, só fez repreendê-la com severidade e obrigá-la a ir de qualquer maneira.

Foi um erro. Antes da partida, ela já se queixava de dores atrozes na perna e no quadril. No primeiro dia de viagem, ficou muito doente. Um dos professores e um dos pais trouxeram-na para casa em Meilen, onde ela foi hospitalizada, o início de anos de maus-tratos por médicos e hospitais. Apesar de estar com um lado paralisado e o outro mancando, ninguém conseguia fazer um diagnóstico. Sentia dores tão intensas que, muitas vezes, quando Eva e eu chegávamos da escola, ouvíamos Erika gritando no quarto. Naturalmente, isso fazia todos andarem pela casa muitas vezes nas pontas dos pés, balançando a cabeça, com pena da pobre Erika.

Como não se conseguia diagnosticar nada, muita gente pensava que o que ela tinha era histeria ou simplesmente uma invenção para livrar-se dos esportes e das atividades físicas. Anos mais tarde, o obstetra que nos trouxera ao mundo fez grandes esforços para chegar a um diagnóstico, e afinal se descobriu ser uma cavidade no osso ilíaco. Considerando o caso retrospectivamente, ela tivera poliomielite combinada com osteomielite. Naquela época, era algo difícil de ser diagnosticado. Um dos hospitais ortopédicos a torturava, forçando-a a subir uma escada rolante em que ela tinha de dar passos longos e dolorosos. Achavam que se ela fizesse exercícios prolongados deixaria de "fingir" que estava doente.

Sentia-me inútil diante do sofrimento de minha irmã. Felizmente, assim que se fez um diagnóstico e Erika começou a receber o tratamento apropriado, pôde voltar à escola em Zurique e viver uma vida boa, produtiva e sem dores. Mas sempre achei que um médico competente, afetuoso e compreensivo poderia ter feito muito mais por ela. Numa das vezes em que Erika esteve hospitalizada, escrevi-lhe uma carta prometendo com empenho tornar-me exatamente aquele tipo de médico.

Era evidente que o mundo estava precisando de tratamento, e logo precisaria ainda mais. Em 1939, a máquina de guerra nazista começava a exibir sua força destrutiva. O Sr. Wegmann, nosso professor, que era oficial do Exército suíço, nos preparou para um provável início da guerra. Em casa, meu pai recebia muitos homens de negócios alemães que contavam o que Hitler estava fazendo. Eles diziam que os judeus estavam sendo recolhidos na Polônia e supostamente sendo mortos em campos de concentração, embora ninguém tivesse certeza disso. Mas todas aquelas conversas sobre a guerra nos deixavam amedrontados e apreensivos.

Numa manhã de setembro, meu pai, aquela pessoa tão cuidadosa com seus gastos, entrou em casa com um rádio, um luxo em nossa pequena cidade. De repente, porém, tornara-se uma necessidade. Todas as noites, após o jantar, às sete e meia, reuníamo-nos em torno da grande caixa de madeira e escutávamos as notícias sobre a marcha da Alemanha nazista através da Polônia. Eu torcia para os valentes poloneses, que arriscavam a vida para defender sua terra natal, e chorei quando ouvi descrições das mortes de mulheres e crianças de Varsóvia nas linhas de frente. Enchi-me de cólera quando soube que os nazistas estavam matando os judeus. Se eu fosse homem, teria partido para o combate.

Mas eu era uma menina, não um homem. Sendo assim, prometi a Deus que, quando tivesse idade, viajaria para a Polônia e ajudaria aquelas almas corajosas a derrotarem seus opressores.

"Logo que puder", sussurrei, "logo que puder, vou para a Polônia para ajudar."

Enquanto isso não acontecia, eu odiava os nazistas. Odiei-os ainda mais quando soldados suíços confirmaram os rumores sobre os campos de concentração para judeus. Meu próprio pai e meu irmão viram soldados nazistas instalados ao longo do Reno metralharem um rio humano de refugiados judeus que tentavam atravessar em busca de um lugar seguro. Poucos escaparam com vida para o lado suíço. Alguns foram capturados e enviados para campos de concentração. Muitos flutuaram, mortos, rio abaixo. As atrocidades eram grandes e numerosas demais para ficarem ocultas. Todas as pessoas que eu conhecia estavam revoltadas.

Cada transmissão de notícias sobre a guerra soava para mim como um desafio moral. "Não, nunca nos renderemos", eu gritava, ouvindo Winston Churchill. "Nunca!"

À medida que a guerra se desenrolava com toda a sua violência, aprendíamos o significado do sacrifício. Numerosos refugiados cruzavam a todo momento as fronteiras suíças. A comida teve de ser racionada. Nossa mãe nos ensinou a guardar ovos de modo que durassem por um ou dois anos. Nossos gramados foram transformados em hortas e plantações de batatas. Nosso porão ficou tão cheio de comida enlatada que mais parecia um supermercado dos tempos atuais.

Sentia orgulho em saber que podia sobreviver com comida cultivada em casa, que podia fazer meu próprio pão, preparar frutas e legumes em conserva e passar sem os confortos antigos. Era apenas uma pequena contribuição para o esforço de guerra, mas ser autossuficiente me deu um novo tipo de confiança, e mais tarde isto viria a ser útil.

Diante da situação dos países vizinhos, tínhamos muito que agradecer. Nossa vida havia mudado bem pouco. Aos 16 anos, minhas irmãs estavam prestes a serem crismadas, um importante acontecimento para uma criança suíça. Estudavam com o pastor Zimmermann, um renomado pastor protestante, em Zurique.

Minha família o conhecia já fazia muito tempo e havia afeto e respeito mútuo entre nós e ele. Quando a data da crisma estava próxima, ele revelou a meus pais que sonhara crismar as trigêmeas Kübler, uma forma sutil de perguntar: "E Elisabeth?"

Eu não tinha nenhuma intenção de me ligar à religião, mas o pastor me pediu que lhe dissesse minhas críticas à Igreja. Enumerei-as uma por uma, desde o pastor R. à minha crença de que nenhum Deus, e principalmente a ideia que eu fazia de Deus, podia caber entre quatro paredes ou ser definido por leis ou convenções criadas pelo homem. "Por que, então", perguntei, num tom de voz interessado, "eu faria parte de tal Igreja?".

Em vez de tentar mudar minha opinião, o pastor Zimmermann defendeu Deus e a fé argumentando que o que importava era a maneira como as pessoas viviam, não sua forma de culto.

– A cada dia, você deve procurar fazer as escolhas mais elevadas que Deus lhe oferece – disse ele. – É o que verdadeiramente determina se uma pessoa vive próxima a Deus.

Concordei, e, assim, alguns dias depois de nossa conversa, o sonho do pastor Zimmermann transformou-se em realidade. As trigêmeas Kübler ficaram de pé à sua frente num tablado lindamente enfeitado dentro de sua igreja simples, enquanto ele recitava um versículo da Epístola de São Paulo aos Coríntios: "E doravante permaneçam na fé, na esperança e no amor, as três virtudes; mas a maior de todas é o amor." Então, o pastor Zimmermann voltou-se para nós, levantou a mão acima de nossas cabeças e pronunciou uma só palavra para cada uma, como se aquela palavra nos personificasse.

Eva era a fé. Erika era a esperança. E eu era o amor.

Numa época em que o amor parecia escasso no mundo inteiro, aceitei aquilo como um presente, uma honra e, acima de tudo, uma responsabilidade.

6
MEU PRÓPRIO JALECO BRANCO

Quando terminei a escola secundária na primavera de 1942, tinha me tornado uma jovem séria e madura. Minha cabeça vivia cheia de pensamentos profundos. Meu futuro, no que dependesse de mim, era a medicina. Meu desejo de ser médica era mais forte do que nunca. Eu sentia o chamado da carreira. O que poderia ser melhor do que curar os doentes, dar esperança aos desesperados e aliviar as dores dos que sofrem?

Mas meu pai ainda era quem mandava e a noite em que parou para pensar no futuro de suas três filhas não foi muito diferente daquela noite tumultuada na cozinha de nossa casa. Mandou Eva para uma escola de moças e Erika para um liceu em Zurique. Quanto a mim, meu pai mais uma vez determinou que eu seria secretária na empresa em que trabalhava. Demonstrou não me conhecer explicando quão maravilhosa era a oportunidade que estava me oferecendo. "As portas estão abertas para você", disse.

Não tentei disfarçar meu desapontamento e deixei claro que nunca aceitaria uma sentença de prisão perpétua como aquela. Eu tinha uma inteligência criativa e reflexiva e uma natureza inquieta. Morreria se tivesse de ficar sentada diante de uma escrivaninha o dia inteiro.

Meu pai zangou-se logo. Não estava interessado em discutir a questão, muito menos com uma criança. O que uma criança sabia da vida?

– Se minha proposta não serve para você, pode ir embora e trabalhar como criada – disse, ofendido.

Um silêncio tenso tomou conta da sala de jantar. Não queria brigar com meu pai, mas cada fibra de meu corpo recusava-se a aceitar o futuro que ele escolhera para mim. Pensei na opção que ele me dava. É claro que não queria trabalhar como criada, mas desejava eu mesma tomar decisões acerca de meu futuro.

– Vou trabalhar como criada – disse, e um momento depois meu pai entrou em seu escritório batendo a porta.

No dia seguinte, minha mãe viu um anúncio no jornal. A viúva de um abastado professor em Romilly, uma vila às margens do lago Genebra, procurava alguém para cuidar de sua casa, de seus três filhos, animais de estimação e jardim. Era uma senhora que falava francês. Consegui o emprego e segui para lá uma semana depois. Minhas irmãs ficaram tão perturbadas que não quiseram me ver partir. Na estação de trem, lutei para carregar uma velha mala de couro quase do meu tamanho. Antes de ir embora, minha mãe tinha me dado um chapéu de abas largas para usar com meu conjunto de lã e me pedira para pensar melhor no que estava fazendo. Apesar de já estar sentindo falta de casa, era teimosa demais para mudar de ideia. Já tomara *minha* decisão.

Arrependi-me dela assim que saltei do trem e cumprimentei minha nova patroa, Madame Perret, e seus três filhos. Eu falara em Schweizerdeutsch, alemão suíço. Ela imediatamente se ofendeu.

– Falaremos somente francês a partir deste instante – disse.

Madame Perret era uma mulher grande, pesada e com um gênio difícil. Tinha sido governanta na casa do professor e casara-se com ele depois da morte de sua primeira mulher. Então, ele morrera. Ela havia herdado tudo o que era dele, exceto seu temperamento agradável.

Foi o meu azar. Eu trabalhava das seis da manhã até a meia-noite todos os dias, com uma folga de meio expediente duas vezes por mês, nos fins de semana. Começava encerando o chão e limpando a prataria na parte da manhã e depois fazia compras, cozinhava, servia as refeições e ficava trabalhando noite afora. À meia-noite, Madame Perret costumava pedir uma xícara de chá. Finalmente, permitia que eu fosse para meu quartinho. Na maioria das vezes, eu adormecia antes que minha cabeça encostasse no travesseiro.

Mas, se não ouvisse a enceradeira funcionando na sala de estar às seis e meia, ela socava a minha porta. "Está na hora de começar!"

Nas minhas cartas para casa, nunca admitia que estava faminta e infeliz, em especial quando o tempo começou a esfriar e as festas de fim de ano ficaram próximas. Perto do Natal, já tinha saudades desesperadas de casa. Fiquei triste, lembrando as alegres músicas de Natal e toda a minha família cantando em torno do piano. Rememorei os presentes que minhas irmãs e eu confeccionávamos umas para as outras. Madame, entretanto, só me fez trabalhar com mais afinco ainda. Ela recebia pessoas constantemente e acabou me proibindo de ver sua árvore de Natal.

– Só para a família – disse desdenhosamente, num tom de voz imitado por seus filhos, que não eram muito mais moços do que eu.

Cheguei ao fundo do poço na noite em que ela ofereceu um jantar para os antigos colegas de universidade de seu marido. De acordo com suas ordens, servi aspargos como entrada e, assim que ela tocou a campainha para avisar que os convidados haviam terminado, corri à sala de jantar para tirar os pratos. Quando entrei, porém, vi que ainda havia aspargos nos pratos de todos. Portanto, dei meia-volta e saí. Madame Perret tocou novamente a campainha. A mesma cena se repetiu. E uma terceira vez. Teria sido cômico se eu não achasse que estava perdendo o juízo.

Afinal, ela entrou como um furacão na cozinha. Como eu podia ser tão idiota?

– Volte lá e tire aqueles pratos – disse, fumegando de raiva. – Pessoas finas só comem a ponta dos aspargos. O resto fica no prato!

Podia ser que sim; depois de tirar os pratos, porém, devorei o que restara dos aspargos. Estavam tão deliciosos quanto eu imaginava. Quando estava engolindo o último pedaço, um dos convidados de Madame Perret apareceu, um professor, que me perguntou que diabos eu estava fazendo ali.

Contei-lhe que estava morrendo de fome e que não tinha praticamente dinheiro algum.

– Tenho de me esforçar para ficar aqui um ano inteiro porque preciso ter idade suficiente para ir trabalhar num laboratório – disse, com lágrimas rolando de meus olhos cansados. – Quero fazer um período de treinamento como técnica de laboratório para poder entrar na faculdade de medicina.

O professor me escutou, solidário. Depois, entregou-me seu cartão e prometeu me ajudar a encontrar um emprego num bom laboratório. Também se ofereceu para hospedar-me temporariamente em sua casa de Lausanne, dizendo que conversaria com sua mulher assim que voltasse. Em troca, eu tinha de prometer sair daquele lugar horroroso.

Antes do Natal, tive meio dia de folga. Fui a Lausanne e bati à porta do professor. Sua mulher atendeu e me informou com tristeza que seu marido falecera alguns dias antes. Conversamos por longo tempo. Ela contou que ele chegara a procurar um emprego num laboratório para mim, mas não sabia onde. Saí de lá ainda mais deprimida.

De volta à casa de Madame Perret, trabalhei mais do que nunca. Às vésperas do Natal, ela encheu a casa de hóspedes. Eu ficava o tempo todo ocupada cozinhando, organizando, limpando e lavando roupa. Numa noite, supliquei-lhe que me deixasse dar uma olhada na árvore de Natal. Só por cinco minutos. Eu precisava recarregar-me espiritualmente.

– Não, ainda não é Natal – disse, aborrecida. E repetiu sua repreensão anterior: – Além do mais, a árvore é apenas para a família. Não para empregados.

Naquele momento, decidi ir embora. Uma pessoa que se recusava a partilhar sua árvore de Natal com alguém não merecia meu trabalho nem meus cuidados.

Depois de pedir emprestada uma mala de vime a uma moça que conheci em Vevey, planejei minha fuga. Como a enceradeira não estava zumbindo como de costume na manhã de Natal, Madame Perret entrou em meu quarto e ordenou que eu começasse a trabalhar. Em vez de obedecer, informei-lhe com todo o atrevimento que deixara de encerar chãos em caráter permanente. Então, peguei minhas coisas, joguei tudo num trenó e corri para pegar o primeiro trem que saísse da cidade. Passei a noite em Genebra com uma amiga, que me brindou com um banho de espuma, chá, sanduíches e doces e me emprestou dinheiro para o resto da viagem para casa, em Meilen.

Cheguei em casa um dia depois do Natal. Enfiei meu corpo magricelo pelo depósito de leite e fui direto para a cozinha. Imaginei que minha família estaria nas montanhas para sua tradicional estadia de fim de ano, de modo que tive uma agradável surpresa quando ouvi um ruído no andar de cima e encontrei minha irmã Erika, que, por causa de sua perna problemática, não os acompanhara. Ela ficou igualmente surpresa e feliz ao descobrir que o barulho que ouvira no andar de baixo fora provocado por mim. Passamos a noite toda sentadas na cama dela contando o que acontecera com cada uma de nós naquele período.

Contei as mesmas histórias no dia seguinte para meus pais, que ficaram zangados por eu ter passado fome e ter sido explorada. Surpreenderam-se por eu não ter vindo antes para casa. Minha explicação não agradou a meu pai, mas, mas levando em consideração o que eu havia passado, ele reprimiu sua irritação e me deixou desfrutar de uma cama confortável e de refeições nutritivas.

Quando minhas irmãs voltaram para a escola, defrontei-me com o velho problema de meu futuro. Uma vez mais, meu pai me ofereceu um emprego em sua empresa. Dessa vez, entretanto, ele acrescentou uma alternativa, que revelava um bocado de crescimento pessoal de sua parte. Disse que, se eu não quisesse trabalhar com ele, poderia encontrar um trabalho que me agradasse, um trabalho que me fizesse feliz. Aquela foi a melhor notícia de minha jovem vida, e rezei para conseguir alguma coisa.

Alguns dias mais tarde, minha mãe soube da inauguração de um novo instituto de pesquisas bioquímicas. O laboratório estava situado em Feldmeiler, a alguns quilômetros de Meilen, e parecia perfeito. Marquei uma entrevista com o proprietário do laboratório e me arrumei toda para o encontro, esforçando-me para parecer mais velha e profissional. O Dr. Hans Braun, porém, um jovem e ambicioso cientista, nem prestou atenção nisso. Parecia muito ocupado e disse que precisava de pessoas espertas para começarem a trabalhar imediatamente.

– Pode começar logo? – perguntou.

– Sim – respondi.

Tinha sido contratada como estagiária.

– Só há uma exigência – disse. – Deverá ter seu próprio jaleco branco.

Era a única coisa que eu não tinha. Perdi o ânimo. Temia perder a oportunidade e acho que isso ficou bem visível.

– Se não tiver, terei prazer em lhe fornecer um – disse o Dr. Braun.

Fiquei em êxtase então, e mais feliz ainda quando cheguei para trabalhar na segunda-feira às oito da manhã e vi três maravilhosos jalecos brancos de laboratório com meu nome bordado pendurados na porta de minha sala. Não poderia haver criatura mais feliz em todo o planeta.

Metade do laboratório do Dr. Braun era destinado à fabricação de cremes, cosméticos e loções, e o lado em que eu trabalhava era uma grande estufa projetada para pesquisas sobre o efeito de materiais cancerígenos em plantas. A teoria do Dr. Braun era de que os agentes causadores de câncer podiam ser testados com precisão em plantas e de forma bem pouco dispendiosa, em vez de em animais. Seu entusiasmo fazia suas ideias parecerem mais do que plausíveis. Depois de algum tempo, notei que às vezes ele chegava ao laboratório deprimido e cético a respeito de tudo e de todos e passava o dia inteiro trancado em sua sala. Mais tarde, percebi que ele era maníaco-depressivo. Contudo, suas oscilações de humor nunca prejudicaram minhas tarefas, que incluíam injetar substâncias nutritivas em algumas plantas, carcinógenos em outras e, em seguida, manter um rigoroso registro escrito de observações sobre o crescimento de cada uma: se era normal, anormal, excessivo ou apenas insignificante.

Não só estava empolgada com a importância do trabalho, que tinha a possibilidade de salvar vidas, como recebi aulas de química e ciências de um simpático laboratorista que satisfazia minha infinita sede de aprender. Depois de alguns meses, comecei a ir a Zurique duas vezes por semana para aulas de química, física e matemática e tornei-me a melhor aluna de uma turma de trinta colegas homens, tirando apenas notas máximas. A segunda média de melhores notas também era de uma moça. Após nove meses de felicidade total, porém, meu sonho converteu-se em pesadelo quando o Dr. Braun, que gastara milhões para instalar o laboratório, faliu.

Ninguém sabia de nada até chegarmos para trabalhar numa manhã de agosto e encontrarmos tudo fechado. O destino do Dr. Braun era tão obscuro quanto o lugar onde poderia estar naquele momento. Talvez estivesse hospitalizado em função de uma de suas crises ou na cadeia. Ninguém sabia quando o veríamos outra vez, e a resposta foi nunca mais. Enquanto isso, os policiais que estavam do lado de fora informaram que estávamos dispensados, mas generosamente nos deram tempo para pôr em ordem o laboratório e recolher dados e materiais importantes. Depois de alguns de nós sairmos juntos para tomar um triste chá de despedida, entrei pela porta de casa recém-desempregada e profundamente abatida por mais um sonho destruído.

...

Como resultado de minha má sorte, acabei encontrando a chave para minha futura carreira. Quando acordei na manhã seguinte, bastou imaginar-me trabalhando na empresa de meu pai para que deixasse de ter pena de mim mesma e começasse a procurar um emprego. Meu pai me deu três semanas. Se eu não encontrasse nada, teria de ser sua secretária, um destino que não podia conceber depois do prazer de trabalhar num laboratório de pesquisas. Sem demora, peguei o catálogo de telefones de Zurique e escrevi com uma intensidade febril para todos os institutos de pesquisas, hospitais e clínicas que encontrei. Além de anexar minhas notas, cartas de recomendação e uma fotografia, solicitava uma resposta rápida.

Era o fim do verão, uma época não muito apropriada para procurar emprego. Corria para a caixa do correio todos os dias. E cada dia parecia um ano. As primeiras respostas não foram favoráveis. Nem as que chegaram no decorrer da segunda semana. Todas admiravam meu entusiasmo, meu amor pelo trabalho deles e minhas notas, mas não tinham mais vagas para estagiários. Recomendavam-me tentar novamente no ano seguinte; teriam prazer em considerar a minha oferta de trabalho. Mas aí já seria tarde demais.

Por quase uma semana, esperei todos os dias pela chegada do carteiro, sem ter sorte. Perto do fim da semana, porém, ele entregou a carta que eu pedira a Deus. O departamento de dermatologia do Hospital Canton, de Zurique, tinha acabado de perder um de seus estagiários e precisava preencher a vaga logo. Fui para lá sem perda de tempo. Médicos e enfermeiras andavam apressadamente pelos corredores. Aspirei o odor característico de todos os hospitais como se fosse o primeiro sopro de ar que eu respirasse na vida e senti-me de fato em casa.

O laboratório do departamento de dermatologia estava localizado no porão do hospital. Era dirigido pelo Dr. Karl Zehnder, cuja sala sem janelas ficava num canto. Dava para ver que o Dr. Karl Zehnder trabalhava muito. Sua mesa estava coberta de papéis e o próprio laboratório fervilhava de movimento. Depois de uma boa entrevista, o Dr. Zehnder me contratou. Mal podia esperar para contar a meu pai. Também fiquei satisfeita em poder dizer ao Dr. Zehnder que, quando começasse a trabalhar na segunda-feira de manhã, traria meu próprio jaleco branco.

7
Minha Promessa

Todos os dias, quando entrava no hospital, respirava o que para mim era o mais sagrado e santo, o mais maravilhoso odor de todo o mundo e depois descia depressa para meu laboratório sem janelas. Naqueles tempos estranhos e caóticos da guerra, quando necessidades básicas, como alimentos e médicos, eram escassas, eu sabia que não ficaria para sempre presa no porão, e estava certa.

Depois de várias semanas de trabalho, o Dr. Zehnder perguntou se eu estaria interessada em recolher amostras de sangue de pacientes vivos. Os pacientes de quem eu iria recolher as amostras de sangue eram prostitutas com sintomas de doenças venéreas em seus estágios finais. Naquela época, antes da penicilina, os doentes de doenças venéreas eram tratados como os pacientes de aids na década de 1980: temidos, abandonados, desprezados e isolados. Mais tarde, o Dr. Zehnder admitiu que esperava que eu recusasse. Em vez disso, fui direto para a lúgubre enfermaria.

Acho que é isto que diferencia aqueles que têm vocação para a profissão da cura e os que a encaram apenas como um trabalho que dá dinheiro.

As pacientes estavam todas muito mal. Seus corpos estavam tão infectados que a maioria nem mesmo conseguia se sentar numa cadeira ou se deitar em suas camas. Ficavam em macas de lona penduradas. À primeira vista, eram criaturas patéticas e sofredoras. Mas eram seres humanos, e, quando falei com elas, descobri que a maioria era extremamente calorosa, simpática e afetuosa e tinha sido rejeitada por suas famílias e pela sociedade. Elas não tinham nada, o que me fez querer ajudar ainda mais.

Depois de tirar o sangue delas, sentava em suas camas e conversávamos por horas a fio sobre suas vidas, as coisas que viram e pelas quais passaram e acerca da existência de modo geral. Vi que tinham necessidades emocionais tão prementes e terríveis quanto as exigências de seus corpos. Ansiavam por amizade, ternura e compreensão, o que eu podia oferecer, e, em troca, abriram meu coração tanto quanto meus olhos.

Em 6 de junho de 1944, as tropas aliadas desembarcaram na Normandia. O Dia D mudou o curso da guerra e logo sentimos os efeitos da invasão maciça. Os refugiados inundaram a Suíça. Vinham em ondas. Por dias seguidos. Centenas de pessoas de cada vez. Vinham andando, mancando, arrastando-se ou sendo carregadas. Alguns vinham até da França. Havia homens idosos feridos. A maioria era de mulheres e crianças. Praticamente da noite para o dia, nosso hospital ficou superlotado dessas vítimas de guerra traumatizadas.

Eram levados diretamente para a ala de dermatologia, onde os colocávamos em nossa ampla sala de banhos para desinfecção e remoção de piolhos. Sem solicitar a permissão de meu chefe, eu trabalhava primeiro com as crianças. Ensaboava-as para tratar a sarna e esfregava-as com uma escova macia. Depois de vestidas com roupas limpas e lavadas, dava-lhes o que acreditava ser aquilo de que mais precisavam: abraços e palavras reconfortantes. "Tudo vai ficar bem", eu dizia.

Isso ocorreu sem interrupção por três semanas. Entreguei-me inteiramente ao trabalho que era necessário fazer e dei pouca atenção ao meu próprio bem-estar. As refeições tornaram-se algo para ser pensado depois. Dormir? Quem tinha tempo para isso? Arrastava-me para casa depois de meia-noite e recomeçava no dia seguinte ao amanhecer. Estava tão concentrada nas crianças doentes e amedrontadas, estava tão distante da rotina diária normal, tão envolvida com responsabilidades diferentes daquelas para que fora inicialmente contratada no laboratório que soube com vários dias de atraso o que teria sido uma grande novidade: meu chefe, o Dr. Zehnder, tinha saído e sido substituído pelo Dr. Abraham Weitz.

Eu estava ocupada demais tentando conseguir comida suficiente para os refugiados famintos. Com a colaboração de outro estagiário do laboratório, um brincalhão chamado Baldwin, que gostava de uma boa traquinagem, armamos um plano para encher aqueles estômagos que roncavam. Por várias noites seguidas, encomendamos centenas de refeições completas da cozinha do hospital, que colocávamos em grandes carrinhos e distribuíamos para as crianças. Com o que sobrava, alimentávamos os adultos. Posteriormente, quando adultos e crianças estavam limpos, vestidos e alimentados, eram levados para diversas escolas da cidade e entregues aos cuidados da Cruz Vermelha.

Sabia que cedo ou tarde o desvio de preciosos estoques de comida seria descoberto e resultaria em punição disciplinar. Mas, quando o Dr. Weitz me chamou em sua sala, achava que iria mesmo ser despedida. Além da questão da comida, eu tinha esquecido completamente de pedir dispensa de meu trabalho no laboratório, sem falar de dar as boas-vindas ao meu novo chefe. Contudo, em vez de acabar comigo, o Dr. Weitz me cumprimentou. Admitiu que tinha observado a distância, enquanto eu trabalhava com as crianças, e nunca vira uma pessoa tão envolvida e feliz com o que estava fazendo.

– Você precisa cuidar de crianças refugiadas – disse. – É o seu destino.

O alívio e o estímulo que senti não poderiam ser maiores. O Dr. Weitz continuou a falar, dizendo que havia necessidade urgente de atendimento médico em seu país natal, a Polônia, devastado pela guerra. As histórias arrepiantes que me contou, em especial sobre crianças judias em campos de concentração, comoveram-me até as lágrimas. A própria família dele sofrera enormemente.

– Precisam de gente como você lá – disse. – Se puder, quando acabar seu estágio, prometa que irá para a Polônia para me ajudar com o trabalho que é preciso fazer lá.

Grata por não ter sido despedida e me sentindo motivada, eu prometi.

Mas o problema não acabou aí. Naquela noite, o administrador-chefe do hospital chamou Baldwin e eu à sua sala. Caindo de cansaço, só sentia desprezo por aquele burocrata gordo, mal-acostumado e presunçoso, sentado diante de uma grande mesa de mogno, fumando um charuto e olhando para nós dois, uns meros técnicos de laboratório, como se fôssemos ladrões. Exigiu que reembolsássemos o custo das centenas de refeições que tínhamos servido às crianças refugiadas ou trouxéssemos a quantia equivalente em cartões de racionamento.

– Se não o fizerem, estarão sujeitos a demissão imediata.

Fiquei arrasada, pois não queria perder meu trabalho nem meu estágio, mas não tinha como conseguir aquela quantia. Quando voltei para o porão, o Dr. Weitz percebeu que alguma coisa ia muito mal e me fez contar o que acontecera. Balançou a cabeça desgostoso e disse para eu não me preocupar com a burocracia. No dia seguinte, entrou em contato com os líderes da comunidade judaica de Zurique, e, com o auxílio deles, o hospital foi rapidamente ressarcido das refeições não autorizadas com uma grande quantidade de cartões de racionamento. Não apenas mantive meu emprego, como reafirmei a promessa que fizera a meu benfeitor, a de ajudar a reconstruir a Polônia assim que a guerra terminasse. Só não podia imaginar que isso aconteceria tão cedo.

Inúmeras vezes, em anos anteriores, eu ajudara meu pai a preparar nosso chalé nas montanhas, em Amden, para visitantes, mas foi diferente quando ele me pediu para acompanhá-lo até lá no princípio de janeiro de 1945. Para começar, eu precisava de um fim de semana de descanso. Além disso, ele prometera que os visitantes seriam pessoas de quem eu realmente gostaria, e estava certo. Nossos hóspedes eram do Serviço Voluntário Internacional para a Paz (International Voluntary Service for Peace, IVSP). Eram vinte ao todo e, para mim, formavam um grupo na sua maioria de jovens e resolutos idealistas de todas as partes da Europa. Depois de muita cantoria alegre, muitas risadas e de comermos vorazmente, escutei enlevada diversos membros da organização explicarem como o IVSP – fundado depois da Primeira Guerra Mundial e mais tarde um modelo para o Corpo de Voluntários da Paz dos Estados Unidos (American Peace Corps) – se dedicava a fomentar a paz e a cooperação mundiais.

Paz mundial? Cooperação entre os povos e as nações? Socorrer as pessoas da Europa destruída e devastada quando a guerra acabasse? Eles estavam descrevendo meus maiores sonhos. Suas histórias de trabalho humanitário eram música para minha alma. Quando descobri que havia uma filial em Zurique, não consegui pensar em mais nada a não ser me inscrever. E, quando tudo indicava que a guerra poderia terminar em breve, preenchi um formulário de inscrição e me imaginei deixando a ilha de paz que era a Suíça para ajudar os sobreviventes dos países europeus devastados pela guerra.

E por falar em música para a alma, nunca houve sinfonia tão magnífica quanto o som que encheu os ares em 7 de maio de 1945, o dia que marcou o fim da guerra na Europa. Eu estava no hospital. De modo espontâneo, mas como se tivessem combinado o momento exato, os sinos das igrejas de toda a Suíça começaram a tocar. Todos ao mesmo tempo, fazendo o ar ressoar com a harmonia jubilosa da vitória e, acima de tudo, da paz. Ajudada por vários funcionários do hospital, levei um paciente após o outro, até os que estavam fracos demais para sair da cama, até o topo do edifício para que pudessem participar das celebrações.

Foi um momento que todos, velhos, fracos e recém-nascidos, viveram juntos. Alguns ficaram de pé, outros se sentaram. Outros estavam em cadeiras de rodas ou deitados em macas, alguns sofrendo dores intensas. Estávamos ligados pelo amor e pela esperança, a essência da existência humana e, na minha opinião, foi muito bonito e inesquecível. Infelizmente, era somente uma ilusão.

Quem pensasse que a vida tinha voltado ao normal precisava

apenas entrar para o IVSP. Alguns dias depois das celebrações, recebi um chamado do líder de um contingente de cerca de cinquenta voluntários que estava planejando cruzar as fronteiras recém-abertas da França e reconstruir Ecurcey, uma pequena e outrora pitoresca cidade do interior que fora quase totalmente destruída pelos nazistas. Queria que eu me juntasse a eles. Não podia conceber sorte maior do que largar tudo e partir, embora houvesse tanto a fazer antes que isso fosse possível. Havia meu trabalho, é claro. O Dr. Weitz, porém, meu maior incentivador, me concedeu na mesma hora uma licença para que me ausentasse do hospital.

Em casa, a história era outra. Quando levantei a questão durante o jantar, mais como um fato consumado do que um pedido de permissão, meu pai explodiu dizendo que eu era maluca. E também ingênua quanto aos riscos que correria. Minha mãe, refletindo sobre o futuro mais previsível de minhas irmãs, deve ter sem dúvida desejado que eu fosse mais parecida com elas, em vez de enfrentar perigos como minas, escassez de comida e doenças. Mas nenhum deles entendeu a minha obsessão. Meu destino, qualquer que fosse, estava ainda muitos quilômetros adiante, em algum ponto do deserto do sofrimento humano.

Se eu quisesse algum dia chegar lá, se algum dia eu pudesse ajudar, precisava tomar aquele rumo.

8
A SENSAÇÃO DE TER UM OBJETIVO

Eu parecia uma adolescente indo para um acampamento quando cruzei a fronteira e entrei em Ecurcey numa velha bicicleta que alguém havia encontrado. Era a primeira vez que eu saía das fronteiras seguras da Suíça, e fiz ali um curso intensivo sobre a tragédia que a guerra deixara para trás. Ecurcey, um pequeno povoado antigo e encantador antes da guerra, fora completamente destruído. As casas tinham sido arrasadas. Alguns homens jovens, todos feridos, perambulavam sem rumo. O restante da população era, na maior parte, de velhos, mulheres, um punhado de crianças e um grupo de prisioneiros nazistas presos no porão da escola.

Nossa chegada foi um grande acontecimento. A cidade inteira veio ao nosso encontro, inclusive o prefeito.

– Nunca senti tanta gratidão por alguma coisa – disse ele.

Eu sentia o mesmo: grata pela oportunidade de servir a pessoas que necessitavam de ajuda. Todo o grupo de membros do IVSP tinia de vitalidade. Tudo o que eu aprendera até então, das habilidades básicas de sobrevivência que meu pai me ensinara durante nossas excursões pelas montanhas até os rudimentos de medicina que conseguira assimilar no hospital, foi posto em prática mais do que depressa. O trabalho era tremendamente gratificante. Cada dia vinha com a sensação de se ter um objetivo.

Nossas condições de vida eram as piores possíveis, e no entanto eu nunca tinha sido tão feliz. Dormíamos em beliches quebrados ou ao relento, no chão, sob as estrelas. Se chovia, ficávamos molhados. Nossas ferramentas eram pás, picaretas e machados. Uma mulher mais velha do nosso grupo, com cerca de 60 anos, contava histórias de trabalhos semelhantes que realizara depois da Primeira Guerra Mundial, em 1918. Fez com que nos sentíssemos com sorte por ter tão pouco a fazer.

Sendo a mais jovem de duas voluntárias, fui destacada para a cozinha. Como nenhuma das construções ainda de pé possuía cozinhas viáveis, criamos uma ao ar livre usando um imenso fogão a lenha. Comida era um problema sério. Nossas próprias rações desapareceram quase de imediato por terem sido repartidas por toda a cidade, e não havia nada na mercearia local, miraculosamente intacta, a não ser poeira nas prateleiras. Muitas vezes, voluntários levavam o dia inteiro andando de um lado ao outro nos bosques e fazendas das redondezas para conseguir comida, que dava apenas para uma refeição. Certa vez, um único peixe seco serviu de alimento para cinquenta pessoas.

Mas compensávamos nossa falta de carne, batatas e manteiga com uma animada camaradagem. À noite, contávamos histórias e cantávamos canções que, descobri depois, eram muito apreciadas pelos prisioneiros alemães que estavam no porão da escola. Quando chegamos a Ecurcey, notamos que os prisioneiros eram levados todas as manhãs para os campos dos arredores e obrigados a andar por toda a área. Ao entardecer, voltavam um ou dois prisioneiros a menos. Ao investigarmos, descobrimos que estavam sendo usados como caça-minas. Os que não retornavam haviam morrido com a explosão das minas que eles mesmos tinham instalado. Revoltados, acabamos com aquela prática, ameaçando andar à frente deles, e fizemos com que trabalhassem nas construções.

Com exceção dos aldeões locais, ninguém detestava mais os nazistas do que eu. Se os crimes cometidos por eles naquele mesmo povoado não tivessem sido suficientes para provocar minha inimizade, teria bastado lembrar o Dr. Weitz no laboratório perguntando-se se ainda haveria algum membro de sua família vivo na Polônia. Contudo, no decorrer das minhas primeiras semanas ali, vi aqueles soldados como seres humanos, derrotados, desmoralizados, famintos, com medo de voarem em pedaços junto com suas próprias minas, e meu coração se abriu.

Em vez de nazistas, via-os simplesmente como pessoas que passavam necessidades. À noite, enfiava furtivamente pequenas barras de sabão ou papel e lápis pelas venezianas de ferro do porão. Eles, por sua vez, extravasavam seus sentimentos em cartas comoventes que eu escondia em minha roupa e que despachei para suas famílias quando voltei para casa. Anos mais tarde, as famílias desses soldados, muitos dos quais voltaram vivos, me enviaram os agradecimentos mais calorosos. De fato, o mês que passei em Ecurcey, apesar das provações e de sentir meu coração partido ao voltar, não poderia ter sido mais positivo. Reconstruímos muitas casas, sim. Mas a melhor coisa que demos àquelas pessoas foi amor e esperança.

Em troca, elas só fizeram confirmar a nossa convicção de que aquele trabalho era importante. Quando saí, o prefeito se despediu de mim, e um velho enfermo, que fizera amizade com todos os voluntários e que me chamava de "a cozinheirinha", me entregou um bilhete, que dizia: "Você prestou um grande serviço humanitário. Escrevo para você porque não tenho família. Quero lhe dizer que, vivendo ou morrendo aqui, seja como for, jamais nos esqueceremos de você. Por favor, aceite meus profundos e sinceros agradecimentos e o amor de um ser humano para outro."

Em minha busca para saber quem eu era e o que desejava fazer na vida, aquele era o tipo de mensagem que ajudava. A maldade da Alemanha nazista foi punida na guerra e foi levada a julgamento depois. Mas me dei conta de que as feridas causadas pela guerra, o sofrimento e a dor residuais sentidos praticamente em todas as casas, como acontece hoje em dia com os problemas relacionados à violência, aos desabrigados e à aids, não poderiam ser curados a menos que pessoas como eu, como os membros do IVSP, reconhecessem o imperativo moral de pôr mãos à obra e ajudar.

Transformada por aquela experiência, achei difícil de aceitar a prosperidade de minha casa na Suíça. Havia tanta fartura! Tinha dificuldade em reconciliar as lojas cheias de comida e os negócios prósperos com a dor e a ruína do resto da Europa. Porém, eu também era necessária em casa. Por ter machucado o quadril, meu pai estava vendendo nossa casa e mudando-se para um apartamento mais próximo de sua empresa em Zurique. Com minhas irmãs estudando na Europa e meu irmão na Índia, empacotei nossos pertences e ocupei-me de outras coisas.

Emocionalmente, estava muito dividida. Com tristeza, percebi que aquele era o adeus à minha juventude, àqueles deliciosos passeios pelos vinhedos e às danças em cima de minha pedra do sol particular em meio à campina. Ao mesmo tempo, eu crescera bastante e estava pronta para passar para o estágio seguinte. Em suma, voltei a trabalhar no laboratório do hospital. Em junho, passei em meu exame de final de estágio e, no mês seguinte, consegui um emprego espetacular para fazer pesquisas no departamento de oftalmologia da Universidade de Zurique. Meu chefe, porém, o professor Marc Amsler, um médico famoso que me deu responsabilidades excepcionais, inclusive a de auxiliá-lo em cirurgias, sabia que eu não tinha intenção de ficar ali mais de um ano. Não só estava me preparando para a faculdade de medicina, como ainda tinha o IVSP em minha cabeça.

E havia a promessa feita ao Dr. Weitz. Sim, a Polônia ainda fazia parte de meus planos.

– Ah, a andorinha quer voar outra vez – disse o Dr. Amsler quando pedi demissão do hospital depois que o IVSP me convocou para uma nova tarefa.

Ele não ficou zangado ou desapontado. Já previa a minha partida desde o ano anterior, pois tínhamos conversado muitas vezes a respeito de meu compromisso com o IVSP. Havia, pude perceber, um brilho de inveja em seus olhos. Nos meus, a promessa de uma nova aventura.

Era primavera. O IVSP prometera ajudar a população de uma

cidade poluída por minas de carvão nos limites de Mons, na Bélgica, a construir uma área de lazer no alto de uma montanha, acima do ar sujo e poeirento. O responsável pelo escritório do IVSP de Zurique explicou que eu teria direito a passagens de trem até onde fossem os trilhos, o que era apenas parte do caminho, mas garanti a eles que poderia viajar de carona sozinha por todo o percurso. Depois de passar por Paris, onde nunca estivera, arrastei minha pesada mochila por diversos albergues da juventude até chegar à soturna cidade das minas de carvão.

Era um lugar deprimente. O ar estava sempre carregado de uma poeira que cobria tudo com uma repugnante camada acinzentada de sujeira. Devido aos horríveis efeitos colaterais dessa poluição, como o aparecimento de doenças como a antracose e outras mais, a média da expectativa de vida ali era de pouco mais de 40 anos; ou seja, não havia grande futuro para as lindas crianças da cidade. Nossa tarefa, e o sonho da cidade, era limpar o entulho das minas de carvão do alto de uma das montanhas e construir uma área de lazer no ar limpo acima daquela poluição imunda. Usando pás e picaretas, trabalhamos até nossos músculos doerem de exaustão, mas as pessoas da cidade nos ofereceram tantos doces e tortas que engordei mais de 3 quilos nas poucas semanas que passei lá.

Fiz também contatos importantes. Numa noite, quando cantávamos canções folclóricas depois de um farto jantar, conheci o único americano de nosso grupo. Era jovem ainda, um dos muitos voluntários quacres. Ele compreendeu meu inglês ruim e disse que seu nome era David Richie. "De Nova Jersey." Eu já ouvira falar dele. Richie era um dos voluntários mais famosos, verdadeiramente dedicado. Seu trabalho já o levara dos guetos da Filadélfia aos piores locais do pós-guerra europeu e, mais recentemente, contou, à Polônia. Acrescentou que logo voltaria para lá.

Meu Deus! Mais uma prova de que nada acontece por acaso. A Polônia.

Aproveitando a oportunidade, contei a Richie sobre a promessa que fizera a meu antigo chefe e insisti para que me levasse com ele. Ele concordou em que havia de fato uma grave necessidade de auxílio, mas deu a entender que chegar lá seria bastante difícil. Transporte seguro e confiável era praticamente inexistente. Não havia dinheiro para pagar boas passagens. Embora eu fosse fisicamente menor do que muitos outros voluntários, aparentasse muito menos idade do que os meus 20 anos e tivesse apenas uns quinze dólares no bolso, nem prestei atenção nesses obstáculos. "Vou de carona!", exclamei. Impressionado, divertido e consciente do valor do entusiasmo, Richie disse que tentaria fazer com que eu chegasse à Polônia.

Não prometia nada. Mas iria tentar.

Quase não fez diferença. Na noite anterior à minha partida para uma nova missão na Suécia, queimei-me seriamente enquanto preparava o jantar. Uma velha panela de ferro partiu-se ao meio, derramando óleo fervente em minha perna. Causou queimaduras de terceiro grau e bolhas. Toda enfaixada, parti assim mesmo, levando roupa de baixo limpa e um cobertor de lã para o caso de precisar dormir ao ar livre. Ao chegar perto de Hamburgo, porém, minha perna latejava e doía muito. Ao remover as ataduras, vi que estava gravemente inflamada. Temendo ficar presa na Alemanha, que era o último lugar onde gostaria de estar, encontrei um médico que tratou de minha queimadura com uma pomada, o que me permitiu prosseguir.

Ainda assim, com grande dificuldade. Entretanto, graças a um voluntário da Cruz Vermelha que viu meu sofrimento no trem, entrei cambaleando num hospital totalmente equipado da Dinamarca. Vários dias de tratamento e uma comida deliciosa me fizeram voltar à velha forma no acampamento do IVSP em Estocolmo. Ser cabeça-dura, porém, também tem suas desvantagens. Já saudável e refeita, fiquei frustrada com a tarefa que me esperava: treinar um grupo de homens jovens alemães para a organização de seus próprios acampamentos do IVSP. Não havia desafio nisso. Além disso, muitos deles me causavam repulsa porque admitiam ter apoiado os nazistas de Hitler, em vez de fazer oposição moral a eles como eu argumentava que deveriam ter feito. Desconfio de que eram oportunistas que queriam apenas desfrutar de três boas refeições por dia na Suécia.

Mas também havia ali algumas pessoas fantásticas. Um exilado político russo de 93 anos apaixonou-se por mim. Consolou-me no decorrer de semanas da saudade de casa e tivemos conversas interessantes a respeito da Rússia e da Polônia. Quando meu 21º aniversário chegou e passou, ele alegrou meus dias pegando o diário que eu trazia comigo e escrevendo: "Seus olhos brilhantes lembram-me a luz do sol. Minha esperança é que nos encontremos novamente e tenhamos a oportunidade de saudar o sol juntos. *Au revoir*." Sempre que eu precisava de um pouco de incentivo, abria o diário naquela página.

Depois de deixar sua marca, aquele homem bondoso desapareceu. A vida era dominada por tantos acasos! Vi que bastava estarmos abertos para seus significados. Será que alguma coisa tinha acontecido a ele? Ou sabia que nosso tempo tinha acabado? Assim que ele se foi, recebi um telegrama de meu amigo do IVSP, David Richie. Abri-o ansiosa e senti em mim a eletricidade da expectativa que toma conta de nós quando todas as nossas esperanças e sonhos de repente se confirmam. "Peterli, venha para Polônia assim que possível", escrevia Richie. "Você é muito necessária." Finalmente, pensei. Nenhum presente de aniversário poderia ser melhor.

9
TERRA ABENÇOADA

Chegar a Varsóvia foi difícil. Cortei feno e tirei leite das vacas de um fazendeiro para ganhar dinheiro suficiente para a viagem. Antes de sair de Estocolmo, consegui um visto e gastei quase todo o meu dinheiro suado numa passagem de navio. E que navio. O casco estava enferrujado e seus rangidos ininterruptos não faziam crer que fôssemos chegar em Gdańsk. Minha passagem não dava direito a luxos. À noite, enrosquei-me sobre um banco duro de madeira e sonhei com confortos como um cobertor bem quente e um travesseiro fofo, ignorando os quatro sujeitos que perambulavam pelo convés, perto de mim, na escuridão. Estava cansada demais para me preocupar.

Como constatei depois, a preocupação teria sido desnecessária. Pela manhã, os quatro homens, cada um deles de um país oriental diferente, apresentaram-se como sendo médicos. Estavam voltando de uma conferência. Para minha sorte, sugeriram que me juntasse a eles durante o resto da viagem até Varsóvia. A estação ferroviária estava apinhada e a plataforma externa, onde o trem realmente parava, mais ainda. Havia não só uma multidão com grandes quantidades de bagagem, como pessoas carregando galinhas e gansos, outras puxando cabras e carneiros, como uma caótica arca de Noé.

Se estivesse sozinha, nunca teria conseguido entrar no trem. Quando ele chegou, formou-se um completo pandemônio com o alarido e o tumulto das pessoas tentando embarcar. Um dos médicos, um húngaro alto e desengonçado, pulou para o teto com a agilidade de um macaco e puxou todos nós para cima. Agarrei-me à chaminé no momento em que o apito soou e o trem começou a deslizar pelos trilhos. Não era uma acomodação das mais seguras, especialmente quando passava dentro de túneis, e era preciso deitar de barriga para baixo, ou quando a fumaça jorrava da chaminé em grossas nuvens negras que mal nos deixavam respirar. Depois que o trem esvaziou um pouco, entretanto, conseguimos uma cabine só para nós. Quando começamos a dividir uns com os outros a comida e a contar histórias sobre as nossas vidas, a viagem nos pareceu decididamente luxuosa.

Ir para Varsóvia foi uma aventura, mas chegar lá de fato foi inacreditável. Meus companheiros de viagem deveriam mudar de trem. Eu, por outro lado, sabia que estava numa encruzilhada, o lugar onde alguma coisa estava destinada a acontecer. Parecendo um bando de limpadores de chaminés, com os rostos sujos de fuligem, nos despedimos. Depois, corri os olhos pela multidão à procura de meu amigo americano quacre. Eu não havia conseguido avisar a ninguém quando chegaria. Como eles saberiam quando me buscar? Para onde eu tinha de ir?

Mas destino tem muito a ver com fé; ambos supõem uma crença fervorosa na vontade de Deus. Olhei para um lado, depois para outro. Nenhum sinal de qualquer pessoa conhecida. Então, do meio da multidão, vi uma grande bandeira suíça elevar-se acima do mar de gente. E em seguida vi Richie, que fora para a estação seguindo um pressentimento, e vários outros. Era um milagre estarem lá. Ah, que abraço dei nele! Seus amigos me ofereceram chá e sopa quentes. Nunca provei uma comida tão saborosa quanto aquela. Um sono prolongado numa boa cama também teria sido muito bem recebido. Mas subimos na traseira da carroceria plana de um caminhão e passamos o resto do dia viajando por estradas de terra esburacadas e bombardeadas até chegar ao acampamento do IVSP em Lucima, uma fértil região agrícola da Polônia.

A viagem por aquela estrada revelou como éramos desesperadamente necessários. Varsóvia ainda estava em ruínas quase dois anos depois do fim da guerra. Quarteirões inteiros tinham sido transformados em montanhas de entulho. A população da cidade, de umas trezentas mil pessoas, escondia-se em moradias subterrâneas, e só se via sinal de vida humana à noite, quando fios de fumaça subiam das fogueiras usadas para cozinhar e aquecer. Os pequenos vilarejos dos arredores, destruídos por alemães e russos, estavam no mesmo estado deplorável. Famílias inteiras viviam debaixo da terra, como animais em tocas. As árvores tinham sido arrancadas do campo e o solo estava cheio de crateras feitas por bombas.

Ao entrar em Lucima, agradeci por estar entre os que eram fortes o bastante para ajudar os muitos moradores do vilarejo, que careciam terrivelmente de atendimento médico. Era possível alguém se sentir de outro modo? Não, já que não existia nenhum hospital ou instalação médica no lugar e estávamos rodeados de pessoas lutando contra diversos estágios de tifo e tuberculose. Os de mais sorte eram os que somente tinham de suportar velhas feridas infectadas causadas por estilhaços de bombas ou granadas. As crianças morriam de doenças comuns, como o sarampo. Apesar de tantos problemas, entretanto, eram pessoas maravilhosas, cheias de generosidade.

Não era preciso ser especialista para ver que a única maneira de lidar com uma situação como aquela era simplesmente arregaçar as mangas e começar a trabalhar. O acampamento do IVSP consistia em três enormes barracas. Eu dormia quase todas as noites ao ar livre, sob o cobertor militar de lã que me aquecia em minhas viagens pela Europa. Mais uma vez, fui designada para a cozinha. Nada me fazia mais feliz do que transformar bananas desidratadas, aves recebidas de presente, farinha, ovos e outros ingredientes disponíveis em refeições saborosas que agradassem àqueles voluntários vindos de todas as partes do globo, unidos por um mesmo objetivo.

Quando cheguei, várias casas tinham sido reconstruídas e uma escola nova em folha estava sendo levantada. Fiz trabalho de pedreiro, assentei tijolos e ajudei na construção do telhado.

Meu polonês era capenga, mas todas as manhãs, enquanto lavava minha roupa no rio, recebia aulas particulares de uma moça aflitivamente magra que estava morrendo de leucemia. Por ter visto tanta dor e desgraça durante o pouco tempo que vivera, não considerava sua situação a pior desventura do mundo. Longe disso. De certa forma, aceitava seu destino sem nenhuma amargura ou revolta. Para ela, era apenas a sua vida, ao menos em parte. Nem é preciso dizer que ela me ensinou mais do que apenas uma nova língua.

Todo dia, tínhamos de ser "pau para toda obra". Certa vez, ajudei a acalmar o prefeito e um grupo de pessoas importantes da cidade que se enfureceram porque havíamos construído sem licença oficial – ou seja, sem pagamentos para eles. Numa outra ocasião, ajudei um fazendeiro a fazer o parto de uma vaca. Nossas tarefas podiam ser qualquer coisa, e geralmente eram. Determinada tarde, eu estava assentando tijolos no prédio da escola quando um homem caiu e cortou a perna, um talho enorme. Em circunstâncias normais, o ferimento precisaria ser suturado. Mas não havia ninguém por perto a não ser eu e uma polonesa, que rapidamente pegou um punhado de terra e cobriu a ferida com ela. Pulei de cima do telhado gritando:

– Não, isso vai causar uma infecção!

Apesar de minha preocupação, os curandeiros locais eram como xamãs. Praticavam uma medicina popular antiga e natural, como a homeopatia, e sabiam exatamente o que estavam fazendo.

Mesmo assim, ficaram impressionados quando amarrei a perna do homem para estancar o sangramento. Daquele momento em diante, passaram a referir-se a mim como "Pani Doutora". Tentei explicar que não era médica, mas ninguém conseguia lhes explicar a diferença – nem eu.

Até então, as encarregadas de todo o atendimento médico eram duas mulheres, Hanka e Danka. Eram decididas, realmente fabulosas, ou Feldschers, como costumavam ser chamadas.

Ambas tinham trabalhado com a Resistência polonesa na frente de batalha russa, onde receberam treinamento em medicina básica de campanha e viram todos os tipos possíveis de ferimentos, lesões, doenças e horrores.

Ao saberem como eu tinha feito a perna do homem parar de sangrar, perguntaram sobre minha formação e experiência. Assim que ouviram a palavra "hospital", acolheram-me como uma delas. Daí em diante, traziam os doentes e feridos até a construção para que eu os examinasse. E isto significava pacientes com tudo o que se pode imaginar, desde simples infecções até membros para amputar. Fiz o máximo para ajudar, embora muitas vezes não pudesse oferecer mais do que um bom abraço.

Então, um dia, recebi deles um presente incrível: uma pequena casa rústica de toras de madeira com dois cômodos separados. Tinham limpado a casa, instalado um fogão a lenha e prateleiras e decidido que funcionaria como um posto médico, onde nós três poderíamos tratar dos pacientes. Meu trabalho de construção acabou naquele instante.

Não sei se o que fiz a partir de então foi praticar medicina ou rezar por milagres. Todas as manhãs, de 25 a 30 pessoas enfileiravam-se do lado de fora do posto médico. Algumas caminhavam por vários dias para chegar até lá. Muitas vezes, esperavam horas até serem atendidos. Se estivesse chovendo, podiam esperar na sala que normalmente reservávamos para guardar gansos, galinhas, cabras e outras contribuições que as pessoas faziam ao nosso acampamento. A outra sala era usada para a cirurgia. Tínhamos poucos instrumentos, pequena quantidade de remédios e nenhum anestésico. O mais extraordinário, porém, é que realizamos muitas cirurgias complicadas e ousadas. Amputamos membros, extraímos estilhaços de granada, fizemos partos. Certa vez, uma mulher grávida apareceu com um tumor do tamanho de uma laranja. Nós o abrimos, drenamos o pus e fizemos o possível para removê-lo. Depois que a tranquilizamos sobre o estado de seu bebê, ela levantou-se e foi andando para casa.

A capacidade de recuperação daquela gente era infinita. Sua coragem e vontade de viver impressionavam-me demais. Às vezes, achava que sua determinação era a única responsável por seu alto índice de recuperação. A essência da existência delas, como constatei, e a de todas as criaturas vivas, era simplesmente seguir adiante, sobreviver. Para alguém que um dia escrevera que seu objetivo era entender o sentido da vida, aquela era uma lição das mais profundas sobre a vida e o viver.

Meu maior teste aconteceu numa noite em que Hanka e Danka foram chamadas às pressas para emergências em vilarejos próximos e deixaram o posto médico sob minha responsabilidade. Era o meu primeiro voo solo. E em péssima hora. Nosso suprimento de material hospitalar e remédios havia se esgotado. Se acontecesse alguma coisa, eu teria de improvisar. Felizmente, o dia foi calmo e a noite estava agradável. Enrolei-me em meu cobertor e pensei: "Ah, nada vai me acordar hoje. Para variar, vou ter uma boa noite de sono."

Mas foi como se o pensamento não me desse sorte. Por volta de meia-noite, ouvi algo que se parecia com o choramingar de uma criança pequena. Recusei-me a abrir os olhos. Talvez estivesse sonhando. E se não estivesse, e daí? Os pacientes costumavam chegar a qualquer hora todas as noites. Se atendesse a todos, nunca dormiria um minuto sequer. Portanto, fingi que estava dormindo.

E então ouvi outra vez. O choro de uma criança pequena. Um choro ininterrupto de desamparo e súplica. E o som de uma respiração pesada, e o esforço agoniado por um pouco de ar.

Com raiva de mim mesma por ter um coração tão mole, abri os olhos. Como eu já temia, não estava sonhando. Iluminada pela luz suave da lua cheia, uma camponesa estava sentada ao meu lado. Embrulhara-se toda num cobertor. O choro certamente não vinha dela. Quando me sentei, ouvi o choro de novo e vi que ela embalava uma criança nos braços. Observei a criança da melhor maneira que pude, enquanto meus olhos iam se habituando a ficar abertos

– era um menino, eu notei – e então voltei a olhar para a mãe. Ela desculpou-se por ter me acordado àquela hora, mas disse que viera a pé de seu povoado depois de ouvir falar das doutoras que faziam as pessoas doentes ficarem boas outra vez.

Pus a mão na testa do menino, que devia ter uns 3 anos. Estava queimando de febre. Reparei também que tinha bolhas em torno dos lábios e na língua e que parecia desidratado. Sintomas certos de uma coisa: tifo. Infelizmente, eu não podia fazer quase nada. "Não temos remédios", expliquei, desculpando-me com um encolher de ombros. Nada mesmo. E acrescentei que a única coisa que podia fazer era levá-la ao posto médico para uma xícara de chá quente. Agradecida, ela me seguiu até lá. Enquanto o filho respirava com esforço, ela olhava para mim como só uma mãe é capaz. Quieta. Triste. Implorando com uns olhos escuros que revelavam um sofrimento profundo e inexprimível.

– Você tem de salvá-lo – disse, com simplicidade.

Balancei a cabeça, tentando me eximir.

– Não, você tem de salvar esta última criança – insistiu. Então, sem um tremor de emoção na voz, ela explicou: – Ele é o último de meus treze filhos. Os outros todos morreram em Maidanek, no campo de concentração. Mas este nasceu lá. Não quero que ele morra agora que o pior já passou.

Mesmo que nosso pequeno posto médico fosse um hospital totalmente equipado, era pouco provável que a criança pudesse ser salva. Mas eu detestaria parecer uma tola que não podia fazer nada. Aquela mulher já passara por crueldades demais. Se ela ainda era capaz de encontrar alguma esperança a que se agarrar depois de toda a sua família ter sido assassinada nas câmaras de gás, eu também podia buscar forças dentro de mim mesma para agir. Pensei por alguns momentos e bolei um plano. Havia um hospital em Lublin, a cidade mais próxima. Apesar de não haver meio de transporte no acampamento, podíamos ir a pé. Se a criança sobrevivesse ao trajeto, talvez conseguíssemos fazer o hospital recebê-la.

O plano era arriscado. Mas a mulher, sabendo que era a única opção, tomou o filho nos braços e disse:

– Está bem, vamos.

Pela noite afora, fomos conversando e nos revezando para carregar a criança, que não estava indo bem. Ao nascer do sol, alcançamos os altos portões de ferro do enorme hospital revestido de pedra. Estavam trancados, e um guarda disse que o hospital não estava mais recebendo novos pacientes. Será que tínhamos andado todos aqueles quilômetros para nada? Olhei para o menino inerte, já semi-inconsciente. Não, todo aquele esforço não seria em vão. No momento em que avistei alguém que parecia ser um médico, consegui que nos desse atenção. Meio a contragosto, ele examinou o menino, tomou seu pulso e concluiu que não havia esperança.

– Já temos pessoas em camas dentro dos banheiros – disse o médico. – Como não pode ser salvo, não há por que levá-lo para o hospital.

De repente, transformei-me numa mulher zangada, agressiva.

– Eu sou suíça – disse, postando-me diante dele. – Vim do meu país a pé e pegando carona para ajudar o povo polonês. Estou cuidando sozinha de cinquenta pacientes por dia num pequeno posto médico em Lucima. Acabei de vir andando de lá até aqui para salvar essa criança. Se você se recusar a aceitá-la nesse hospital, vou voltar para a Suíça e contar para todo mundo que os poloneses têm o coração mais duro que já conheci, que não têm amor ou compaixão e que um médico polonês não teve piedade do único filho sobrevivente de uma mulher que já perdeu outros doze num campo de concentração.

Funcionou. Com relutância, o médico pegou a criança e concordou em levá-la, mas com uma condição: a mãe da criança e eu tínhamos de deixá-la ali por três semanas.

– Em três semanas, ou ele terá morrido ou já poderá ser levado para casa – disse o médico.

Sem a menor hesitação, a mãe abençoou o filho e confiou-o ao

médico. Fizera o que era humanamente possível e pude constatar seu alívio quando o médico e a criança desapareceram dentro do hospital. Como não havia mais nada para resolvermos, perguntei:
– O que quer fazer agora?
– Vou voltar e ajudar você – respondeu.
Ela tornou-se a melhor assistente que já tive. Fervia minhas três preciosas seringas numa pequena tigela depois de cada uso, lavava as ataduras e pendurava-as ao sol para secar, varria o chão do posto médico, ajudava a preparar as refeições e até segurava os pacientes quando eu tinha de fazer alguma incisão durante as cirurgias. Tradutora, enfermeira e cozinheira, não havia nada que ela não fizesse.

Então, numa manhã, quando acordei, ela tinha partido. Tudo indicava que saíra de mansinho durante a noite, sem deixar nenhum bilhete de despedida. Fiquei ao mesmo tempo confusa e desapontada. Muitos dias mais tarde, porém, achei a explicação. Tinham se passado exatamente três semanas desde que havíamos levado o menino dela para o hospital em Lublin. Eu estivera envolvida demais com o trabalho diário para calcular o tempo, mas ela havia contado cada dia.

Na semana seguinte, acordei depois de uma noite sob as estrelas e encontrei um lenço no chão ao lado de minha cabeça. Estava cheio de terra. Imaginando que se tratasse de uma daquelas superstições que aconteciam ali o tempo todo, coloquei-o numa das prateleiras do posto médico e não pensei mais nele até que uma das mulheres do lugar insistiu para que eu desatasse os nós e visse o que havia dentro. E na realidade, junto com a terra, encontrei um bilhete para a "Pani Doutora", que dizia: "Da Sra. W., cujo último dos treze filhos você salvou, um pouco de terra abençoada da Polônia."

Ah, então o menino estava vivo.

Um grande sorriso abriu-se em meu rosto.

Depois, li de novo a última linha do bilhete. Dizia: "terra abençoada da Polônia". Bastou para que eu compreendesse o que se passara. A mulher levantara-se no meio da noite, andara mais de 30 quilômetros até o hospital e apanhara lá seu filho vivo. De Lublin, levara-o de volta para o povoado onde vivia, pegara um punhado de terra do seu chão e encontrara um rabino para abençoá-la. Como os nazistas haviam exterminado a maioria dos rabinos, decerto tivera de procurar muito por um. Mas agora a terra era especial, abençoada por Deus. Depois de deixar seu presente comigo, voltara para casa. Quando me dei conta de tudo, aquele embrulhinho de terra tornou-se o presente mais valioso que já tinha recebido.

E, apesar de então eu não ter como adivinhar, logo iria também salvar minha vida.

10
Borboletas

Falo muito a respeito de amor e da compaixão, mas as maiores lições que recebi sobre o significado da vida estão relacionadas à visita que fiz a um local onde foram cometidas as piores atrocidades contra a humanidade.

Antes de deixar a Polônia, participei de uma cerimônia para oficializar a abertura da escola que havíamos construído. Depois, viajei para Maidanek, uma das tristemente famosas usinas de morte de Hitler. Algo me impelia a ver um desses campos de concentração com meus próprios olhos. Era como se ver me ajudasse a compreender.

Conhecia a reputação de Maidanek. Fora lá que minha amiga polonesa perdera o marido e doze de seus treze filhos. Sim, conhecia muito bem.

Ir de fato até lá, porém, era outra história.

Os portões daquele lugar imenso tinham sido estraçalhados, mas os vestígios de seu passado sinistro, em que mais de trezentas mil pessoas haviam morrido, ainda existiam e estavam expostos de modo arrepiante. Vi arame farpado, torres de guarda e as muitas fileiras de alojamentos onde homens, mulheres, crianças e famílias inteiras haviam passado seus últimos dias e horas. Havia também diversos vagões de trem. Olhei em seu interior. O que vi era horripilante. Alguns continham cabelo de mulher que seria despachado de volta para a Alemanha para ser transformado em roupas de inverno. Em outros havia copos, joias, alianças de casamento e as pequenas coisas que as pessoas carregavam por razões sentimentais. O último carro que vi estava cheio de roupas de criança, sapatos de bebê e brinquedos.

Desci os degraus do vagão e estremeci. Como a vida podia ser tão cruel?

O mau cheiro das câmaras de gás e da morte, aquele cheiro inconfundível, pairando no ar, fornecia a resposta.

Mas por quê?

Como era possível?

Era inconcebível para mim. Perambulei pelo espaço aberto do campo de concentração sem poder acreditar. Perguntava: "Como homens e mulheres podem fazer coisas assim uns aos outros?" Depois, cheguei aos alojamentos. "Como é que as pessoas, especialmente mães e crianças, sobreviviam no decorrer daquelas semanas e dias antes da morte que tinham como certa?" Do lado de dentro, vi inúmeros beliches de madeira nua com cinco camas superpostas cada um, amontoados uns em cima dos outros. Nas paredes, as pessoas tinham gravado nomes, iniciais e desenhos. Que ferramentas teriam usado? Pedras? Suas unhas? Olhei mais de perto e notei que uma figura se repetia muitas e muitas vezes.

Borboletas.

Estavam em toda parte, para onde quer que eu olhasse. Algumas eram toscas. Outras eram bem detalhadas. Não conseguia imaginar borboletas em um lugar como Maidanek, Buchenwald ou Dachau. Entretanto, os alojamentos estavam cheios delas. Em cada um deles. Borboletas. "Por quê?", eu me perguntava. "Por que borboletas?"

Decerto tinham algum significado especial. Qual? Nos vinte e cinco anos seguintes, eu me fiz esta pergunta e detestei a mim mesma por não conseguir achar uma resposta.

Saí dos alojamentos sentindo o impacto que Maidanek exercia sobre mim. Todavia, não tinha consciência de que estar ali já era uma preparação para o trabalho de minha vida. Naquela ocasião, queria apenas compreender como seres humanos podem agir de forma tão criminosa com relação a outros seres humanos, em especial a crianças inocentes.

Então, o silêncio que envolvia meus pensamentos foi interrompido. Ouvi a voz clara, calma e segura de uma jovem respondendo à minha pergunta. O nome dela era Golda.

– Você também seria capaz de fazer isso – disse.

Eu queria discordar, mas estava tão aturdida que nenhum som saiu de minha boca.

– Se tivesse sido criada na Alemanha nazista – acrescentou.

Tive vontade de gritar que não concordava com o que ela dizia. "Eu não!" Eu era uma pacifista. Fora criada por uma boa família num país pacífico. Nunca conhecera a pobreza, a fome ou a discriminação. Golda leu isso tudo em meus olhos e, com convicção, replicou:

– Ficaria surpresa se soubesse o que é capaz de fazer. Se tivesse crescido na Alemanha nazista, poderia ter facilmente se transformado no tipo de pessoa que faria isso. Existe um Hitler em cada um de nós.

Eu queria entender, não discutir, e, como era hora do almoço, convidei Golda para dividir comigo meu sanduíche. Ela era notavelmente bonita e parecia ter mais ou menos a mesma idade que eu. Em outra situação, poderíamos muito bem ter sido amigas, colegas de escola ou de trabalho. Enquanto comíamos, Golda me contou por que tinha aquela opinião.

Nascida na Alemanha, Golda tinha 12 anos quando a Gestapo invadiu o escritório de seu pai e levou-o embora. Ela nunca mais o viu. Então, logo depois do início da guerra, ela e o resto de sua família, inclusive seus avós, foram deportados para Maidanek. Um dia, os guardas os puseram na fila em que eles tinham visto tantos entrarem e nunca voltarem. Ela e sua família estavam entre os que foram despidos e forçados a entrar na câmara de gás. Gritaram, imploraram, choraram, rezaram. Mas não tiveram chance nem esperança de dignidade ou de sobrevivência ao serem atirados para uma morte pior do que a de animais num matadouro.

Golda, aquela linda moça, tinha sido a última pessoa que eles haviam tentado empurrar para dentro antes de fechar a porta e ligar a saída de gás. Por um milagre, por uma intervenção divina qualquer, a porta não se fechava com ela lá dentro. A câmara estava cheia demais. Para cumprir com a cota diária de extermínio, eles simplesmente a puxaram e a lançaram para fora, ao ar livre. Como já estava na lista da morte, julgaram que estivesse morta e nunca mais chamaram seu nome. Graças a um lapso incomum, a vida dela foi poupada.

Teve pouco tempo para se lamentar. Quase toda a sua energia se voltou para a tarefa básica de continuar viva. Lutou para sobreviver ao inverno polonês, conseguir comida suficiente e evitar doenças como o tifo ou até mesmo uma simples gripe, que a impediriam de cavar valas ou trabalhar com a pá removendo neve e a mandariam de volta para a câmara de gás. Para não desanimar, imaginava o campo sendo liberado. Deus a escolhera para sobreviver, raciocinava, e contar às gerações futuras as barbaridades que havia testemunhado.

Foi apenas o que teve, disse, para ajudá-la a atravessar o período mais frio do inverno. Quando sentia que ia sucumbir, Golda fechava os olhos e lembrava os gritos de suas amigas que tinham sido usadas como cobaias pelos médicos do campo, ou violentadas pelos guardas, ou as duas coisas, e dizia a si mesma: "Preciso viver para contar ao mundo. Preciso viver para contar os horrores que essas pessoas cometeram." E Golda alimentou seu ódio e sua determinação de se manter viva até que as forças aliadas chegaram.

Então, quando o campo foi liberado e os portões abertos, Golda ficou paralisada pela raiva e pela amargura que tomaram conta dela. Era inconcebível passar o resto de sua preciosa vida destilando ódio.

– Como Hitler – dizia. – Se eu usasse minha vida, que foi poupada, para plantar as sementes do ódio, eu não seria muito diferente dele. Seria apenas mais uma vítima procurando espalhar cada vez mais ódio. A única maneira de encontrar a paz é deixar que o passado fique para trás.

À sua maneira, ela estava respondendo a todas as perguntas

que tinham brotado em minha cabeça durante a visita a Maidanek. Até então, eu não tivera plena consciência do potencial humano para a selvageria. Mas bastava ver a carga de sapatos de bebês no vagão de trem ou aspirar o cheiro fétido da morte que pairava no ar como um manto fantasmagórico para perceber toda a desumanidade de que o homem é capaz. Porém, como então explicar Golda, alguém que vivera a experiência de toda essa crueldade e preferia perdoar e amar?

Ela própria forneceu a explicação, dizendo:

– Se eu puder mudar a vida de uma pessoa transformando seu ódio e seu desejo de vingança em amor e comiseração, mereci sobreviver.

Compreendi o que ela dizia, e, ao deixar Maidanek, eu estava mudada para sempre. Senti como se minha vida estivesse começando de novo.

Ainda queria cursar a faculdade de medicina. Mas havia decidido que o objetivo de minha vida seria procurar garantir que as gerações futuras não produzissem outro Hitler.

Claro que, primeiro, tinha de voltar para casa.

Voltar para a Suíça era tão perigoso quanto qualquer uma das outras coisas que eu havia feito nos meses anteriores. Em vez de voltar imediatamente, decidi conhecer um pouco da Rússia antes. Viajava sozinha. Sem dinheiro nem visto, guardei meu cobertor, as poucas roupas que tinha e meu embrulhinho de terra polonesa em minha mochila e enveredei pela estrada que ia para Bialystok. Ao cair da noite, tinha atravessado quilômetros de campos isolados sem ver nem sinal do temido Exército russo – minha única preocupação – e assim me preparei para acampar numa colina coberta de relva. Nunca me sentira tão sozinha antes, como um pontinho no planeta contemplando bilhões de estrelas no céu lá em cima.

Mas foi por pouco tempo. Antes que eu desdobrasse meu cobertor, fui abordada por uma idosa metida num vestido de várias cores e camadas e que parecia ter surgido do nada. Algo nos lenços e joias que usava me deu a impressão de ser inapropriado e estranho. Mas aquele era o campo russo, um lugar místico e obscuro, cheio de segredos. Falando russo, que eu mal compreendia, ofereceu-se para ler cartas para mim, aparentemente querendo ganhar algum dinheiro. Indiferente às fantasias que ela sem dúvida iria descrever, usei um pouco de polonês, russo e mímica para dizer que eu realmente precisava era de companhia humana e um lugar seguro para passar a noite. Será que ela poderia ajudar?

Sorrindo, deu-me a única resposta possível:

– O acampamento cigano.

Foram quatro dias extraordinários de cantoria, danças e companheirismo. Antes de prosseguir viagem, ensinei-lhes uma canção folclórica suíça. Tocaram-na como despedida quando pendurei mais uma vez minha mochila nos ombros e desci a estrada que levava à Polônia. Meus olhos ficaram enevoados ao pensar como estranhos que se haviam encontrado no meio da noite, pessoas sem um idioma comum além da linguagem do amor e da música em seus corações, podiam partilhar tantas coisas tão profundamente e se sentirem como irmãs em tão pouco tempo. Deixei-os esperançosa, achando que o mundo teria conserto depois da guerra.

Em Varsóvia, os quacres arranjaram um lugar para mim num avião de combate norte-americano que levaria pessoas importantes para Berlim. Dali, eu planejava tomar um avião para Zurique. Telegrafei para minha família dizendo quando eu chegaria em casa. "A tempo para o jantar", escrevi, já animada com a perspectiva de um dos deliciosos jantares de minha mãe e de uma boa noite de sono na minha cama macia.

No entanto, o perigo cresceu em Berlim. As tropas russas recusavam-se a permitir que pessoas sem as credenciais apropriadas saíssem de seu lado da cidade – que mais tarde seria parte da Alemanha Oriental – para o setor a oeste, ocupado pelos ingleses. À noite, as pessoas desapareciam das ruas, procurando escapar, ao menos temporariamente, do medo e da tensão que eram tão palpáveis. Ajudada por estranhos, cheguei até um posto de controle na fronteira, onde fiquei por horas a fio, cansada, faminta e sentindo enjoos. Quando ficou evidente que eu não conseguiria atravessar a fronteira sozinha, convenci um oficial inglês que estava dirigindo um caminhão a esconder-me dentro de um caixote de madeira, que tinha cerca de meio metro de largura por um de comprimento, e fazer-me chegar clandestinamente a uma região segura perto de Hildesheim.

No decorrer das oito horas seguintes, fiquei em posição fetal, concentrando-me no que ele me recomendara enfaticamente antes de fechar a tampa com pregos e martelo:

– Por favor, não faça nenhum ruído. Não tussa. Nem dê um suspiro mais alto, até que eu tire a tampa.

Em cada parada, prendia a respiração, temendo que o menor movimento que fizesse, até mesmo com um dedinho, fosse o último. Lembro que a luz me cegara quando ele finalmente removeu a tampa. Nunca vi uma luz tão brilhante. A intensidade do alívio e gratidão que senti quando vi o rosto do oficial inglês só se comparava às ondas de náusea e fraqueza que percorriam meu corpo depois que ele me ajudou a sair de meu esconderijo.

Depois de recusar seu delicado convite para uma boa refeição na cantina dos oficiais, comecei a pedir carona para ir para casa. À noite, desenrolei meu cobertor num cemitério e acordei na manhã seguinte ainda mais enjoada do que antes. Não tinha comida nem remédios comigo. Dentro de minha mochila, encontrei o saquinho de terra polonesa, a única coisa, além de meu cobertor, que não tinha sido roubada – e soube que de alguma forma eu iria conseguir sair daquela situação.

Consegui erguer o corpo, que latejava de dores lancinantes, e caminhar com dificuldade pela estrada de cascalho. De alguma forma, resisti por várias horas. Afinal, deixei-me cair numa campina nas cercanias de uma grande floresta. Sabia que estava muito doente, mas não havia nada a fazer a não ser rezar. Estava esfomeada e suando de febre; minha mente se obscureceu. No meu delírio, vi uma colagem de minhas experiências recentes, como o posto médico de Lucima, as borboletas de Maidanek e a jovem Golda.

Ah, Golda, tão preciosa e tão forte.

Em algum momento, abri os olhos e imaginei uma menina passando numa bicicleta e comendo um sanduíche. Meu estômago torcia-se de fome. Por um instante, considerei a possibilidade de roubar aquele sanduíche arrancando-o da mão da menina. Se era realidade ou não, não sei. Mas, no momento em que me ocorreu aquele pensamento, ouvi as palavras de Golda: "Existe um Hitler em cada um de nós." Agora eu compreendia. Só depende das circunstâncias.

Nesse caso, elas estavam a meu favor. Uma pobre velha me encontrou dormindo enquanto catava gravetos para o fogo. Não sei como me levou numa carroça para um hospital alemão perto de Hildesheim. Por dias a fio, vivi períodos alternados de consciência e inconsciência. Num dos momentos de lucidez, ouvi uma conversa sobre uma epidemia de tifo que estava matando dezenas de mulheres. Achando que fazia parte daquele grupo condenado, pedi que me dessem lápis e papel para escrever para meus familiares caso nunca mais os visse.

Entretanto, estava fraca demais para segurar o lápis. Pedi ajuda à minha companheira de quarto e à enfermeira, mas ambas se recusaram. As fanáticas intolerantes pensavam que eu fosse polonesa. Era o mesmo tipo de preconceito que eu testemunharia quarenta anos mais tarde com relação aos pacientes de aids.

– Vamos deixar a polonesa desgraçada morrer – disseram, com repugnância.

O preconceito delas quase me matou. Mais tarde, naquela mesma noite, tive um espasmo cardíaco e ninguém queria ajudar "a garota polonesa". Meu pobre corpo, que definhara até assustadores 34 quilos, não tinha mais forças para lutar. Encolhida na cama, eu me extinguia rapidamente. Felizmente, o médico de plantão daquela noite levava seu juramento a sério. Antes que fosse tarde demais, deu-me uma injeção de estrofantina. Pela manhã, sentia-me bem-disposta, mais do que me sentira desde a partida de Lucima. A cor tinha voltado ao meu rosto. Sentei-me e tomei o café da manhã. Quando estava saindo, no final de seu plantão, o médico perguntou:

– Como está minha menininha suíça hoje?

Suíça! Assim que as enfermeiras e minha companheira de quarto souberam que eu era suíça, não polonesa, a atitude delas em relação a mim mudou completamente. De uma hora para outra, não sabiam o que fazer para ajudar.

Que fossem para o inferno. Várias semanas mais tarde, depois do descanso e da alimentação mais do que merecidos, tive alta. Antes de ir embora, porém, contei às enfermeiras e à companheira de quarto preconceituosas a história do embrulhinho de terra polonesa que guardava em minha mochila.

– Estão compreendendo agora? – expliquei. – Não há diferença alguma entre a mãe de uma criança polonesa e a mãe de uma criança alemã!

Dentro do trem, na viagem de volta para Zurique, tive tempo para refletir sobre o incrível processo de educação pelo qual passara durante aqueles oito meses. Estava voltando para casa indiscutivelmente mais sensata e experiente. Enquanto o trem seguia sacolejando, eu já me ouvia contando tudo à minha família: sobre as borboletas e a moça judia polonesa que me ensinara que há um Hitler em cada um de nós; sobre os ciganos russos, com quem aprendi que o amor e a fraternidade transcendem a língua e a nacionalidade; sobre estranhos, como a mulher pobre que saiu para catar lenha e me levou a tempo para o hospital, salvando minha vida.

Logo eu estava de volta à mesa do jantar com minha mãe e meu pai, falando-lhes sobre todos os horrores que havia presenciado. E partilhando as muitas razões que tínhamos para sentir esperança.

PARTE II

"O Urso"

(início da meia-idade)

◉

O urso vive satisfeito e gosta de hibernar.
Reflete sobre os primeiros anos de sua vida
e ri do camundongo que corre
de um lado para outro.

11
JANTAR EM CASA

Ainda bem que existiam chefes como o professor Amsler. Era um brilhante cirurgião oftalmológico, mas possuía características que superavam em brilho e excelência essa habilidade e que faziam dele um grande ser humano: compaixão e compreensão. Menos de um ano depois de eu ter começado no Hospital Universitário, ele me autorizara a sair para fazer trabalho voluntário e, quando reapareci, me recebeu de braços abertos e permitiu que eu reassumisse o meu antigo cargo. "Deve ser inverno, porque a pequena andorinha voltou para casa", disse ele quando cheguei.

Meu velho laboratório no porão parecia um paraíso. Voltei à mesma rotina e às pesquisas. Em pouco tempo, porém, o professor Amsler percebeu que eu havia mudado e podia lidar com responsabilidades maiores. Transferiu-me para a ala pediátrica, onde eu realizava exames em crianças que estavam perdendo a visão devido a oftalmias simpáticas ou a malignidade. Minha abordagem era diferente da usada por seus pais e médicos. Eu falava diretamente com as crianças, ouvia sobre seu medo de ficarem cegas e observava como respondiam com franqueza às minhas perguntas. Mais uma vez, eu estava adquirindo as habilidades que precisaria mais tarde.

Adorava o trabalho que realizava em meu laboratório subterrâneo com aqueles pacientes com problemas de visão. O trabalho tomava muitas horas. Havia um monte de cálculos e exames a fazer. Obrigava a mim e aos pacientes a passar longos períodos juntos no escuro, o que era perfeito para conversar. Até os pacientes mais reservados, cautelosos e tímidos se abriam para mim naquele ambiente de intimidade. Eu era apenas uma laboratorista de 23 anos, mas aprendi a ouvir como um psiquiatra mais velho e experiente.

Tudo o que eu fazia aumentava a minha vontade de ser médica. Esperava passar no Matura, o difícil exame de admissão à universidade, e, para preencher as lacunas de minha educação, fazia planos preliminares de frequentar cursos noturnos sobre literatura alemã, francesa e inglesa, geometria, trigonometria e, o mais temido de todos, latim.

Chegou, porém, o verão, e as novidades do IVSP surgiram como uma brisa agradável. Uma equipe de voluntários estava construindo uma estrada de acesso a um hospital em Recco, na Itália. Precisavam demais de uma cozinheira. Nem tiveram de perguntar se estava interessada porque, alguns dias mais tarde, eu já estava trabalhando com uma picareta durante o dia e cantando em torno de uma fogueira à noite na Riviera italiana. Nada poderia ser melhor. Meu querido professor Amsler garantira que eu teria meu emprego na volta e meus pais deram consentimento. A essa altura, já estavam todos acostumados comigo.

Só havia uma condição. Antes da minha partida, meu pai me proibira de viajar para além da Cortina de Ferro. Não era seguro, e ele temia que eu pudesse desaparecer.

– Se cruzar a Cortina de Ferro, não é mais minha filha – disse, tentando me desencorajar com a punição mais severa possível.

– Sim, senhor – respondi.

Que bobagem, pensei. Por que se preocupar desse modo se eu estava indo passar o verão na Itália?

Mas ele tinha razão. Como o trabalho na estrada terminou mais cedo do que se esperava, o IVSP entrou em contato comigo fazendo um pedido urgente: levar duas crianças ao encontro de seus pais na Polônia. A mãe era suíça, o novo padrasto era polonês e eles não podiam sair do país. Meu trabalho anterior ali fazia de mim a melhor candidata para aquela tarefa. Falava a língua, conhecia o lugar e minha aparência não despertaria suspeitas.

Eu tinha acabado de percorrer, pedindo carona, todas as principais cidades italianas para ver suas incríveis obras de arte. Mais uma aventura antes que o verão terminasse seria ótimo. E ainda havia a oportunidade de ir a Polônia outra vez. Era um presente dos céus.

As crianças, um menino de 8 anos e uma menina de 6, esperavam por mim em Zurique. Antes de buscá-los, parei em casa para tomar um banho rápido e pegar outras roupas. Se minha mãe estivesse em casa, eu poderia ter evitado futuros problemas. Mas o apartamento estava vazio. Esquecendo a advertência de meu pai, escrevi um bilhete com um rápido cumprimento e contando os meus planos.

Na estação de trem, o chefe do escritório do IVSP de Zurique acrescentou mais uma tarefa à minha missão de caridade. Perguntou se eu poderia verificar as condições de um orfanato em Praga, na Tchecoslováquia. Apesar dos riscos, concordei. E todas as preocupações com o perigo se dissiparam no decorrer da viagem sem adversidades para Varsóvia, onde, apesar do regime comunista, entreguei meus protegidos e explorei a cidade durante a noite. Tive a agradável surpresa de ver rostos sorridentes, flores nos mercados e muito mais comida do que encontrara ali dois anos antes.

Praga, entretanto, mostrava uma imagem inteiramente diversa. Para passar pelas barreiras nos limites da cidade, precisei me despir e ser submetida a uma revista desumana como se fosse uma criminosa. Os guardas repugnantes ainda roubaram meu guarda-chuva e outros objetos pessoais. Foi a primeira vez, em todas as minhas viagens, que fiquei assustada. Quanto à cidade, lembro-me de uma nuvem de negatividade e desconfiança pairando por todos os lugares onde fui. Lojas vazias, rostos fechados, nem uma flor à vista. Todo o espírito da cidade havia sido sufocado.

O orfanato revelou-se um pesadelo. Meu coração ficou apertado pelas crianças que viviam ali. Era revoltante. Sujo, sem comida suficiente e, pior que tudo, sem amor. No entanto, não havia nada que eu pudesse fazer a respeito. Policiais me acompanhavam de perto e por fim disseram que eu não era bem-vinda ali.

Embora furiosa, eu não era idiota. Não podia lutar contra o poderoso Exército tcheco e vencer. Mas também não iria sair dali derrotada. Antes de deixar o orfanato, esvaziei minha mochila e dei minhas roupas, sapatos, cobertores e tudo o mais que estava levando. No breve trajeto de volta para Zurique, refleti que gostaria de ter feito mais coisas em Praga, mas busquei consolo com o lampejo de esperança que ainda persistia em Varsóvia.

"*Jejdje Polsak nie ginewa*", cantarolei baixinho. "A Polônia ainda não está perdida. Não, a Polônia ainda não está perdida."

Como todos os filhos que moram com a família, ficava cheia de animação sempre que voltava para casa depois de uma viagem, e aquela última tinha sido especial. À porta do apartamento, que deixava escapar o rico aroma das comidas deliciosas de minha mãe, ouvi uma discussão animada em meio ao barulho da louça do jantar. A voz mais alta, que eu não escutava havia muito tempo, fez meu coração pular de alegria: era a do meu irmão. Ernst estava morando no Paquistão e na Índia fazia muitos anos. Mantínhamos contato com ele por carta e, portanto, de modo muito superficial, o que tornava aquela visita mais do que especial. Agora, teríamos bastante tempo para pôr o assunto em dia e ser uma família completa como antes.

Mas meu pensamento não passou de um desejo. Enquanto eu fazia uma pausa e curvava a cabeça para tentar imaginar como Ernst estaria depois daquela longa separação, a porta abriu-se de repente. Meu pai, que me vira ao olhar pela janela, estava parado na entrada, bloqueando a minha passagem. Estava zangado.

– Quem é você? – perguntou asperamente. – Não conhecemos você.

Esperava que meu pai desse um sorriso e dissesse que estava brincando, mas ele bateu a porta e então soube que ele devia ter descoberto onde eu estivera. Não me lembrava do bilhete que tinha rabiscado apressadamente, mas percebi que estava me castigando por ter sido desobediente. Ouvi seus passos na madeira do assoalho. Depois, o silêncio. A conversa recomeçou lá dentro, apesar de menos viva do que antes, e nem minha mãe nem minhas irmãs vieram em meu socorro. Conhecendo meu pai como conhecia, sabia que ele provavelmente proibira que elas fossem até a porta.

Se aquele era o preço a pagar por fazer o que achava certo, em vez de fazer o que esperavam que eu fizesse, não tinha outra escolha além de ser tão ou mais obstinada que meu pai. Depois de alguns momentos de angústia, desci, por fim, a Klosbachstrasse sem saber para onde ir, acabando no pequeno café da estação do bonde, onde havia um banheiro e onde poderia comer alguma coisa. Pensei em dormir no meu laboratório, só que não tinha roupa nenhuma comigo. Dera tudo o que possuía em Praga.

Entrei no café e pedi algo para comer. Não tinha dúvidas de que minha mãe estaria aborrecida com meu pai, mas incapaz de fazê-lo mudar de opinião. Minhas irmãs certamente teriam ajudado, mas seguiam suas próprias vidas: Erika estava casada, e Eva, noiva de Seppli Bucher, um campeão de esqui e poeta. Eu estava decididamente sozinha e numa bela enrascada. Mas não me arrependia. Bem a propósito, lembrei-me de um poema que ficava pendurado acima da cama de hóspedes da casa de minha avó, onde eu havia passado muitas noites quando criança. Numa tradução imperfeita, o poema dizia:

Sempre que você pensa
que não consegue ir adiante,
de onde menos espera
surge uma luz no caminho.

Essa luz tão pequenina
vem renovar suas forças
e trazer-lhe energia
para dar um passo a mais.

Estava tão cansada que adormeci sobre a mesa. De repente, acordei sobressaltada com alguém chamando meu nome. Quando olhei para cima, vi minha amiga Cilly Hofmeyr. Ela acenou para mim do outro lado do café e depois veio se sentar à minha mesa. Cilly diplomara-se no Hospital Canton como uma promissora terapeuta da fala na mesma época em que eu me qualificara como laboratorista. Não nos vimos mais desde então, mas Cilly continuava tão expansiva e com a aparência tão agradável quanto antes. Pouco depois, já me contava que estava querendo muito se mudar da casa de sua mãe.

– Quero ser mais independente – disse.

Acabei sabendo que Cilly passara semanas procurando uma casa, mas encontrara apenas um lugar que podia pagar. Era um apartamento num sótão, 97 degraus escada acima, porque não havia elevador, mas a vista do lago de Zurique era de tirar o fôlego e, além disso, tinha água corrente e fácil acesso ao transporte público. O único empecilho era o proprietário só alugar o apartamento para um inquilino que concordasse em ficar também com o anexo de um único cômodo que ficava do outro lado da entrada.

Ela estava desapontada. Para mim, parecia perfeito.

– Vamos ficar com ele! – gritei, antes mesmo de ter comentado sobre meu problema.

No dia seguinte, assinamos o contrato de aluguel e fizemos nossa mudança. Meus móveis, com exceção de uma grande escrivaninha antiga de boa qualidade, vieram todos do Exército da Salvação, enquanto Cilly, uma musicista talentosa, deu um jeito de colocar um piano de um quarto de cauda lá em cima. Depois, naquela mesma tarde, voltei à casa dos meus pais, entrei furtivamente e contei à minha mãe onde estava morando, falando-lhe também sobre a vista que tinha de minha pequena janela. Peguei também algumas roupas e pedi que ela e minhas irmãs fossem me visitar.

Apesar de minhas cortinas serem na realidade velhos lençóis, meu novo lar era um ninho aconchegante. Cilly e eu recebíamos visitas quase todas as noites. Seus amigos da orquestra de câmara da cidade forneciam a música maravilhosa e minha coleção de nostálgicos amigos estrangeiros da universidade contribuía com a conversa intelectual. Um turco que estudava arquitetura costumava levar seu próprio bule de café de metal dourado e *halva* para a sobremesa. Minhas irmãs apareciam com frequência. Não era o lugar perfeito nem a casa de meus pais, mas não o trocaria por nada neste mundo.

No outono de 1950, concentrei meus esforços em entrar para a faculdade de medicina. No ano seguinte, trabalhava durante o dia no laboratório com o professor Amsler e passava as noites estudando para o Matura. As matérias variavam de trigonometria e Shakespeare a geografia e física. Normalmente, seriam necessários três anos de estudos para o exame, mas trabalhei no meu próprio ritmo acelerado e em apenas doze meses já estava preparada.

Na data adequada, inscrevi-me, mas não tinha os 500 francos suíços para pagar a taxa. Minha mãe não podia ajudar; teria de pedir a meu pai aquela quantia. Por um momento, minha situação pareceu sem saída. Então, minha irmã Erika e Ernst, seu marido, me emprestaram o dinheiro que tinham economizado para uma nova cozinha. Eram 500 francos suíços.

Fiz o Matura no início de setembro de 1951. Foram cinco dias seguidos de exames exaustivos, incluindo provas discursivas. Para a aprovação, a média dos resultados de cada candidato tinha de estar acima de um determinado número. Passei muito bem em física, matemática, biologia, zoologia e botânica. O latim foi uma catástrofe. Eu tinha ido tão bem nas outras matérias que o velho professor que aplicou a prova ficou desolado quando teve de me dar uma nota abaixo da necessária para a aprovação. Felizmente, eu levara isso em conta ao planejar uma estratégia para a média de meus pontos. Não tinha nenhuma dúvida de que passaria.

A notificação oficial de minha aprovação chegou pelo correio na véspera do aniversário de meu pai. Apesar de ainda não termos voltado a nos falar, mandei-lhe um presente de aniversário especial, um calendário no qual escrevi, nas datas correspondentes, "Feliz Aniversário" e "Passei no Matura". Deixei o presente em sua casa naquela tarde e fui esperá-lo na saída do trabalho na manhã seguinte para ver qual seria sua reação. Sabia que ficaria orgulhoso.

Meu palpite estava certo. Embora de início meu pai não parecesse muito satisfeito ao me ver, sua careta transformou-se num sorriso. Não era exatamente um pedido de desculpas, mas foi o primeiro sinal de afeto que recebi dele em mais de um ano. Foi bom. E o gelo continuou a derreter. Quando voltei do laboratório naquela noite, minhas irmãs foram ao apartamento com um recado dele: "Papai quer que você vá jantar em casa."

No decorrer de um jantar maravilhoso, ele fez um brinde ao meu sucesso no exame. Mas o importante é que estávamos todos juntos outra vez, comemorando muito mais do que apenas o resultado de minhas provas.

12
Faculdade de Medicina

Carl G. Jung me influenciou mais do que qualquer outro psiquiatra em meu trabalho sobre a morte e o morrer. Quando era estudante do primeiro ano de medicina, muitas vezes vi o lendário psiquiatra suíço dando longos passeios por Zurique. Era uma figura habitual nas calçadas e à volta do lago, parecendo estar sempre mergulhado em profundas reflexões. Eu sentia uma misteriosa ligação com ele, uma familiaridade que me dizia que poderíamos ter estabelecido um contato mágico de imediato.

Infelizmente, contudo, nunca me apresentei a ele, de fato chegando até a desviar do meu caminho para não dar com o grande homem. Logo que eu via Jung, atravessava a rua ou mudava de direção. Hoje me arrependo. Na época, entretanto, pensava que, se falasse com ele, acabaria sendo psiquiatra, e isto estava no fim de minha lista de prioridades.

Quando entrei para a faculdade de medicina, já planejava me tornar uma médica do interior. Na Suíça, isto é o esperado, é parte do acordo. Quando se formam, os novos médicos assumem uma clínica no interior do país. É uma forma de estágio, uma apresentação à clínica geral antes da escolha de uma especialidade, como cirurgia ou ortopedia. Se preferem, continuam o mesmo trabalho no interior, o que eu imaginava que iria fazer. Mas ainda tinha sete anos pela frente.

Era um bom sistema. Produzia bons médicos, cuja primeira consideração era o paciente, não o dinheiro.

Tive um bom começo na faculdade de medicina, passando sem dificuldades pelas ciências básicas naturais, química, bioquímica e fisiologia. Mas as primeiras aulas de anatomia quase me fizeram ser expulsa. No primeiro dia, quase todas as pessoas à minha volta falavam uma língua estrangeira. Pensando que estava na sala de aula errada, levantei-me para sair. O professor, ríspido e rigoroso quanto à disciplina, parou a aula no meio e me repreendeu por interrompê-lo, apesar de eu tentar explicar o motivo.

– Você não está confusa, não é bem isso – explicou. – As mulheres deviam mesmo era ficar em casa cozinhando e costurando em vez de virem para cá estudar medicina.

Fiquei mortificada. Mais tarde, percebi que um terço da turma era de Israel, parte de um acordo entre os dois governos, e que a língua estrangeira que eu ouvira era hebraico. Depois, tive outro desentendimento com o mesmo professor. Ao saber que vários estudantes primeiranistas, inclusive eu, estavam tentando angariar fundos para um estudante pobre, um dos israelenses, ele expulsou o aluno que havia organizado a campanha e disse ainda que eu "fosse para casa e virasse costureira".

Eram lições duras, mas achei que aquele professor tinha esquecido uma delas, fundamental, e arrisquei minha futura carreira para lhe dizer qual era:

– Estávamos apenas tentando ajudar um semelhante, um ser humano em dificuldades – falei. – O senhor não jurou fazer o mesmo quando se tornou médico?

Meu argumento foi bem aceito. O estudante que tinha sido expulso foi readmitido e eu continuei a ajudar outros, geralmente um dos estudantes estrangeiros. Fiz amizade com alguns indianos. Um deles tinha um amigo que ficara parcialmente cego depois de ter o olho mordido por um rato. Foi hospitalizado no departamento do professor Amsler, onde eu continuava a trabalhar cinco noites por semana. O estudante, vindo de um povoado perto do Himalaia, estava assustado e deprimido e não comia nada havia muitos dias.

Por experiência própria, sabia como é terrível ficar doente

longe de casa. Assim, dei um jeito para que lhe trouxessem comida indiana temperada com curry. Também consegui permissão para que um de seus amigos indianos ficasse com ele no quarto fora do horário de visitas, enquanto se preparava para a cirurgia. Pequenos toques. Ele rapidamente recuperou as forças.

Como agradecimento, recebi um convite do primeiro-ministro da Índia, Nehru, para uma recepção oficial no consulado indiano de Berna. Foi uma festa elegante realizada no jardim externo. Eu estava vestida com um lindo sari que ganhara de meus amigos. A filha de Nehru, Indira Gandhi, futura primeira-ministra do país, me ofereceu flores e uma menção honrosa, embora sua gentileza tenha significado muito mais para mim. Durante a recepção, ela me viu pedir a seu pai para autografar um exemplar do famoso livro dele, *A unidade da Índia*.

– Agora, não! – vociferou ele.

Constrangida e magoada, recuei num sobressalto e caí literalmente nos braços estendidos dela.

– Não se assuste – disse, procurando me acalmar. – Vou fazê-lo autografar o livro para você.

Dito e feito: dois minutos depois, ela lhe entregou meu livro. Ele o autografou e me devolveu o livro sorrindo, como se nada tivesse acontecido. Anos mais tarde, pediram-me para autografar livros milhares de vezes, uma delas quando eu estava sentada num banheiro do Aeroporto Internacional John F. Kennedy, em Nova York. Por mais que tivesse vontade de gritar "Agora, não!", controlava-me para não criar embaraços para mim nem assustar a pessoa que comprara meu livro, lembrando-me da lição que aprendera com o primeiro-ministro indiano.

A faculdade tomava muito do meu tempo, mas não era opressiva. Talvez eu estivesse mais acostumada com cargas de trabalho pesadas do que a maioria das pessoas. Ou fosse mais organizada. Passava minhas noites no laboratório de oftalmologia, que me proporcionava um salário razoável. Não que eu precisasse de muito para viver. Costumava levar um sanduíche comigo para o jantar, mas às vezes ia com colegas de turma para o refeitório dos estudantes. Não me lembro de ter tido muito tempo para estudar, exceto nas manhãs em que ia de bonde para a faculdade.

Por sorte, tinha uma memória fotográfica que me ajudava quando precisava lembrar trabalhos realizados em sala e seminários. Mas a desvantagem disso era o tédio, em especial quando se tratava de anatomia. Durante uma aula de revisão, uma amiga e eu ficamos sentadas no alto do anfiteatro tagarelando sobre nossas vidas, passadas e futuras. De brincadeira, ela correu os olhos pela ampla sala e então apontou para um bonito estudante suíço.

– É aquele – disse, rindo. – Aquele é meu futuro marido.

Nós rimos.

– Agora é sua vez, escolha seu marido – disse.

Olhei em torno. Havia um grupo de estudantes norte-americanos do outro lado da sala, bem na nossa frente. Eram conhecidos por seu comportamento insuportável. Contavam piadas sem parar e cochichavam entre si, fazendo comentários repugnantes sobre os cadáveres. Eu os detestava. Apesar disso, meus olhos pousaram em um deles, um rapaz de boa aparência, com cabelos escuros. Por alguma razão, eu nunca notara a existência dele. Também não sabia seu nome.

– Aquele – disse. – Aquele vai ser o meu.

Rimos mais de nossa impulsividade.

No fundo, porém, nenhuma das duas duvidava de que poderia acabar se casando com o rapaz que escolhera. Ficaria por conta do tempo e das "coincidências".

No que me dizia respeito, nada podia dar certo quando se tratava de aula de anatomia. Começara mal e deu a impressão de piorar quando passamos do curso básico para o laboratório de patologia, onde cada grupo de quatro estudantes trabalhava com um cadáver. Seria capaz de jurar que o professor estava tentando descontar em mim nossos desentendimentos passados quando vi com quem ele me colocara: três dos americanos, inclusive o rapaz bonito que eu escolhera para meu futuro marido.

Minha primeira impressão sobre eles, baseada na maneira como lidavam com o cadáver, não foi nada boa. Faziam piadas sobre o corpo do homem morto, pulavam corda com seus intestinos e me provocavam falando sobre o tamanho de seus testículos. Não tinha graça nenhuma. Pensei comigo que eles eram uns caubóis insensíveis que não sabiam o que era respeito. E embora aquela não fosse a maneira mais romântica ou atraente de tratar um futuro namorado, não guardei só para mim a minha opinião. Aquele comportamento inconveniente e aquelas brincadeiras, disse com severidade, davam margem a expulsão. E também não me deixavam estudar todos os vasos sanguíneos, nervos e músculos.

Escutaram educadamente e só um deles esboçou uma reação: meu americano. No auge do meu desabafo, ele deu um sorriso de desculpas e estendeu a mão.

– Olá – disse –, meu nome é Ross. Emanuel Ross.

Desarmou-me de imediato. Emanuel Ross. Tinha ombros largos, era atlético e muito mais alto do que eu. E era de Nova York. Dava para notar isso pelo seu jeito de falar. Soava "Brooklyn" antes que se perguntasse de onde era. E ele acrescentou mais uma coisa:

– Meus amigos me chamam de Manny.

Tornarmo-nos colegas de laboratório, e passaram-se três meses até que Manny me convidasse para ir ao cinema e depois comer alguma coisa num café. Eu sabia que ele tinha uma porção de amigas bonitas, mas surgiu entre nós uma amizade fácil que fazia com que nos abríssemos um com o outro. Manny, o mais moço de três irmãos, tivera uma infância excepcionalmente dura. Tanto seu pai quanto sua mãe eram surdos-mudos. O pai morreu quando Manny tinha 6 anos; a família se mudou para o pequeno apartamento de um tio. Eram muito pobres. O único presente que recebeu do pai, um tigre de pelúcia, foi levado e depois perdido pelas enfermeiras do hospital quando ele operou as amígdalas aos 5 anos. Mesmo depois de tanto tempo, vi que aquela perda ainda era uma lembrança dolorosa para Manny. Para consolá-lo, contei-lhe sobre meu coelho, Blackie.

Fiquei sabendo também que Manny trabalhara para pagar seus estudos, servira na Marinha e diplomara-se como paramédico na Universidade de Nova York. Para evitar a competição com o grande número de ex-combatentes da Segunda Guerra Mundial que disputavam vagas nas superlotadas faculdades de medicina norte-americanas, ele escolheu estudar na Universidade de Zurique, mesmo enfrentando dificuldades ao assistir a aulas em alemão e participar de debates em sala de aula em alemão suíço. Manny, que atribuía alguns de seus sucessos ao meu auxílio como tradutora, foi o primeiro rapaz com quem saí que me fez pensar no futuro. Antes das férias de verão, ensinei Manny a esquiar. Quando voltamos para o nosso segundo ano de faculdade, comecei a pensar qual seria a melhor maneira de afastar suas outras admiradoras.

No segundo ano, começamos a lidar com pacientes de verdade. Eu tinha faro de detetive para fazer rapidamente o diagnóstico correto e um gosto pela pediatria que achava estar ligado ao fato de ter ficado seriamente doente na infância. Ou às lembranças do tempo em que minha irmã Erika estivera hospitalizada. Felizmente, não gastei muita energia com aquele assunto porque estava envolvida com um problema potencialmente maior: apresentar Manny à minha família sem que papai tivesse um ataque. As festas de fim de ano que se aproximavam me deram a oportunidade esperada.

O Natal costumava ser um dia especial dedicado apenas à família, mas, uma semana antes, obtive o consentimento de minha mãe para convidar três colegas norte-americanos escolhidos a dedo, entre eles Manny, para a famosa ceia de Natal feita por ela. Contei-lhe uma história comovente, que no fundo era verdadeira, sobre aqueles estudantes que estavam longe de casa, solitários e sem dinheiro para uma boa ceia de Natal, embelezando os fatos de tal maneira que minha mãe passou dias cozinhando todo tipo de delícias tradicionais suíças para impressionar os americanos. Enquanto isso, preparávamos papai aos poucos para uma ceia de Natal em que não só a família estaria presente.

Na grande noite, Manny encantou minha mãe de imediato ao trazer-lhe flores, e os três rapazes a conquistaram para sempre tirando a mesa e lavando a louça, algo que os homens suíços nunca faziam por conta própria. Meu pai serviu um vinho e um conhaque excelentes, o que levou naturalmente a uma alegre cantoria em torno do piano que durou até chegarem ao fim as dezenas de velas que enchiam a sala de uma luminosidade aconchegante. Por volta das dez da noite, fiz o sinal previamente combinado para que meus amigos fossem embora:

– Já são quase onze horas – anunciei sem a menor sutileza.

Se por acaso os convidados ficavam em nossa casa além da hora, meu pai costumava deixar isto bem claro abrindo a porta da frente e todas as janelas, mesmo com dez graus abaixo de zero lá fora, e eu queria evitar que tal coisa acontecesse.

Meu pai, porém, estava realmente satisfeito.

– Esses rapazes são muito simpáticos – disse, mais tarde. – E Manny é o mais simpático de todos. É o melhor rapaz que você já trouxe aqui em casa.

De fato, eles se entrosaram bem. Contudo, ainda havia um fato importante a respeito de Manny que meu pai não sabia, e aquele momento de entusiasmo era perfeito para lançar a bomba:

– E, imagine só, ele é judeu – eu disse.

Silêncio. Antes que meu pai, que eu sabia não morrer de amores pela comunidade judaica de Zurique, pudesse dizer qualquer coisa, corri para ajudar minha mãe na cozinha, preparando-me para defender meu amigo mais cedo ou mais tarde.

Graças a Deus, não foi naquela noite. Meu pai foi direto para a cama e guardou suas opiniões para a manhã seguinte. Enquanto tomávamos o café da manhã, ele lançou sua bomba:

– Pode trazer Manny aqui sempre que quiser.

Em poucos meses, eu nem precisava mais convidar Manny. Recebido como pessoa da família, ele aparecia para jantar de vez em quando, até mesmo quando eu não estava lá.

Como era de se esperar, houve um casamento em 1955. Não, não foi o meu, apesar de Manny e eu estarmos cada vez mais próximos e sabermos que um dia nos casaríamos. Mas somente depois de terminarmos a faculdade. A noiva e o noivo eram minha irmã Eva e Seppli, que juraram amor eterno na mesma capelinha onde várias gerações de minha família haviam participado dos cultos religiosos. Mesmo quando já era evidente que eles estavam namorando a sério, meus pais davam a entender que Seppli talvez não fosse um grande partido para Eva. Um médico? Um advogado? Sim. Um homem de negócios, com toda a certeza. Mas um esquiador poeta? Era um problema.

Não para mim. Eva defendia Seppli de todas as maneiras. Ele era uma pessoa luminosa, sensível e delicada que gostava das montanhas, das flores e do sol tanto quanto eu. Nos fins de semana que nós três passávamos em nosso chalé nas montanhas de Amden, Seppli sempre tinha um largo sorriso no rosto enquanto esquiava, cantava, soltava a voz ao estilo dos montanheses suíços e tiroleses ou tocava violão e violino. Nas poucas vezes em que Manny se juntou a nós, percebi que ele não se importava em dormir num colchão sem roupa de cama ou cozinhar num fogão à lenha, além de parecer interessado quando eu lhe mostrava a fauna local ou as paisagens das florestas, mas ficava sempre aliviado ao voltar para a cidade.

No ano seguinte, não houve tempo para descanso nas montanhas. O último de meus sete anos de faculdade de medicina foi o mais puxado. Comecei-o praticando clínica geral em Niederweningen, uma atividade que na Suíça equivale a uma residência médica, no lugar de um jovem e simpático médico que estaria prestando serviço militar por três semanas. Tendo saído de um hospital-escola moderno, tive um choque cultural quando ele me mostrou apressadamente o consultório doméstico, o laboratório, o equipamento de raios X e um arquivo, cujo sistema de catalogação era bem pessoal, contendo os nomes de pacientes de sete vilarejos daquela região de fazendas.

– Sete vilarejos? – perguntei.

– Sim, e por isso você vai ter de aprender a andar de motocicleta – disse.

Não chegamos a discutir quando. Algumas horas depois de ele ter ido embora, recebi meu primeiro chamado de emergência. Era em uma das pequenas vilas dos arredores, a quinze minutos dali. Prendi minha maleta preta de médico com as correias na traseira da motocicleta, dei a partida como ele me ensinara e saí pela primeira vez dirigindo uma motocicleta. Nem carteira de motorista eu tinha.

Até que comecei bem direitinho. Quando tinha subido cerca de um terço do caminho colina acima, porém, escutei um barulho alto quando minha maleta bateu no solo ao escorregar da traseira. Todo o meu material espalhou-se pelo chão. Assim que me virei para ver o estrago, percebi que acabara de fazer uma grande bobagem. A motocicleta caiu num buraco, seguiu para onde bem quis, rodopiou sem controle e me jogou no chão num ponto mais ou menos entre a maleta e o lugar onde afinal parou.

E foi essa a minha apresentação à clínica geral, bem como a apresentação do vilarejo a mim. Sem que eu soubesse, todo mundo tinha assistido à cena de suas janelas. Todos sabiam que haveria uma nova médica e, assim que ouviram o ruído da motocicleta subindo a colina, correram para ver como eu era. Quando me levantei, estava esfolada e com alguns machucados sangrando. Uns homens apareceram e endireitaram a motocicleta. E acabei chegando à casa certa, onde cuidei de um idoso que estava tendo uma crise cardíaca. Acho que ele se sentiu melhor quando viu que minha aparência estava pior do que a dele.

Após três semanas no campo, tratando desde joelhos ralados até pacientes com câncer, voltei às minhas aulas exausta porém mais confiante. Apesar de não estar interessada nas duas especialidades sobre as quais ainda tinha aulas, não tinha dificuldades nem com obstetrícia/ginecologia nem com cardiologia. Haveria ainda as provas do Conselho do Estado, seis meses de tédio e pressão que precisavam ser conquistados para que eu me tornasse médica. E depois? Manny insistia em que fôssemos para os Estados Unidos quando terminássemos a faculdade, enquanto que eu sentia um desejo enorme de fazer trabalho voluntário na Índia. Tínhamos claramente nossas diferenças, mas confiava em meu instinto de que o lado bom prevaleceria sobre o ruim.

Foram tempos difíceis, e então aconteceu algo que tornou tudo muito pior.

13
A BOA PRÁTICA DA MEDICINA

As provas do Conselho duravam um dia inteiro e consistiam em perguntas orais e escritas que abrangiam tudo o que tínhamos aprendido nos últimos sete anos. Tanto o caráter quanto o conhecimento clínico do candidato eram examinados. Passei sem dificuldades, mais preocupada com a maneira como Manny se sairia do que com as minhas próprias notas.

Entretanto, existem certas coisas na vida de um médico que não são ensinadas na faculdade, e passei por um desses testes na mesma ocasião em que fazia as provas finais. Começou no apartamento de Eva e Seppli. Eu tinha ido fazer um lanche com eles e me distrair um pouco para aliviar a tensão das provas. Porém, enquanto conversávamos, notei que Seppli parecia pálido e cansado, decididamente o oposto de seu estado normal, e mais magro do que de costume, o que me fez perguntar se estava se sentindo bem.

– Estou com um pouco de dor de estômago – respondeu. – Meu médico disse que estou com úlcera.

Intuitivamente, sabia que meu cunhado, aquele homem forte e descontraído que adorava as montanhas, não tinha úlcera nenhuma e, assim, infernizei meio mundo nas semanas seguintes, verificando diariamente o estado dele e depois entrando em contato com seu médico, que perdeu a paciência com meu diagnóstico alternativo.

– Vocês, estudantes de medicina, são todos iguais – escarneceu. – Pensam que sabem tudo.

Eu achava que Seppli estava gravemente doente e não era a única. Eva temia isso também. Ela via com preocupação a saúde do marido piorar a cada dia. Ficou muito aliviada por finalmente poder falar sobre o assunto, mesmo quando levantei a possibilidade de um câncer. Levamos Seppli para uma consulta com o melhor médico que eu conhecia, um velho clínico do interior (e professor universitário em tempo parcial) que "ouvia" de fato os pacientes e era conhecido por seus diagnósticos infalíveis. Depois de um breve exame, ele confirmou nossas piores suspeitas e não perdeu tempo, marcando uma cirurgia para a semana seguinte.

Havia centenas de perguntas em minhas provas do Conselho, mas nenhuma como as que estavam em minha cabeça. Levei Seppli para o hospital; o cirurgião já me convidara para assistir à operação. Se o resultado fosse grave, chamaria Eva e diria: "Eu tinha razão." O resto estava entregue ao destino. Quanto a Seppli, que tinha apenas 28 anos e menos de um ano de casado, lidava com aquela infeliz reviravolta do destino com a mesma elegância que demonstrara nas pistas de esqui.

Tentei fazer o mesmo quando entramos na sala de operações. Era duro assistir àquilo, mas não tirei os olhos de Seppli nem mesmo quando o médico fez a primeira incisão. Com o estômago de Seppli aberto, ficou ainda mais difícil. Primeiro, vimos uma pequena úlcera na parede interna do estômago. Então, o cirurgião sacudiu a cabeça. O estômago de Seppli estava tomado por uma espessa formação maligna. Não havia o que fazer.

– Sinto muito, mas seu palpite estava certo – disse o cirurgião.

Minha irmã recebeu a notícia com um silêncio doloroso.

– Não foi possível fazer nada por ele – expliquei, e nós duas demos vazão a um sentimento compartilhado de impotência e raiva, principalmente com relação ao primeiro médico de Seppli, que não considerara a possibilidade de algo tão sério quando ainda teria sido possível salvar a vida dele.

Enquanto Seppli dormia na sala de recuperação, sentei-me em sua cama e lembrei-me da linda carruagem em estilo antigo, puxada por cavalos, que o levara com Eva, fazia menos de um ano, de nossa casa à capela tradicional dos casamentos situada do outro lado da cidade. O mundo parecia estar em ordem naquela época. Minhas duas irmãs estavam casadas, todos incrivelmente felizes, e eu esperava trilhar o mesmo caminho do altar no futuro. Olhando para Seppli, no entanto, dei-me conta de que não se pode confiar no futuro. A vida é sobre o presente.

E, de fato, ao acordar, Seppli aceitou seu estado sem fazer perguntas, escutando seu médico dizer-lhe exatamente o que precisava saber, enquanto eu apertava sua mão como se minha força pudesse ajudá-lo. Era um desejo natural no momento, mas não realista. Semanas depois, Seppli foi para casa, onde minha irmã cercou-o de cuidados, conforto e amor durante seus últimos meses de vida.

Num esplêndido dia de outono em 1957, os anos de trabalho duro foram finalmente recompensados.
– Você passou – disse o chefe da banca examinadora da universidade. – Você agora é médica.
O prazer de minha comemoração tinha um leve gosto amargo. Estava deprimida por causa de Seppli e também decepcionada porque um projeto para trabalhar com cirurgia na Índia por seis meses fracassara no último momento. A má notícia havia demorado tanto para chegar que eu já tinha doado todas as minhas roupas de inverno. Mas, se isso não tivesse acontecido, provavelmente não teria me casado com Manny.

Nós nos amávamos, mas não éramos o casal perfeito. Para começar, ele tinha sido contra minha viagem à Índia. Ao terminar seu último semestre na faculdade, imaginava que nós iríamos para os Estados Unidos. Eu fazia muito mau juízo do país dele por causa dos detestáveis estudantes de medicina que conhecera.

Quando meus planos mudaram, porém, decidi arriscar. Escolhi Manny e um futuro nos Estados Unidos.

Ironicamente, meu pedido de visto foi rejeitado pelos funcionários da embaixada norte-americana. Submetidos à lavagem cerebral do macarthismo, presumiam que qualquer um que, como eu, tivesse viajado para a Polônia só poderia ser comunista. Mas essa questão se tornou irrelevante quando Manny e eu nos casamos em fevereiro de 1958. Optamos por uma pequena cerimônia civil, em grande parte para que Seppli pudesse ser padrinho antes que fosse tarde demais. No dia seguinte mesmo, ele foi para o hospital. Como já imaginávamos, ele não iria resistir até a festa de casamento mais formal e maior que planejávamos fazer quando Manny terminasse a faculdade em junho.

Enquanto isso, aceitei uma colocação provisória em Langenthal, onde um médico do interior muito querido tinha morrido subitamente, deixando mulher e filho sem qualquer renda ou seguro-saúde. A maior parte do dinheiro que ganhava ia para eles, pois eu tinha tudo de que precisava. Como o médico que me precedera, eu mandava a conta apenas uma vez e, se alguém não podia pagar, não me preocupava mais com ela. Quase todos os pacientes davam alguma coisa. Se não era dinheiro, apareciam com cestas transbordando de frutas e legumes, e cheguei a ganhar até um vestido feito à mão que ficou perfeito em mim. No Dia das Mães, recebi tantas flores que meu consultório ficou parecendo uma sala de velório.

Meu dia mais triste em Langenthal foi também o mais ocupado. A sala de espera ficou cheia desde o momento em que abri a porta de manhã. Estava suturando um corte na perna de uma menina pequena quando recebi um telefonema de Seppli, cuja voz quase não passava de um sussurro. Com a menina chorando sobre a mesa e a sutura pelo meio, era impossível conversar. Seppli fez um pedido. Será que eu poderia ir vê-lo? Não, expliquei, pesarosa, a sala de espera estava cheia e eu ainda precisava fazer visitas domiciliares. Já tinha planejado uma viagem para visitá-lo. Em dois dias. Tentando parecer confiante, disse:

– Vejo você, então.

Infelizmente, não foi o que aconteceu, e estou certa de que Seppli já sabia quando telefonou insistindo para que eu fosse vê-lo pela última vez. Como a maioria das pessoas que estão morrendo e já aceitaram a inexorável transição deste mundo para o outro, ele sabia como é precioso e limitado o tempo que resta para as despedidas. E, efetivamente, Seppli morreu na manhã seguinte bem cedo.

Depois do enterro, houve ocasiões em Langenthal, enquanto eu andava pelos campos ondulados, respirando o ar fresco que a profusão de flores coloridas da primavera tornava mais suave, em que tinha a sensação de que Seppli estava por perto. Falava sempre com ele, até que me senti melhor. Ainda assim, nunca me perdoei por não ter ido vê-lo.

Sabia que não se pode ignorar o sentimento de urgência de um paciente que vai morrer. No campo, os cuidados médicos eram uma experiência conjunta. Havia sempre um avô ou avó, pai ou mãe, tia, primo, criança ou vizinho para ajudar a cuidar de um doente. O mesmo valia para os muito enfermos ou moribundos. Todos colaboravam, amigos, família e vizinhos. Estava subentendido que todas as pessoas deviam fazer aquilo umas pelas outras. Na realidade, a maior satisfação de meu início de carreira como médica não era trabalhar na clínica ou atender a doentes em suas casas, mas visitar pacientes que precisavam de um amigo, de palavras reconfortantes ou de algumas horas de companhia.

A medicina tem seus limites, um fato que não se ensina na faculdade. Outro fato que não é ensinado: um coração compassivo, sentimento que supõe ternura, compreensão e desejo de ajudar, pode curar quase tudo. Uns poucos meses no campo me convenceram de que ser um bom médico nada tinha a ver com anatomia, cirurgia ou prescrição dos remédios certos. A melhor maneira de um médico ajudar seu paciente era ser ele próprio uma pessoa cheia de bondade, zelo, sensibilidade e amor.

14
ELISABETH KÜBLER-ROSS, MÉDICA

Eu era uma mulher adulta, uma médica formada, estava prestes a me casar e minha mãe ainda me tratava como se eu fosse uma garotinha. Obrigou-me a ir ao cabeleireiro, me levou a uma especialista em maquiagem e me forçou a fazer todas aquelas bobagens de garotas que eu não suportava. Disse também que não me queixasse por ter de ir para os Estados Unidos, pois Manny era um homem bonito e inteligente com quem qualquer mulher gostaria de se casar.

– Ele provavelmente quer que você o ajude a se preparar para as provas finais.

Eram acessos de insegurança da parte dela. Queria que eu tivesse consciência da minha sorte. Mas eu já sabia disso.

Depois que Manny passou nas provas finais do Conselho, sem minha ajuda, nós nos casamos. Foi um grande acontecimento. Meu pai foi o único que não se divertiu tanto. Forçado a moderar sua natural atividade por causa de um quadril que tinha quebrado meses antes, não pôde exibir a graça e a elegância habituais na pista de dança, o que o deprimiu. No entanto, seu presente de casamento compensou tudo isso com vantagem: uma gravação de suas canções favoritas, com minha irmã Eva acompanhando-o lindamente ao piano.

Depois, minha família foi à Feira Mundial de Bruxelas. Ao retornarem, todos eles e mais diversos amigos que tinham participado da festa de casamento foram ao nosso embarque no *Liberté*, o enorme navio que levaria Manny e eu para os Estados Unidos. Nem a comida maravilhosa, nem o sol, nem a dança no convés podiam acalmar o conflito de sentimentos que eu experimentava pelo fato de deixar a Suíça por um país pelo qual não tinha o menor interesse. No entanto, deixei-me levar sem discutir e, pelo que escrevi no meu diário, acho que era uma viagem que eu tinha de fazer:

    Como é que os gansos sabem quando voar em direção ao sol? Quem diz a eles qual é a estação do ano? Como é que nós, seres humanos, sabemos quando chegou a hora de ir embora? Como os pássaros migratórios, nós sem dúvida temos também uma voz interior que, se soubermos ouvir, nos dirá com certeza quando partir para o desconhecido.

Na noite anterior à chegada nos Estados Unidos, sonhei que estava vestida de índia e atravessava o deserto a cavalo. Em meu sonho, o sol estava tão quente que acordei com a garganta seca. De repente, estava também sedenta por essa nova aventura. Contei a Manny que, em criança, gostava de desenhar escudos e símbolos indígenas e dançava como um guerreiro em cima de uma pedra achatada, apesar de nunca ter tido contato com a cultura indígena norte-americana. Meu sonho teria acontecido por acaso? Pouco provável. Estranhamente, foi o que me acalmou. Como uma voz interior, me deu a sensação de que o desconhecido talvez fosse na verdade um regresso ao lar.
    Para Manny, era mesmo. Sob uma chuva pesada, ele me mostrou ao longe a Estátua da Liberdade. Milhares de pessoas esperavam no cais pelos passageiros do navio, entre elas a mãe de Manny, que era surda-muda, e a irmã dele. Ouvira falar delas muitas vezes por anos a fio. Agora, tinha também uma porção de perguntas em minha cabeça. Como seriam? Será que receberiam bem uma estrangeira na família? Uma não judia?
    A mãe dele era uma boneca cuja alegria ao ver o filho médico transparecia em seus olhos com tanta clareza quanto qualquer palavra que pudesse dizer. Com a irmã, foi diferente. Estávamos procurando nossas quinze malas, engradados e caixas quando

ela nos encontrou. Manny recebeu um grande abraço daquela típica mulher de Long Island, com sua maravilhosa cabeleira recém-penteada e roupas novas. Então, ela examinou meu cabelo que pingava e minha roupa molhada como se eu tivesse vindo a nado atrás do navio e lançou um olhar para Manny, que dizia: "Isso foi o melhor que você pôde arranjar?"

Passamos pela alfândega, onde minha maleta de médico foi confiscada, e seguimos para jantar na casa da cunhada de Manny. Ela morava em Lynnbrook, Long Island. Durante o jantar, eu sem querer cometi uma gafe ao pedir um copo de leite. A ironia era que eu nunca bebia leite e o fato de que teria preferido um conhaque. Mas pensava que todo mundo nos Estados Unidos bebia leite. Aquela não era "a terra do leite e do mel"? Então, pedi leite. Levei um pontapé vigoroso de meu marido por baixo da mesa. Aquela era uma casa *kosher*, explicou ele.

– Ela vai ter de aprender a ser *kosher* – disse minha cunhada desdenhosamente.

Ao entrar mais tarde na cozinha com a esperança de ficar um pouco sozinha, encontrei minha cunhada diante da geladeira beliscando um pedaço de presunto. Meu humor melhorou na mesma hora.

– Não tenho a menor intenção de ser *kosher* – falei. – E suponho que você também não seja inteiramente *kosher*.

Minha disposição melhorou um pouco quando Manny e eu nos mudamos para nosso apartamento várias semanas mais tarde. O apartamento era pequeno, mas convenientemente próximo do Hospital Glen Cove Community, onde ambos daríamos plantões como residentes. Assim que o trabalho começou, mesmo com os horários estafantes e um salário que não dava para as refeições do mês inteiro, senti-me bem mais feliz. Era imensamente reconfortante usar um jaleco branco e ter uma porção de pacientes para ocupar meus pensamentos e minha energia.

Meus dias começavam cedo, com a preparação do café da manhã de Manny, e ambos trabalhávamos até tarde da noite.

Voltávamos para casa juntos, mal aguentando nos arrastarmos até a cama. Em fins de semana alternados, Manny e eu tínhamos plantão juntos, tomando conta sozinhos do hospital de 250 leitos. Complementávamos os pontos fortes um do outro. Manny era um médico com espírito de detetive, meticuloso e lógico, excelente em patologia e histologia. Eu era intuitiva e calma, especialista em tomar as decisões rápidas necessárias do setor de emergências.

Raramente tínhamos tempo para outra coisa que não fosse trabalhar e, mesmo que tivéssemos, não teríamos dinheiro. Mas houve exceções. Certa vez, o chefe de Manny nos deu duas entradas para o Balé Bolshoi, um acontecimento especial que nos entusiasmou. Vestimos nossas roupas mais elegantes e tomamos o trem para Manhattan. Assim que as luzes do teatro se apagaram, porém, adormeci e só acordei depois dos aplausos. A maioria das minhas dificuldades tinha a ver com a adaptação a uma nova cultura. Lembro-me de um rapaz que fora levado para o setor de emergência do hospital com um grave problema de ouvido. Estava preso a uma maca, um procedimento habitual. Porém, enquanto esperava por um otorrino, perguntou se poderia ir ao *restroom*.* Sabendo que o otorrino poderia chegar a qualquer momento, eu não estava disposta a deixá-lo ir a lugar algum para não desperdiçar o tempo do médico.

Além disso, nunca ouvira antes a palavra *restroom*. Portanto, antes de sair para ver os outros pacientes, disse:

– Você vai descansar muito mais se ficar onde está agora.

Quando voltei, uma enfermeira despachava o rapaz para que ele fosse ao banheiro. Meu rosto ficou rubro com sua explicação:

– Doutora, a bexiga dele estava prestes a explodir.

Um episódio ainda mais humilhante foi o que ocorreu certo dia em que eu estava trabalhando numa sala de operações.

---

* N. da T.: Nos Estados Unidos, *restroom* significa banheiro, toalete. Ao pé da letra, porém, a palavra poderia ser traduzida como sala de descanso.

Durante os procedimentos de rotina iniciais, o cirurgião flertava descaradamente com a enfermeira, ignorando-me por completo, apesar de ser eu quem lhe estava passando os instrumentos. De repente, o paciente começou a sangrar. O cirurgião, esquecendo a enfermeira, gritou:
– Merda!
Outra palavra que eu ainda não conhecia. Olhei para a bandeja de instrumentos e, desnorteada, disse em tom de desculpa:
– Não sei qual desses é o merda.
Mais tarde, Manny explicou por que todos tinham rido. Mas também se divertia muito com o que chamava de meus "escorregões na casca de banana".
Eu sabia que tais erros eram inevitáveis, parte da adaptação aos Estados Unidos. Mas nada foi mais difícil do que não poder celebrar o Natal com minha família. Se não fosse pela bibliotecária do hospital, uma descendente de escandinavos que nos convidou para a ceia em sua casa, talvez eu tivesse corrido de volta para a Suíça antes do ano-novo. Ela preparou uma árvore de Natal de verdade, iluminada por velas de verdade, igual às árvores da nossa casa e, como escrevi numa carta para meus pais, "em meio à noite mais escura, encontrei minha pequena vela acesa".
Agradeci a Deus por aquela noite, mas não chegou a contribuir para que eu me sentisse mais adaptada ao país do que antes. Minhas vizinhas de Long Island eram mulheres que tagarelavam sobre seus psicanalistas por cima das cercas dos quintais, fazendo comparações e expondo seus problemas mais íntimos como se nenhum assunto fosse particular. E isso não era o auge do mau gosto. O que eu via no setor pediátrico do hospital me incomodava ainda mais. Mães vestidas como modelos num desfile chegavam com brinquedos caros para mostrar como se preocupavam com seus filhos doentes. Quanto maior o brinquedo, maior o amor, certo? Não era à toa que todas precisavam de analistas.
Um dia, vi ali um garoto mimado ter um ataque colossal quando a mãe se esqueceu de levar um brinquedo para ele. Em

vez de dizer "Olá, mamãe, que bom que você veio", ele vociferava: "Cadê o meu brinquedo?", e fez a mãe sair correndo em pânico até uma loja. Fiquei estarrecida. O que aquelas mães e crianças americanas estavam pensando? Será que não tinham nenhuma noção de valores? De que adiantavam todas aquelas coisas quando uma criança doente precisa mesmo é de um pai ou uma mãe segurando sua mão e falando aberta e honestamente sobre a vida?

Por causa da aversão que aquelas crianças e suas mães me causavam, quando chegou a hora em que os residentes deveriam escolher uma especialidade, Manny decidiu-se por uma residência em patologia no Hospital Montefiore, no Bronx, enquanto eu me candidatava para trabalhar com o que chamava de "a minoria depravada": pediatria. A competição era intensa para as cerca de vinte vagas de residência no renomado Hospital de Bebês do Centro Médico Presbiteriano de Colúmbia, especialmente para médicos estrangeiros. Porém, o diretor, Dr. Patrick O'Neil, um médico veterano de espírito aberto que me entrevistou, jamais ouvira alguém dizer que queria trabalhar em pediatria por um motivo como aquele:

– Não aguento aqueles garotos – disse. – Nem as mães deles.

Espantado e confuso, o Dr. O'Neil quase caiu da cadeira. Seu olhar demonstrava que queria um esclarecimento.

– Se puder trabalhar com eles, vou entendê-los melhor – expliquei. E acrescentei: – E, quem sabe, conseguir tolerá-los.

Apesar de pouco ortodoxa, a entrevista foi boa. No final, o Dr. O'Neil, esperando mais do que um simples sim ou não como resposta, explicou que o esquema de horário, que exigia um plantão de 24 horas em dias alternados, era exaustivo demais para residentes grávidas. Percebi que tipo de informação ele esperava e garanti ao Dr. O'Neil que não tinha planos de aumentar a família naquele momento. Dois meses depois, puxei uma carta do Presbiteriano de Colúmbia do meio da pilha de correspondência e abracei Manny, que começaria sua residência no verão. Eu tinha sido aceita – a primeira estrangeira que o famoso hospital aceitava para uma residência pediátrica.

Nossa comemoração incluiu a compra de um Chevrolet Impala azul-turquesa zero quilômetro, uma extravagância que fez Manny inchar de orgulho. Era como se ele visse um futuro próspero no brilho daquele carro. E tivemos mais boas notícias em seguida. Depois de várias manhãs sentindo um enjoo desagradável, descobri que estava grávida. Sempre me imaginara como mãe e portanto fiquei felicíssima. Por outro lado, a gravidez punha em risco minha cobiçada residência. O Dr. O'Neil não explicara qual era o regulamento do hospital? Nada de residentes grávidas. Sim, ele fora bem claro.

Por um curto período, considerei a possibilidade de não contar nada a ninguém. Estávamos em junho, e minha gravidez não seria notada pelos próximos três ou quatro meses. Até lá, eu teria o crédito de três meses de residência. Pensei que o Dr. O'Neil talvez pudesse abrir uma exceção se visse como eu era capaz de trabalhar duro. Mas eu não podia mentir. Ele pareceu desapontado por ter de me excluir, mas o regulamento não admitia exceções. O melhor que podia fazer era garantir uma vaga para mim no ano seguinte.

Era ótimo ouvir aquilo, mas não resolvia meu problema do momento. Eu precisava de um emprego. A residência de Manny no Montefiore renderia 105 dólares por mês, e isso não daria para cobrir nossas despesas, muito menos com um bebê. Eu não sabia o que fazer. Havia passado muito tempo, todas as vagas para residência aceitáveis da cidade já estariam ocupadas.

Então, certa noite, Manny disse que havia uma vaga para residente no setor psiquiátrico do Hospital Estadual de Manhattan. Não fiquei particularmente animada. Era um hospital para doentes mentais, um repositório público das pessoas mais perturbadas e menos agradáveis que havia na cidade. Era dirigido por um psiquiatra suíço maluco que fazia todos os residentes saírem correndo. Ninguém queria trabalhar para ele. E, ainda por cima, eu detestava psiquiatria. Era a última opção na minha lista de especialidades.

Mas precisávamos pagar o aluguel e pôr comida na mesa. E eu também precisava ter alguma coisa para fazer.

Assim, tive uma entrevista com o Dr. D. After, e batemos papo na nossa língua materna como se fôssemos vizinhos; eu saí com a promessa de uma bolsa de pesquisa e um salário de quatrocentos dólares por mês. De uma hora para outra, estávamos ricos. Manny e eu alugamos um adorável apartamento de quarto e sala na Rua 96, do lado leste de Manhattan. Nos fundos havia um pequeno jardim, que eu preparei para plantar flores e legumes, carregando para lá baldes de terra trazida de Long Island durante um fim de semana inteiro. Naquela noite, não fiz caso de um pequeno sangramento. Dois dias depois, desmaiei dentro da sala de operações. Acordei como paciente em Glen Cove, pois sofrera um aborto.

Manny encheu nosso apartamento de flores, tentando me consolar, mas meu único consolo era minha crença num poder maior. Tudo o que acontecia tinha um motivo. Nada acontecia por acaso. A proprietária do apartamento, minha mãe substituta, preparou meu jantar favorito. Ironicamente, a filha dela tivera alta do mesmo hospital depois de dar à luz uma menina saudável no exato dia em que eu saía com os braços vazios. Mais tarde, durante a noite, ouvi o choro do bebê recém-nascido do outro lado da parede do apartamento. Até então, eu não sabia que era capaz de sentir uma tristeza tão profunda.

Entretanto, lá estava outra lição importante: às vezes, não conseguimos o que queremos, mas Deus sempre nos dá aquilo de que precisamos.

15
Hospital Estadual de Manhattan

Algumas semanas antes de Manny e eu começarmos a trabalhar em nossos novos empregos, recebi uma carta de meu pai. As notícias eram graves, mas tinham um toque de ironia. Meu pai sofrera uma embolia pulmonar, e, segundo ele, seu fim estava próximo. Queria que o visitássemos pela última vez. Queria também que eu, sua médica favorita, a única em quem confiava, o examinasse. E pensar que ele combatera tanto minha vontade de ser médica!

Depois do aborto e da mudança, Manny e eu estávamos exaustos. Não queríamos viajar para a Suíça. Mas o último pedido de Seppli me ensinara a nunca ignorar um moribundo. Quando eles querem falar conosco, não estão pensando em amanhã. Querem falar imediatamente. Portanto, Manny vendeu seu Impala novo para pagar as passagens de avião e três dias depois estávamos entrando no quarto de meu pai no hospital. Ao contrário da cena de leito de morte que esperávamos ver, encontramos meu pai fora da cama e parecendo bem corado. No dia seguinte, nós o levamos para casa.

Não era do feitio dele exagerar. Nem o de Manny deixar de dizer que tinha vendido seu carro à toa. Alguma coisa estava acontecendo. Mais tarde, percebi que meu pai, quando estava no hospital, deve ter pressentido que precisávamos resgatar nosso relacionamento antes que fosse tarde demais, e foi exatamente o que aconteceu. Pelo resto da semana, meu pai filosofou sobre a vida comigo como nunca fizera. Ficamos mais próximos um do outro, e creio que Manny percebeu que aquilo valia mais do que qualquer carro.

Ao voltar para Nova York, comecei minha residência no Hospital de Manhattan, onde a vida era algo a que não se dava muito valor. Eu tinha todos os motivos para me sentir desconfortável quando entrei no hospital em um dia do mês de julho de 1959, um daqueles dias de verão quentes e pegajosos. Era um conjunto amedrontador de prédios de tijolos que abrigava centenas de pessoas extremamente perturbadas e mentalmente doentes. Eram os piores casos. Alguns estavam havia mais de vinte anos ali.

Eu mal conseguia acreditar no que via. O hospital estava superlotado, acima de sua capacidade, de indigentes, cujos rostos contorcidos, gestos espasmódicos e gritos angustiados revelavam que estavam vivendo um inferno na terra. Naquela noite, em meu diário, descrevi o que presenciara como um "pesadelo num manicômio". Talvez fosse pior.

Meu setor ficava numa construção de um só andar onde viviam quarenta mulheres esquizofrênicas. Disseram que não havia esperança para elas. Observei que apenas uma coisa justificava isso: a enfermeira-chefe. Ela era amiga do diretor e por isso fazia as próprias regras, entre estas permitir que seus gatos queridos passeassem à vontade pelo setor. Eles deixavam um odor fétido por toda a parte. Como as janelas eram gradeadas e fechadas, um mau cheiro terrível tomava conta de tudo. De imediato, senti pena de meus colegas de trabalho, o Dr. Philippe Trochu, um residente, e Grace Miller, uma assistente social negra. Ambos eram excelentes pessoas, de bom coração.

Como conseguiam sobreviver ali estava além da minha capacidade de compreensão, embora para os pacientes fosse infinitamente pior. Apanhavam com varas, eram castigados com tratamentos de choque e, de vez em quando, colocados em banheiras cheias de água quente até o pescoço e deixados ali por até 24 horas. Muitos eram usados como cobaias humanas em experiências com LSD, psilocibina e mescalina. Quando protestavam – e todos eles o faziam – eram submetidos a punições ainda mais desumanas.

Como pesquisadora, fui lançada no meio desse ninho de cobras. Minha função oficial era registrar os efeitos dessas drogas alucinógenas experimentais nos pacientes. Entretanto, depois de ouvir alguns deles lembrarem as visões apavorantes causadas pelas drogas, jurei a mim mesma que acabaria com aquela prática e mudaria a maneira como a clínica psiquiátrica era dirigida.

Seria fácil mudar a rotina do hospital ou dos pacientes. A maioria deles vagava pelos quartos ou pela sala de recreação sem nenhuma atividade ocupacional, nenhuma distração ou estímulo. De manhã, formavam uma fila para tomar remédios que os deixavam em estado de estupor e que causavam horríveis efeitos colaterais. O mesmo procedimento era repetido mais tarde. Observei que era possível administrar drogas como Torazine no tratamento de psicóticos, mas muitas daquelas pessoas estavam sendo medicadas em excesso e eram vítimas de um isolamento exagerado. Em vez de remédios, precisavam de cuidados e bem-estar material.

Com a colaboração de meus colegas de trabalho, alterei a rotina para estimular os pacientes a cuidarem de si próprios. Se quisessem Coca-Cola e cigarros, precisariam ganhar dinheiro para pagar por esses privilégios. Teriam de se levantar da cama na hora certa, se vestir, pentear o cabelo e ir para a fila sem atrasos. Os que não pudessem – ou não quisessem – realizar essas tarefas simples arcariam com as consequências. Perderiam o ganho de um dia. Depois de uma semana, todos já iam para a fila. Na sexta-feira à noite, eu entregava a eles o pagamento. Alguns bebiam todas as Coca-Colas e fumavam todos os cigarros na primeira noite. Mas conseguimos resultados.

O que eu sabia a respeito de psiquiatria? Nada. Mas sabia sobre a vida e me abri para a tristeza, a solidão e o medo que aqueles pacientes sentiam. Se queriam conversar comigo, eu conversava. Se falavam sobre seus sentimentos, eu escutava e respondia. Eles percebiam isso e, de repente, não se sentiam mais tão sozinhos e amedrontados.

Eu lutava mais contra meu chefe do que contra os pacientes. Ele não concordava em que diminuíssemos a medicação, embora eu afinal tenha conseguido introduzir um pouco de tarefas simples mas produtivas na rotina diária deles. Encher caixas com tubos de rímel não era grande coisa, mas já era melhor do que ficarem sentados pelos cantos entregues à apatia causada pelos remédios. Mais tarde, cheguei a levar os pacientes mais bem-comportados para passeios com finalidades práticas. Ensinei-lhes como usar o metrô, como comprar as passagens e, em ocasiões especiais, levei-os até para fazer compras na Macy's. Meus pacientes sabiam que eu me interessava por eles e melhoravam.

Em casa, Manny ouvia tudo o que eu contava a respeito de meus pacientes. Havia uma mulher ainda jovem chamada Rachel. Ela era esquizofrênico-catatônica, classificada como incurável. Havia anos que passava os dias inteiros de pé no pátio exatamente no mesmo lugar. Ninguém se lembrava de tê-la ouvido dizer uma só palavra ou mesmo emitir qualquer som. Quando me empenhei em transferi-la para minha enfermaria, as pessoas pensaram que eu estava maluca.

Assim que a tive sob meus cuidados, porém, tratei-a como tratava os outros. Fiz com que realizasse tarefas e se juntasse ao grupo quando celebrávamos o Natal, Chanucá ou até seu aniversário. Depois de quase um ano de atenção, Rachel finalmente falou. Aconteceu durante uma sessão de terapia artística, enquanto ela desenhava. Um médico olhou o que a mulher estava fazendo e ela perguntou: "Você gostou?"

Depois de algum tempo, Rachel deixou o hospital para morar em sua própria casa e começar a trabalhar como artista, fazendo serigravuras.

Eu me alegrava com os sucessos, tanto os grandes quanto os pequenos, como o do dia em que o homem que estava sempre voltado para a parede decidiu se virar e olhar para o grupo.

Entretanto, num certo momento, vi-me diante de uma escolha muito difícil. Em maio, fui convidada a candidatar-me novamente para o programa de pediatria do Presbiteriano de Colúmbia. Ponderei se deveria seguir meu sonho ou ficar com meus pacientes. Era impossível decidir, mas na mesma semana descobri que estava grávida de novo. O problema estava resolvido.

No final de junho, porém, perdi o bebê. O medo de outro aborto era o motivo pelo qual eu não me deixara levar pelo entusiasmo por estar grávida. Não queria passar outra vez pela tristeza e depressão anteriores, apesar de serem coisas que não se pode evitar. Meu obstetra disse que eu era uma daquelas mulheres que perdem bebês. Não acreditei nele, pois em meus sonhos me via tendo filhos. Atribuía os abortos ao destino.

Assim, passei mais um ano no Hospital de Manhattan, onde meu objetivo era dar alta ao maior número possível de meus pacientes. Esforçava-me para conseguir empregos fora do hospital para os mais capazes. Eles saíam de manhã, voltavam à noite e aprendiam como usar seu dinheiro para comprar outras coisas básicas, além de Coca-Cola e cigarros. Meus superiores notaram o sucesso de meu método e perguntaram qual era a teoria que estava por trás daquela abordagem. Eu não tinha nenhuma teoria.

– Faço o que acho certo depois que passo a conhecer o paciente – expliquei. – Não se pode enchê-los de remédios até ficarem apáticos e querer que melhorem. É preciso tratá-los como gente. E não me refiro a eles como vocês fazem – continuei. – Não digo: "Ah, o esquizofrênico do quarto tal." Sei o nome deles. Conheço seus hábitos. E eles reagem bem a isso.

O grande sucesso foi o resultado do programa "dia de visita" que Grace Miller e eu criamos. As famílias das vizinhanças foram convidadas a visitar o hospital e adotar pacientes. Assim estávamos desenvolvendo relacionamentos pessoais para gente que não tinha a menor ideia de como ter qualquer tipo de relacionamento. Alguns pacientes reagiram maravilhosamente. Adquiriram uma noção de responsabilidade e objetivo para suas vidas. Outros aprenderam até a fazer planos para futuras visitas.

Mas o maior sucesso de todos foi o que aconteceu com uma mulher chamada Alice. Quando estava para receber alta, depois de vinte anos na ala de doentes mentais, Alice espantou todo mundo com um pedido inesperado. Queria ver seus filhos. Filhos? Ninguém sabia do que ela estava falando.

Mas Grace investigou e descobriu que Alice realmente tinha dois filhos. Ambos eram muito pequenos na época da internação dela. Soube-se que tinham dito a eles que a mãe havia morrido.

Minha colega assistente social encontrou os dois, agora adultos, e falou sobre o programa de "adoção" do hospital. Disse que havia uma "senhora idosa e solitária" que precisava de uma família substituta. Em memória da mãe, eles aceitaram. Não foram informados sobre a verdadeira identidade da idosa. Mas nunca vou esquecer o incrível sorriso de Alice quando se viu diante dos filhos que a tinham esquecido. Mais tarde, depois que Alice teve alta, os filhos a tornaram parte de sua família... outra vez.

Por falar em família, Manny e eu continuávamos tentando aumentar a nossa. No outono de 1959, fiquei grávida de novo. O bebê deveria chegar em meados de junho de 1960. Por nove meses, Manny me tratou como se eu fosse quebrar. De alguma forma, eu sabia que o bebê vingaria. Em vez de me preocupar com outro aborto, procurava imaginar um menino ou uma menina. Pensava em como iria mimar a criança. Se refletirmos bem, a vida é difícil. Todos os dias há um novo desafio. Perguntava-me como alguém em sã consciência poderia querer trazer outra vida ao mundo. E aí pensava em toda a beleza que existe nele e ria. Por que não?

Manny e eu nos mudamos para um apartamento no Bronx. Era maior do que os dois anteriores. Mais ou menos uma semana antes da data prevista para o nascimento do bebê, minha mãe veio ficar conosco para me ajudar e não se aborreceu nem um pouco com o atraso no parto, pois teve mais tempo para gastar na Macy's e em outras lojas de departamentos.

Três semanas depois da data prevista para o parto, Manny e eu começamos a dirigir pelas ruas do Brooklyn com calçamento de pedra. Nós, na verdade, *procurávamos* buracos para passar por cima. Ironicamente, estávamos num engarrafamento na via expressa de Long Island quando finalmente entrei em trabalho de parto. Como havíamos planejado, fomos direto para o Hospital Glen Cove. Após 15 horas de trabalho de parto, comecei a fazer algum progresso, embora a essa altura os médicos tivessem decidido interferir usando fórceps. Eu era contra esse tipo de procedimento, mas já estava cansada demais para me importar. Só queria ter um bebê saudável em meus braços.

Só me lembro do meu próprio grito. E, então, de uma criança esplêndida, saudável, aninhada em meus braços, de olhos abertos, enxergando o mundo como algo ainda novo. Era o bebê mais lindo que eu já vira. Inspecionei tudo cuidadosamente. Um menino. Meu filho. Pesava mais de 3,5 quilos, tinha a cabeça coberta por um emaranhado de cabelos escuros e as mais longas e maravilhosas pestanas escuras que qualquer um de nós já vira em uma criança. Manny deu a ele o nome de Kenneth. Nem eu nem minha mãe conseguíamos pronunciar muito bem o "th" de seu nome, mas não fizemos caso. Estávamos encantadas com a chegada dele.

Manny e eu tínhamos resolvido que deixaríamos nossos filhos decidirem sozinhos sobre questões de religião quando estivessem mais velhos, mas ele fazia questão de uma circuncisão. "Por causa de minha família", dizia ele. Quando eu soube, porém, que um rabino estava a caminho, imaginei a circuncisão, depois um bar mitzvah, e aquilo foi demais para mim.

O pediatra de Kenneth acalmou minha ansiedade comunicando um problema médico. O bebê estava tendo dificuldades para urinar; seu prepúcio estava fechado. Precisava fazer uma circuncisão o quanto antes. Mesmo grogue como estava, pulei para fora da cama mais rápido do que nunca e assisti à cirurgia.

Não imaginava que pudesse ser tão feliz. Cansada, sim. Mais feliz, impossível. Muitas vezes ficava admirada pensando como minha mãe se arranjara com quatro crianças – sendo que três tinham chegado de uma vez só. Mas, como as mães costumam fazer, ela dizia que não tinha sido nada de extraordinário. Não compreendia por que eu ia voltar a trabalhar. Naquela época, poucas mulheres conseguiam criar filhos e ter uma carreira ao mesmo tempo. Acho que eu era uma dessas mulheres que nem consideravam a possibilidade de escolher. Minha família era o que havia de mais importante no mundo para mim, mas eu também precisava seguir minha vocação.

Depois de um mês em casa, voltei para o Hospital Estadual de Manhattan, onde terminei meu segundo ano de residência. Consegui acabar com as punições mais violentas e dar alta a 94 por cento de meus esquizofrênicos "incuráveis" para que levassem vidas produtivas e independentes fora do hospital. Entretanto, ainda precisava de mais um ano de residência para me tornar uma psiquiatra habilitada. Essa especialidade ainda não me parecia apropriada, mas Manny e eu concordávamos em que era tarde demais para começar outra coisa do zero.

Candidatei-me para o Montefiore, uma clínica psiquiátrica sofisticada e intelectualmente mais estimulante que o hospital estadual, e fui chamada para uma entrevista. Que não foi muito boa. Meu entrevistador, um médico com a personalidade de um bloco de gelo, parecia empenhado apenas em me humilhar. As perguntas dele revelavam minha falta de conhecimentos específicos (e de interesse) acerca de tratamento de neuróticos, alcoólicos, sexualmente disfuncionais e outros não psicóticos; e a junta deixava que ele exibisse quanto sabia. Mas ele só tinha conhecimento do que estava nos livros.

Para mim, havia uma grande diferença entre aquilo que ele aprendera nos livros e minha experiência no Hospital Estadual de Manhattan, o que, mesmo pondo em risco minha admissão no Montefiore, decidi dizer a ele:

– O conhecimento ajuda, mas o conhecimento sozinho não resolve os problemas de ninguém – argumentei. – Se você não usar sua cabeça, seu coração e sua alma, não conseguirá ajudar um único ser humano.

É possível que aquilo não respondesse a nenhuma de suas perguntas, mas fez com que eu me sentisse muito melhor.

16
VIVENDO ATÉ A MORTE

Pouco tempo depois de ter sido aceita no Hospital Montefiore, um neurologista me pediu que examinasse um de seus pacientes. Eu era encarregada da clínica de psicofarmacologia, mas também era parte de meu trabalho dar apoio psiquiátrico a outros departamentos, inclusive o de neurologia. Falei com o paciente, um homem com idade entre 20 e 30 anos que supostamente sofria de paralisia psicossomática e depressão, e verifiquei que, na verdade, ele estava nos últimos estágios de uma esclerose lateral amiotrófica, uma doença degenerativa incurável.

– O paciente está se preparando para morrer – informei.

O neurologista não só discordou do meu diagnóstico, como o ridicularizou, afirmando que o paciente precisava apenas de uns tranquilizantes para tratar seu estado de espírito mórbido.

Dias mais tarde, porém, o paciente morreu.

Minha franqueza ia de encontro à maneira como a medicina costumava ser praticada nos hospitais. Entretanto, depois de alguns meses no cargo, percebi que muitos médicos tinham o hábito de evitar fazer referência a qualquer coisa que estivesse relacionada com a morte. Os pacientes moribundos eram tão maltratados quanto os meus pacientes psiquiátricos no hospital estadual. Eram deixados de lado e desrespeitados. Um paciente de câncer perguntava: "Estou morrendo?" E o médico respondia: "Ora, não seja bobo." Eu não faria isso.

Mas não acredito que muitos médicos como eu tivessem passado pelo Montefiore ou por outros hospitais. Poucos haviam tido uma experiência como a do meu trabalho de assistência às cidades europeias destruídas pela guerra e pouquíssimos eram mães. E mais, meu trabalho com pacientes esquizofrênicos mostrara que havia um poder de cura além das drogas, além da ciência, e era isso que eu trazia todo dia para as enfermarias dos hospitais.

Durante minhas consultas, sentava nas camas, segurava a mão das pessoas e conversava por horas a fio. Aprendi que não havia uma única pessoa moribunda que não ansiasse por amor, por um contato físico ou uma forma de comunicação. Pacientes que estavam morrendo não desejavam ficar a uma distância segura de seus médicos. Precisavam desesperadamente de sinceridade. Mesmo os pacientes entregues a uma depressão suicida podiam por vezes, embora nem sempre, ser convencidos de que sua vida ainda tinha algum sentido. "Conte o que está se passando com você", eu pedia, "e talvez possa me ajudar a socorrer outras pessoas."

Porém, tragicamente, os piores casos – aquelas pessoas que estavam nos últimos estágios de alguma doença, os que estavam morrendo – eram os que recebiam o pior tratamento. Eram colocados nos quartos mais distantes dos postos de enfermagem. Eram obrigados a ficar deitados sob luzes fortes que não podiam apagar. Não podiam receber visitas, exceto durante os horários prescritos. Deixava-se que morressem sozinhos, como se a morte fosse contagiosa.

Eu me recusava também a usar aqueles métodos. Pareciam errados. Assim, ficava com meus pacientes por quanto tempo fosse necessário e dizia-lhes que ficaria.

Embora meu trabalho me obrigasse a circular por todo o hospital, eu gravitava em torno daqueles casos considerados mais graves: os moribundos. Foram meus melhores professores. Observava-os lutando para aceitar o destino. Ouvia-os vociferar contra Deus. Erguia meus ombros num gesto de impotência quando perguntavam: "Por que eu?" Ouvia-os fazer as pazes com Deus. Percebi que, quando havia outra pessoa que se importava, eles chegavam a um ponto de aceitação. Era o que eu mais tarde definiria como os diferentes estágios do processo de morrer, embora se apliquem à maneira como lidamos com qualquer tipo de perda.

Escutando-os, concluí que todos os pacientes moribundos sabem que vão morrer. Não se trata de perguntar: "Será que contamos a ele?" ou "Será que ele já sabe?".

A única pergunta a fazer é: "Será que posso escutar o que ele tem a dizer?"

Do outro lado do mundo, meu próprio pai estava querendo que alguém o escutasse. Em setembro, minha mãe telefonou para avisar que meu pai estava morrendo no hospital. Garantiu que dessa vez não era alarme falso. Manny não podia deixar o trabalho, mas peguei Kenneth e parti no primeiro avião que saía no dia seguinte.

No hospital, vi que ele estava morrendo. Tinha uma septicemia causada por uma operação malfeita em seu cotovelo. Meu pai estava ligado a máquinas que drenavam o pus de seu abdômen. Estava magro e sentia dores. Os remédios não faziam mais efeito. Tudo o que meu pai queria era ir para casa. Ninguém o escutava. Seu médico se recusava a deixá-lo sair.

Mas meu pai ameaçava cometer suicídio se não lhe permitissem morrer na paz e no conforto de sua própria casa. Minha mãe estava tão extenuada e perturbada que dizia que faria o mesmo. Eu conhecia a história que ninguém estava querendo lembrar. O pai de meu pai, que quebrara a espinha, morrera numa clínica de repouso para idosos. Seu último desejo tinha sido que o levassem para casa. Mas meu pai preferira ouvir os médicos e se recusara a atendê-lo. Agora, ele encontrava-se praticamente na mesma situação.

Ninguém no hospital se importava com o fato de eu ser médica. Diziam que eu poderia levá-lo para casa se assinasse um papel que os eximisse da responsabilidade.

– A viagem provavelmente vai matá-lo – advertiu seu médico.

Olhei para meu pai na cama, indefeso, sofrendo dores e querendo ir para casa. A decisão cabia a mim. Naquele momento, lembrei como ele me salvara quando escorregara para dentro de uma fenda na geleira. Sem a corda que ele me ensinara como amarrar, eu teria encontrado a morte no abismo. Agora era eu quem iria salvá-lo.

Assinei o papel.

Meu obstinado pai, tendo conseguido que se fizesse a sua vontade, queria comemorar. Pediu um copo de seu vinho favorito, que eu conseguira esconder em seu quarto uns dias antes. Ao ajudá-lo a levar o copo à boca, notei que o vinho, gota a gota, saía por um dos muitos tubos que estavam ligados a seu corpo. Soube então que estava na hora de deixá-lo ir.

Depois que os aparelhos e os instrumentos de um quarto de doente foram instalados na nossa casa, levamos meu pai embora. Fui sentada ao lado dele na ambulância e notei como ficava mais animado à medida que nos aproximávamos de casa. De vez em quando, apertava minha mão para manifestar quanto estava grato por todo aquele esforço. Quando os enfermeiros da ambulância o levaram para o quarto, vi como seu corpo antes tão vigoroso estava emaciado. Mas foi dando ordens a todos que estavam à sua volta até ser colocado em sua cama. Por fim, sussurrou: "Em casa, finalmente."

Passou os dois dias seguintes cochilando pacificamente. Nos momentos de consciência, ficava olhando para os quadros com suas queridas montanhas ou para seus troféus de esqui. Minha mãe e eu mantínhamos uma vigília constante à sua cabeceira. Por alguma razão que não consigo lembrar, minhas irmãs não puderam ir, mas ficaram em contato conosco por todo o tempo. Contratamos uma enfermeira, mas, mesmo assim, assumi a responsabilidade de garantir que ele estivesse sempre limpo e confortável. Fez-me lembrar como o trabalho de enfermeira é realmente árduo.

Perto do fim, meu pai se recusava a comer. Era doloroso demais. Mas pedia vinhos variados de sua adega. Bem de acordo com a sua natureza.

Na última noite, velei seu sono perturbado por dores lancinantes. Em certo momento, cheguei a lhe dar uma injeção de morfina. Na tarde seguinte, entretanto, algo realmente extraordinário aconteceu. Meu pai despertou de seu sono conturbado e me pediu para abrir a janela para que pudesse ouvir melhor os sinos da igreja. Por alguns momentos, ficamos ouvindo os sons familiares da Kreuzekirche. Então, meu pai começou a conversar com seu próprio pai, desculpando-se por deixá-lo morrer naquela horrível casa de repouso.

– Talvez eu esteja pagando por isso com todo o sofrimento pelo qual passo agora – disse, e prometeu encontrá-lo em breve.

No meio da conversa, meu pai se voltou para mim e pediu um copo d'água. Fiquei admirada por ele claramente saber onde estava e ser capaz de transitar entre uma realidade e outra. É evidente que eu não via nem ouvia meu avô. Ao que parece, meu pai resolveu vários assuntos pendentes. À noite, notei nele um enfraquecimento significativo. Dormi numa cama de armar ao seu lado. Pela manhã, assegurei-me de que estava confortável, beijei sua testa quente, apertei sua mão e me esgueirei até a cozinha para tomar uma xícara de café. Saí do quarto por dois minutos. Quando voltei, meu pai estava morto.

Durante a meia hora seguinte, minha mãe e eu ficamos sentadas a seu lado fazendo as nossas despedidas. Ele tinha sido um grande homem, mas não estava mais ali. Tudo o que fizera meu pai ser quem era – energia, mente e espírito – desaparecera. Sua alma levantara voo de seu corpo físico. Eu tinha certeza de que seu próprio pai o guiara para o céu, onde sem dúvida estaria envolvido pelo amor incondicional de Deus. Eu ainda não tinha nenhum conhecimento sobre a vida após a morte, mas sabia que meu pai finalmente estava em paz.

O que fazer em seguida? Comuniquei o fato ao departamento de saúde da cidade que não só se comprometeu a remover o corpo, como também a fornecer sem custos o caixão e o rabecão para o funeral. A enfermeira que eu contratara sumiu inexplicavelmente logo que soube que meu pai havia morrido, deixando os cuidados finais com seu corpo por minha conta. Uma amiga minha, a Dra. Bridgette Willisau, ofereceu-se generosamente para ajudar. Juntas, limpamos o pus e as fezes de seu corpo deteriorado e depois o vestimos com um bonito terno. Trabalhávamos numa espécie de silêncio religioso, e refleti cheia de gratidão que meu pai tivera a oportunidade de ver Kenneth, e que meu filho conhecera seu avô, mesmo por um curto período de tempo.

Quando os dois funcionários do departamento de saúde chegaram com o caixão, meu pai estava vestido e deitado na cama dentro de um quarto limpo e arrumado. Depois de o posicionarem delicadamente, um dos homens me chamou a um canto e, com um sussurro discreto, perguntou se eu não queria pegar algumas flores no jardim para pôr nas mãos de meu pai. Como ele sabia? Como eu poderia esquecer? Fora meu pai quem estimulara meu amor pelas flores, quem abrira meus olhos para a beleza da natureza. Desci correndo com Kenneth nos braços, colhi os mais belos crisântemos que pudemos encontrar e coloquei-os nas mãos de meu pai.

O enterro foi realizado três dias depois. Na mesma capela em que suas filhas haviam se casado, meu pai foi lembrado por pessoas com quem tinha trabalhado, antigos alunos e amigos do Clube de Esqui. Com exceção de meu irmão, toda a família estava presente à cerimônia, que foi encerrada com seus hinos favoritos. Nosso luto se prolongou por algum tempo mais, porém nenhum de nós guardou qualquer mágoa. Mais tarde, na mesma noite, escrevi em meu diário: "Meu pai viveu verdadeiramente até morrer."

17
Minha primeira aula

Por volta de 1962, eu estava americanizada. Quatro anos no país haviam feito isso comigo. Mascava chicletes, comia hambúrgueres, cereais açucarados no café da manhã e apoiara Kennedy contra Nixon. Preparei o espírito de minha mãe antes de uma de suas visitas com uma carta em que a prevenia: "Não se espante quando me vir usando também calças compridas para sair."

Mas ainda sentia uma inquietação que me incomodava e que não podia explicar, uma sensação de que, apesar do casamento e da maternidade, eu não estava estabelecida na vida. Ainda não. Tentei compreender isso em meu diário, no qual escrevi: "Ainda não sei por que estou nos Estados Unidos, mas deve haver uma razão. Sei que há uma fronteira adiante, e que em algum momento estarei viajando para um território desconhecido."

Não tenho ideia de por que eu me sentia daquela maneira, mas, naquele verão, exatamente como havia previsto, viajei para o oeste do país. Manny e eu conseguimos empregos na Universidade do Colorado, a única faculdade de medicina em que havia vagas em neuropatologia e psiquiatria. Viajamos para Denver no novo carro conversível de Manny. Minha mãe foi conosco, ajudando a cuidar de Kenneth. A paisagem era tão bela, grandiosa e ampla que reacendeu minha paixão pela natureza.

Em Denver, descobrimos que nossa casa ainda não estava totalmente pronta. Não houve problema. Estacionamos o trailer U-Haul na entrada para carros e partimos para uma viagem de turismo. Visitamos o irmão de Manny em Los Angeles e depois, apenas porque minha mãe, sem prática de ler mapas, jurou que o

México "era logo ali", chegamos até Tijuana. Na volta, sugeri que fôssemos para onde Arizona, Utah, Colorado e Novo México se encontram, a região dos Quatro Cantos.

Foi uma ótima escolha, que nos permitiu contemplar as grandes mesas, os morros altos e isolados, com flancos rochosos e abruptos, e os rochedos do Vale dos Monumentos. Senti uma misteriosa familiaridade com tudo aquilo, em especial quando vislumbrei a distância uma índia a cavalo. A cena era conhecida, como se já a tivesse visto antes. Então, com um arrepio de excitação, lembrei-me do sonho que tivera no navio na noite anterior à chegada aos Estados Unidos. Não falei a respeito com Manny ou com minha mãe, mas, naquela noite, sentei-me na cama e deixei que minha mente fizesse perguntas, sem me importar até onde fossem. E, para não esquecer, peguei meu diário e escrevi:

> Sei muito pouco sobre a filosofia da reencarnação. Sempre tive uma tendência para associar reencarnação com pessoas de vanguarda falando sobre suas vidas passadas em salas cheias de fumaça de incenso. Não foi o tipo de educação que recebi. É nos laboratórios que me sinto em casa. Mas sei agora que existem mistérios da mente, da psique, do espírito, que não podem ser examinados em microscópios ou testados com reações químicas. Com o tempo, saberei mais. Com o tempo, vou compreender.

Denver foi a volta à realidade, em que eu buscava um objetivo para a minha vida. Isto era especialmente verdadeiro no hospital. Eu era uma psiquiatra, mas a psiquiatria clássica decididamente não tinha nada a ver comigo. Tentei também trabalhar com crianças e adultos perturbados. Mas o que acabou despertando o meu interesse foi o tipo de psiquiatria intuitiva que praticara com os esquizofrênicos do Hospital Estadual de Manhattan, uma espécie de interação pouco tradicional caso a caso, em vez de medicação e sessões em grupo. Conversei sobre isso com meus colegas de universidade, mas nenhum deles me ofereceu qualquer estímulo.

O que iria fazer comigo mesma? Pedi conselhos a três psiquiatras ilustres, homens de grande reputação. Sugeriram que eu fizesse análise no famoso Instituto de Psicanálise de Chicago, uma solução tradicional que não seria muito prática para minha vida naquela ocasião.

Então, fui assistir a uma aula do professor Sidney Margolin, respeitado chefe do novo laboratório de psicofisiologia do departamento psiquiátrico. O professor Margolin chamava a atenção. Era um homem mais velho, com longos cabelos grisalhos, que falava com um forte sotaque austríaco. Ele era um orador envolvente, um grande apresentador. Bastou escutá-lo por alguns minutos para ter certeza de que eu tinha afinidade com ele.

Não era de espantar que as aulas do professor Margolin fossem tão populares. Assisti a várias. Era como se ele se materializasse diante da plateia. Os temas eram sempre uma surpresa. Um dia, segui-o até seu consultório e me apresentei. Ele era simpático e logo o achei ainda mais fascinante pessoalmente. Conversamos por um longo tempo, em alemão e em inglês. Como acontecia em suas aulas, falamos de tudo um pouco. Entre outras coisas, discuti meu dilema pessoal e ele contou sobre seu interesse pela tribo indígena Ute.

Ao contrário de seus colegas, não me aconselhou a ir para Chicago, mas me incentivou a trabalhar em seu laboratório. Eu aceitei.

O professor Margolin era um chefe difícil e exigente, mas participar de seu trabalho com doenças psicossomáticas foi a atividade mais gratificante a que me dediquei em Denver. Às vezes, tudo o que eu fazia era pôr em ordem os estranhos aparelhos eletrônicos que o professor resgatara de outros departamentos. Mas estava tudo bem. Ele não era uma pessoa convencional. Por exemplo, faziam parte da equipe de seu laboratório um eletricista, um competente faz-tudo e uma secretária dedicada. O laboratório propriamente dito transbordava de máquinas, como polígrafos e eletrocardiógrafos. O professor Margolin estava interessado em medir a relação entre os pensamentos e as emoções dos pacientes e a patologia. Também utilizava a hipnose e acreditava em reencarnação.

Minha felicidade no trabalho estava refletida em minha vida doméstica. Manny também estava satisfeito com seu emprego como importante professor-conferencista no departamento de neuropatologia. Em nossa casa, tudo era como eu imaginava que a vida de família deveria ser. Do lado de fora, fiz um jardim de pedras suíço com uma árvore característica, flores alpinas e meus primeiros *edelweiss* americanos. Nos fins de semana, levávamos Kenneth ao Jardim Zoológico e fazíamos caminhadas pelas Montanhas Rochosas. Socialmente, passávamos muitas noites deliciosas com o professor Margolin e sua esposa, escutando música clássica e discutindo temas que iam de Freud a teorias de vidas passadas.

As decepções eram poucas, mas significativas para nossa família. Em 1964, nosso segundo ano em Denver, fiquei grávida duas vezes. Abortei as duas vezes. Mais do que com a perda, era cada vez mais difícil lidar com a frustração. Tanto Manny quanto eu queríamos outra criança. Eu desejava ter dois filhos. Já tinha meu menino. Se Deus fosse bom para mim, também teria uma menina. Ia continuar tentando.

O professor Margolin viajava com frequência e, certo dia, me chamou em seu consultório para dizer que iria à Europa dentro de duas semanas. Pensei que ele queria apenas conversar sobre cidades e lugares, como sempre fazia quando ambos comparávamos as lembranças das muitas viagens de nossa juventude. Entretanto, não se tratava daquilo. Com seu jeito característico e imprevisível, o professor me escolhera para substituí-lo em suas aulas na faculdade de medicina. Levei alguns momentos para assimilar seu pedido e de repente fui inundada por um suor nervoso.

Não era apenas uma honra, era uma impossibilidade. O professor Margolin era um orador cheio de vivacidade e animação, cujas aulas eram mais semelhantes a uma atuação teatral, espetáculos intelectuais com um único ator. Atraíam as maiores plateias da faculdade. Como eu poderia desempenhar o mesmo papel? Quando era preciso falar para grupos, grandes ou pequenos, eu ficava terrivelmente tímida e insegura.

– Você tem duas semanas para se preparar – disse, tranquilizador. – Não costumo seguir um roteiro. Se quiser, examine meus arquivos. Escolha o assunto que preferir.

A inevitabilidade seguiu-se ao pânico. Nas semanas seguintes, plantei-me na biblioteca e vasculhei um livro atrás do outro tentando encontrar um tema original. Eu não era uma grande admiradora da psiquiatria convencional. Nem aprovava todas as drogas dadas aos pacientes para torná-los "manejáveis". Descartei também tudo o que era muito especializado, como questões relacionadas às diferentes psicoses. Afinal de contas, a maioria dos alunos que assistiriam à aula estaria interessada em outras especialidades além de psiquiatria.

Porém, devia encher duas horas e queria um tema que tivesse relação com o que eu achava que os futuros médicos precisavam saber a respeito de psiquiatria. O que interessaria a um cirurgião ortopedista? A um urologista? Minha experiência já me ensinara que a maioria dos médicos se mostrava distante demais em seu contato com o paciente. Precisavam urgentemente reconhecer sentimentos, medos e defesas mais simples e corriqueiros que as pessoas tinham quando entravam num hospital. Precisavam aprender a tratar os pacientes como semelhantes.

Assim, qual seria, eu me perguntava, a base comum a todos? Por mais que lesse, nada me vinha à cabeça.

Um dia, contudo, o assunto ocorreu-me repentinamente. A morte. Todos os pacientes e médicos pensavam nisso. Muitos a temiam. Mais cedo ou mais tarde, todos teriam de enfrentá-la. Era algo que médicos e pacientes possuíam em comum, e era provavelmente o maior mistério da medicina. E também o maior tabu.

Seria meu tema. Tentei fazer pesquisas. Mas a biblioteca não tinha material sobre o assunto, a não ser um difícil tratado acadêmico de psicanálise e alguns estudos sociológicos sobre os rituais da morte de budistas, judeus, índios norte-americanos e outros. Pretendia utilizar uma abordagem muito diferente. Minha tese era simples: para os médicos, seria muito mais confortável lidar com a morte se eles a compreendessem melhor, se simplesmente falassem sobre o que é morrer.

Bem, eu só podia contar comigo mesma. O professor Margolin sempre dividia suas aulas em duas partes: a primeira hora era teórica; na segunda, ele apresentava evidências empíricas que apoiavam o que dissera antes. Trabalhei mais do que nunca me preparando para a primeira hora e então me dei conta de que teria de inventar alguma coisa para a segunda. O quê?

Andei vários dias pelo hospital procurando, pensando e esperando que alguma coisa me viesse à mente. Num desses dias, durante as visitas aos pacientes, sentei-me para conversar, como já tínhamos feito muitas vezes antes, com uma menina de 16 anos que estava morrendo de leucemia, sobre a situação dela. Percebi que Linda era muito direta, descontraída e objetiva quando falava de seu problema. O tratamento impessoal de seu médico acabara com qualquer esperança que ela pudesse ter, mas Linda também expressava abertamente e com muita eloquência o rancor que sentia por sua família, que não estava lidando de uma forma adequada com o fato de ela estar morrendo. A mãe, recentemente, fizera publicidade do drama da filha, pedindo ao público que enviasse cartões de "Feliz Décimo Sexto Aniversário" para o que com certeza seria o último da menina.

Naquele dia havia chegado uma sacola enorme de cartões de felicitações pelo aniversário. Eram bem-intencionados mas impessoais, escritos por pessoas totalmente desconhecidas. Enquanto conversávamos, porém, Linda empurrou a correspondência para o lado com seus braços finos e frágeis. E seu rosto pálido corou de raiva quando admitiu que teria preferido receber visitas mais significativas e afetuosas de sua família e de seus parentes.

– Gostaria que eles pensassem no que estou sentindo! – desabafou, enfurecida. – Quer dizer, por que eu? Por que Deus me escolheu para morrer?

Ela me fascinava, aquela menina corajosa, e eu sabia que os estudantes de medicina precisavam ouvi-la.

– Diga a eles todas as coisas que você nunca pôde dizer à sua mãe – insistia. – Diga como é ter 16 anos e estar morrendo. Se está furiosa, ponha isso para fora. Use a linguagem que quiser. Mas fale do fundo do coração.

No dia da aula, fui para o tablado do grande anfiteatro e li minhas anotações, que datilografara com capricho. Talvez fosse meu sotaque, mas a reação foi bem diferente da que o professor Margolin recebia. Os alunos comportavam-se de modo indesculpável. Mascavam chicletes, conversavam entre si e tinham atitudes de modo geral desrespeitosas e grosseiras. Imaginava se algum deles seria capaz de dar uma aula em francês ou alemão. Também pensei nas faculdades de medicina suíças, onde os professores inspiravam o maior respeito aos alunos. Ninguém se atreveria a mascar chicletes ou cochichar durante uma aula. Mas eu estava a milhares de quilômetros de minha antiga casa.

Estava também tão preocupada em terminar minha aula que não percebi a turma ir ficando mais quieta e bem-comportada à medida que eu me aproximava do fim da primeira hora. A essa altura, eu já estava calma e esperando ansiosamente surpreender os alunos na segunda metade com um verdadeiro paciente terminal. No intervalo, fui buscar minha adolescente corajosa, que se vestira com esmero e arrumara o cabelo, e empurrei sua cadeira de rodas até o centro do tablado. Eu parecia uma pilha de nervos uma hora antes, mas os serenos olhos castanhos e o queixo determinado de Linda indicavam que ela estava perfeitamente calma, controlada e pronta para o que viesse pela frente.

Ao voltarem do intervalo, os alunos se sentaram quietos e apreensivos em seus lugares, enquanto eu apresentava a menina e explicava que ela generosamente se oferecera para responder às perguntas deles e dizer como era estar com uma doença terminal. Houve o ligeiro ruído nervoso de pessoas remexendo-se nas cadeiras e em seguida um silêncio tão profundo que chegava a incomodar. Era óbvio que os alunos estavam constrangidos. Quando pedi voluntários, ninguém levantou a mão. Finalmente, escolhi um grupo de alunos, chamei-os para virem ao tablado e pedi que fizessem perguntas. Só conseguiram arranjar coragem para perguntar sobre a contagem sanguínea dela, o tamanho de seu fígado, sua reação à quimioterapia e outros detalhes clínicos.

Quando ficou claro que não iriam perguntar nada a respeito dos sentimentos dela, decidi conduzir a entrevista para a direção que eu tinha planejado. Mas não foi preciso. Num inflamado acesso de raiva, a própria Linda perdeu a paciência com seus interrogadores. Fixando neles seus imperturbáveis olhos castanhos, ela fez e respondeu às perguntas que sempre quisera ouvir de seu médico e da equipe de especialistas que tratava dela. Como é ter 16 anos e apenas mais algumas semanas de vida? Como é não poder sonhar com a festa de formatura? Ou com um encontro com um namorado? Ou não se preocupar com tornar-se adulta e escolher uma profissão? Ou encontrar um marido? O que ajuda a aguentar cada dia? Por que as pessoas não dizem a verdade?

Cerca de meia hora depois, Linda se cansou e voltou para sua cama, deixando os alunos imersos num silêncio aturdido, carregado de emoção, quase reverente. Tinham passado por uma grande mudança. Apesar do tempo da aula já se ter esgotado, ninguém se levantou para ir embora. Queriam falar mas não sabiam o que dizer, até que eu comecei a discussão. Vários admitiram que Linda os comovera até as lágrimas. Por fim, eu disse que as reações deles, embora provocadas pela menina doente, haviam sido de fato causadas pela admissão da própria mortalidade, da fragilidade de suas próprias vidas. Pela primeira vez, muitos deles tinham enfrentado sentimentos e medos relacionados à possibilidade e inevitabilidade de sua própria morte. Não podiam deixar de pensar como seria se estivessem no lugar de Linda.

– Agora vocês estão reagindo como seres humanos, em vez de cientistas – aventurei.

Silêncio.

– Talvez agora vocês não apenas saibam como se sente um paciente que vai morrer, como também sejam capazes de tratá-lo com compaixão, a mesma que desejariam para si.

Esgotada pela aula, fui tomar um café em minha sala e me vi pensando num acidente que sofrera no laboratório em Zurique, em 1943. Ao misturar alguns produtos químicos, uma garrafa caíra e explodira em chamas. Meu rosto, cabeça e mãos foram gravemente queimados. Passei duas semanas sentindo dores excruciantes no hospital, sem poder falar nem mexer as mãos, com os médicos me torturando todos os dias ao remover as ataduras velhas e arrancar junto a minha pele fina, ao queimar minhas feridas com nitrato de prata e ao enfaixar-me novamente. O prognóstico deles é que eu jamais recuperaria o movimento das mãos.

No entanto, um laboratorista amigo que se esgueirava para dentro de meu quarto à noite sem que meu médico soubesse improvisara um aparelho que utilizava pesos cada vez maiores para lentamente exercitar meus dedos. Uma semana antes de minha alta, o médico levou um grupo de estudantes para me examinar. À medida que explicava o caso e a razão pela qual meus dedos estavam inutilizados, reprimi a vontade de rir e repentinamente ergui a mão, flexionei e curvei os dedos, deixando-os sem fala.

– Como? – perguntou.

Contei meu segredo e acho que todos ali aprenderam alguma coisa. Sua maneira de pensar mudara para sempre.

Algumas horas antes, uma menina de 16 anos fizera o mesmo com um grupo de estudantes de medicina. Ensinara--lhes o que eu também estava aprendendo, o que era relevante e valioso no final da vida e o que desperdiçava demais o tempo e energia que ainda restavam. As lições deixadas pela vida tão breve de Linda certamente tiveram reflexos muitos anos depois de sua morte.

Havia muito que aprender sobre a vida escutando os pacientes terminais.

18
Maternidade

Na meia dúzia de aulas que dei, nas quais abordei outros temas além da questão da morte, trabalhei estimulada pela sensação de ter um objetivo. Quando o professor Margolin voltou, essa sensação esmoreceu. Esperava ansiosa pelo momento de finalmente me inscrever para a análise didática no Instituto de Psicanálise de Chicago, embora a ideia de passar horas por dia fazendo psicanálise fosse suficiente para me fazer ficar com raiva de mim mesma. Sabia como isso estava errado quando fui aceita ali no princípio de 1963. Mas na ocasião tinha uma desculpa perfeita para não ir: descobri que estava grávida.

Como no caso de Kenneth, pressenti que aquela gravidez chegaria a bom termo. Ainda assim, não queria correr riscos. Concordei até em me submeter a uma pequena intervenção cirúrgica, que meu obstetra disse ser necessária "para manter o bebê dentro do forno". Durante os nove meses, porém, minha saúde nunca esteve tão boa, física e emocionalmente. Não encontrava dificuldades em manter o equilíbrio entre o trabalho, dirigindo uma unidade de pacientes internados destinada a pessoas altamente perturbadas, e a casa. Kenneth, com 3 anos, feliz e cheio de energia, também estava entusiasmado com a chegada de uma irmã ou um irmão.

Em 5 de dezembro de 1963, minha bolsa se rompeu. Tinha acabado de dar uma aula. Era muito cedo para o trabalho de parto, mas me sentei diante de minha escrivaninha e pedi a um aluno para chamar Manny. Como trabalhava no mesmo prédio, chegou em minutos. Eu estava me sentindo muito bem, tanto quanto antes, mas assim mesmo ele me levou para casa e telefonou para o obstetra. Meu obstetra não se mostrou preocupado e pediu que repousasse e fosse ao consultório na segunda-feira.

– Só precisa ficar na cama, controlar sua temperatura e não fazer esforço.

Para um homem, é fácil falar. Se eu fosse ficar no hospital na segunda-feira, precisava antes fazer alguns preparativos. Passei o fim de semana congelando refeições para Manny e Kenneth e colocando roupas numa mala. Na segunda-feira pela manhã, ainda me sentia bem, mas minha parede abdominal estava dura como uma pedra quando entrei mancando no consultório do obstetra. Meu médico ficou alarmado e receoso com essa anormalidade. Seu diagnóstico foi peritonite, uma infecção que envolve risco de morte e que poderia ter sido evitada se tivesse sido examinada no dia em que a minha bolsa se rompeu.

Levaram-me às pressas para um hospital católico nas proximidades, onde as freiras se prepararam para induzir o parto, enquanto meu médico me informava que o bebê provavelmente seria pequeno demais para sobreviver.

– O bebê certamente não resistirá se usarmos qualquer medicação para a dor – disse.

E a essa altura eu já estava sentindo dores intensas. Um simples toque na minha barriga me causava dores lancinantes, em ondas sucessivas, que tomavam conta de mim inteiramente.

Reparei que as freiras haviam preparado uma mesa com água benta e toda a parafernália necessária para um batismo. Sabia o que significava. Achavam que o bebê iria morrer. Em vez de se preocuparem comigo e com minha saúde, queriam ter certeza de que poderiam batizar o recém-nascido antes que morresse.

Durante 48 horas, as ondas de dor se alternaram com as fases de inconsciência. Manny ficou ao meu lado, mas não tinha como me ajudar a fazer qualquer progresso. Quase parei de respirar uma vez e em várias outras pensei que estivesse morrendo. Perto do final, o médico tentou diminuir a dor com uma anestesia raquidiana. Mas nada fazia efeito. O que quer que fosse acontecer teria de acontecer naturalmente. Enfim, depois de dois dias de dores, ouvi o choro de um bebê recém-nascido. E alguém disse: "É uma menina!"

Apesar de todos acharem que o bebê nasceria morto, Barbara estava bem viva e lutando para continuar assim. Pesava um pouco menos de 1,5 quilo. Examinei seu rosto por um momento antes que uma freira saísse depressa para colocá-la numa incubadora. Mais tarde, eu chamaria a atenção para a semelhança do nascimento dela com o meu, "uma coisinha à toa de menos de 1 quilo" que não se esperava que sobrevivesse. Naquela hora, porém, esgotada pelas dores constantes, mal tive forças para sorrir para a menina que tanto desejara, antes de cair num sono profundo e satisfeito.

Fui para casa três dias depois. Para minha tristeza, não pude levar minha filha comigo. Ela estava tendo dificuldades para ganhar peso e os médicos achavam que deveria permanecer no hospital até ficar mais forte. No decorrer da semana seguinte, ia lá de três em três horas para amamentá-la. Os pediatras não gostaram quando disse que poderia cuidar melhor de meu bebê em casa, mas, afinal, depois de sete dias, vesti meu jaleco branco e eu mesma tirei Barbara do hospital.

Agora o quadro estava completo. Eu tinha uma casa, um marido e meus lindos Kenneth e Barbara. O trabalho em casa aumentou. Mas lembro de estar na cozinha numa noite e ver Kenneth embalando a irmãzinha no colo. Manny lia em sua cadeira. Meu pequeno mundo parecia estar em ordem.

Entretanto, Manny, o único neuropatologista de Denver, começou a ficar impaciente. Suas ambições não estavam sendo satisfeitas ali e ele ansiava por mais estímulo intelectual. Compreendi o que sentia e o aconselhei a procurar outra colocação. Eu iria para qualquer lugar onde ele encontrasse a melhor oportunidade para nós dois. Na primavera de 1965, levei as crianças para umas férias na Suíça, e, quando voltamos, Manny havia encontrado trabalho para nós em Albuquerque, Novo México e Chicago. A decisão não era difícil.

No início do verão, nos mudamos para Chicago. Encontramos uma casa moderna, de dois andares, em Marynook, um bairro de classe média afastado do centro e onde havia integração racial. Manny aceitou uma boa oferta de trabalho no Centro Médico da Universidade do Noroeste e eu fui para o departamento psiquiátrico do Hospital Billings, que era ligado à Universidade de Chicago, além de tomar providências para começar a análise didática no Instituto Psicanalítico.

A expectativa da análise não era algo que me animasse muito. Esqueci convenientemente o assunto até que o telefone tocou num dia em que eu estava esvaziando caixas da mudança. Ouvi uma voz masculina autoritária, bastante arrogante. Já dava vontade de desistir. A pessoa me informou que minha primeira sessão com um analista escolhido pelo instituto estava agendada para a segunda-feira seguinte.

Expliquei que tínhamos acabado de nos mudar e eu ainda não tinha quem ficasse com as crianças, portanto a ocasião não era das melhores. Mas ele não estava interessado em desculpas.

Dali em diante, tudo foi de mal a pior. Em minha primeira sessão, mofei na sala de espera por 45 minutos. Quando meu analista me mandou entrar no consultório, sentei-me e esperei que me dissesse o que fazer. Nada aconteceu. O tempo passou em meio a um silêncio tenso e aflitivo. O analista só fazia olhar para mim com um ar infeliz. Senti-me como se estivesse sendo torturada. Afinal, ele perguntou:

– Você pretende ficar aí sentada o tempo todo sem dizer nada?

Tomando aquilo como uma deixa, fiz um esforço para falar sobre minha vida e minhas dificuldades por ter sido trigêmea. Depois de vários minutos, porém, ele me interrompeu. Disse que não conseguira entender uma palavra do que eu tinha acabado de falar e concluiu que meu problema era bastante óbvio. Eu tinha um impedimento de fala.

– Não sei como o instituto pensou em você para análise didática – disse. – Você mal consegue falar.

Aquilo tinha sido o bastante. Levantei-me, saí e bati a porta. Mais tarde, à noite, ele telefonou para minha casa e insistiu para que eu voltasse para outra sessão, ao menos para dissipar a nossa antipatia mútua. Por alguma razão maluca, aceitei. Mas a segunda sessão durou ainda menos do que a primeira. Cheguei à conclusão de que simplesmente não gostávamos um do outro e não fazia sentido perder tempo tentando descobrir o motivo.

Contudo, não desisti da análise. Depois de pedir indicações, finalmente estabeleci uma rotina com o Dr. Helmut Baum. Durou 39 meses. Acabei percebendo que a análise tinha algum valor. Adquiri uma nova visão sobre certos aspectos de minha personalidade, por que eu era tão teimosa e independente.

Ainda assim, não me tornei uma admiradora da psicanálise clássica nem das novidades farmacêuticas altamente divulgadas de meu departamento. Achava que se dependia demais dos remédios. Minha opinião era de que os antecedentes sociais, culturais e familiares dos pacientes não recebiam a atenção devida. Também protestava contra a importância atribuída à publicação de ensaios científicos e à notoriedade que isso proporcionava. Não me parecia que lidar com pacientes e seus problemas fosse considerado tão importante quanto as atividades acadêmicas que estavam por trás disso.

Por isso, posso afirmar que minha primeira paixão foi trabalhar com os estudantes de medicina. Todos tinham uma enorme vontade de aprender e estavam sempre abertos a novos conhecimentos. Tinham interesse em discutir novas ideias, opiniões, atitudes e projetos de pesquisas. Queriam ter suas próprias experiências. Precisavam de alguém que cuidasse deles como uma mãe. Em pouco tempo, meu consultório começou a funcionar como um ímã para alunos desse tipo, que espalharam a notícia de que havia um lugar no campus onde se podiam ventilar ideias e problemas para alguém que lhes escutava com paciência e compreensão. Tenho a impressão de que ouvi ali todas as perguntas possíveis. E então uma delas me mostrou por que eu não estava em Chicago por acaso.

19
Sobre a morte e o morrer

Minha vida era um espetáculo de equilibrismo que teria assustado Freud e Jung. Além de enfrentar o tráfego do centro de Chicago, procurar uma empregada, lutar com Manny para ter minha própria conta bancária para fazer as compras de mercado, eu preparava minhas aulas e dava apoio psiquiátrico a outros departamentos. Às vezes, achava que não teria como lidar com qualquer responsabilidade a mais.

Num dia do outono de 1965, porém, bateram à porta de meu consultório. Quatro rapazes do Seminário Teológico de Chicago apresentaram-se e disseram que estavam fazendo pesquisas para um ensaio cuja tese era que a morte seria a suprema crise com a qual as pessoas precisavam lidar. Não sei como tinham conseguido uma transcrição de minha primeira aula em Denver, e além disso alguém lhes dissera que eu também escrevera um ensaio sobre o assunto, que não tinham conseguido encontrar, e assim haviam buscado um contato direto comigo.

Ficaram decepcionados quando lhes disse que tal ensaio não existia, mas convidei-os para sentar e conversar. Não me surpreendia que alunos de seminário estivessem interessados na morte e no morrer. Tinham tantos motivos para estudar o assunto quanto qualquer médico. Também lidavam com pacientes moribundos. Teriam certamente suas próprias perguntas sobre a morte e o processo de morrer que não podiam ser respondidas pela Bíblia.

Durante nossa conversa, os estudantes admitiram que se sentiam confusos e incapazes de saber o que diriam às pessoas que lhes fizessem perguntas sobre a morte e o processo de morrer. Nenhum deles jamais falara com uma pessoa agonizante ou vira um cadáver. Perguntaram se eu teria alguma sugestão sobre a maneira como poderiam adquirir essa experiência prática. Sondaram até a possibilidade de observarem uma de minhas visitas a um paciente moribundo. Mal sabiam que estavam dando o primeiro impulso em meu trabalho sobre a morte e o morrer.

Ao longo da semana seguinte, pensei em quantas vezes meu trabalho de apoio psiquiátrico me colocava em contato com pacientes de oncologia, medicina interna e ginecologia. Alguns pacientes sofriam de doenças terminais; outros ficavam sentados sozinhos, lutando contra a ansiedade, enquanto esperavam por tratamentos com radiação, quimioterapia ou um simples raio X. Mas todos estavam assustados, confusos, solitários e queriam muito outra pessoa ali para terem com quem dividir suas preocupações. Eu fazia isso naturalmente. Bastava uma única pergunta e era como se estivesse abrindo a comporta de um dique.

Assim, passei a observar as alas do hospital durante os meus plantões à procura de um paciente terminal que estivesse disposto a falar com os estudantes de teologia. Perguntei a vários outros médicos se estavam tratando de algum paciente terminal, mas eles reagiram com repulsa à ideia. O médico responsável pela ala com a maior quantidade de doentes terminais não só não permitiu que eu falasse com qualquer de seus pacientes, como me repreendeu e me acusou de tentar "explorá-los". Poucos médicos nessa época sequer admitiam que seus pacientes estivessem morrendo, de modo que o que eu sugeria era bastante radical. Talvez devesse ter sido mais delicada e política.

Por fim, um médico indicou um idoso em sua ala. O homem estava morrendo de enfisema. Os médicos disseram algo como: "Tente aquele. Não pode prejudicá-lo." Entrei imediatamente no quarto do homem e me aproximei de sua cama. Tinha tubos presos a seu corpo para ajudá-lo a respirar e estava evidentemente fraco. Mas era perfeito. Perguntei se ele se importaria que eu voltasse no dia seguinte com quatro estudantes para lhe fazer perguntas sobre como se sentia naquela etapa de sua vida. Percebi que ele compreendera minha missão. Mas sugeri que trouxesse os estudantes na mesma hora.

– Não – disse. – Vou trazê-los amanhã.

Meu primeiro erro foi não escutar o que ele me dizia. Ele tentara avisar que tinha pouco tempo. Não escutei.

No dia seguinte, levei os quatro seminaristas até seu quarto, mas ele estava ainda mais fraco do que na véspera, incapaz de dizer mais do que uma ou duas palavras. Reconheceu-me, contudo, e agradeceu nossa presença apertando minha mão na sua. Uma lágrima rolou pelo seu rosto.

– Obrigado por tentar – sussurrou.

Depois de ficar sentada perto dele por alguns instantes, levei os estudantes de volta a meu consultório. Quase no mesmo momento em que entramos no consultório, fui avisada de que o homem havia morrido.

Fiquei me sentindo desprezível por ter posto minhas prioridades de tempo à frente das do paciente. O homem havia morrido sem poder partilhar com outro ser humano o que estava tão ansioso por dizer no dia anterior. Acabei encontrando outro paciente disposto a falar com meus seminaristas. Aquela primeira lição, porém, foi dura, e nunca mais a esqueci.

Talvez o maior obstáculo a enfrentar quando se procura compreender a morte seja o fato de que é impossível para o inconsciente imaginar um fim para a própria vida. O inconsciente só é capaz de compreender a morte sob uma perspectiva: uma súbita e assustadora interrupção da vida por meio de uma morte trágica, um assassinato ou uma das muitas doenças horríveis que existem. Na mente de um médico, a morte significa outra coisa. Significa colapso, falência, declínio. Eu não podia deixar de observar como todos no hospital evitavam o assunto.

Naquele hospital moderno, a morte era um acontecimento triste, solitário e impessoal. Os pacientes terminais eram encaminhados para os quartos dos fundos. Na sala de emergência, os pacientes ficavam em total isolamento, enquanto médicos e parentes discutiam se deveriam ou não contar a eles o que havia de errado. Para mim, havia sempre uma única pergunta que precisava ser feita: "De que modo vamos todos, nós e ele, compartilhar essa informação?" Se alguém me perguntasse qual é a situação ideal para um paciente que vai morrer, eu voltaria à minha infância e descreveria a morte do fazendeiro que foi para casa morrer junto da família e dos amigos. A verdade é sempre a melhor opção.

Os grandes avanços da medicina haviam convencido as pessoas de que a vida deveria ser indolor. Como a morte estava associada à dor, o assunto era evitado. Os adultos raramente faziam referência a qualquer coisa que estivesse relacionada com a morte. As crianças eram despachadas para outros cômodos da casa quando o assunto era inevitável na conversa. Mas fatos são fatos. A morte é parte da vida; a parte mais importante. Médicos brilhantes que sabiam como prolongar a vida não compreendiam que a morte era parte dessa mesma vida. Quando não se tem uma boa vida, aí incluídos todos os momentos finais, não se pode ter uma boa morte.

A necessidade de explorar essas questões de um ponto de vista acadêmico, científico, era tão grande quanto era inevitável que a responsabilidade viesse cair nos meus ombros. Como as de meu mentor, o professor Margolin, minhas aulas sobre esquizofrenia e outras doenças mentais eram populares e ao mesmo tempo consideradas pouco ortodoxas na faculdade de medicina. Minha experiência com os quatro estudantes de teologia era discutida pelos alunos mais ousados e questionadores. Pouco antes do Natal, seis estudantes de medicina e de teologia me perguntaram se eu poderia conseguir outra entrevista com um paciente terminal.

Disse a eles que tentaria, e, seis meses depois, no primeiro semestre de 1967, eu estava coordenando um seminário a cada sexta-feira. Nenhum membro do corpo docente do hospital comparecia, refletindo o que todos pensavam acerca dessas reuniões, que por outro lado eram imensamente populares entre os estudantes de medicina e teologia, assim como entre uma quantidade surpreendente de enfermeiras, padres, rabinos e assistentes sociais. Para acomodar as pessoas que ficavam de pé, transferi os seminários para um grande auditório, embora a entrevista com o paciente terminal fosse realizada numa sala menor equipada com um vidro cego e um sistema de áudio, de modo que havia pelo menos a ilusão de privacidade.

Todas as segundas-feiras, eu começava a procurar um paciente. Nunca era fácil, já que a maioria dos médicos me via como uma pessoa doentia e considerava os seminários uma espécie de exploração. Meus colegas mais diplomáticos inventavam desculpas para justificar por que seus pacientes não eram bons candidatos. A maior parte simplesmente me proibia de falar com os pacientes deles em estado crítico. Numa tarde em que recebia um grupo de padres e enfermeiras em meu consultório, o telefone tocou e, quando atendi, ouvi um dos médicos dizer, com a voz alta e zangada:

– Como é que você se atreve a falar a respeito de morte com a Sra. K., quando ela nem sabe como sua doença é grave e pode ser que ainda volte para casa mais uma vez?

Era exatamente isso. Os médicos que não aprovavam meu trabalho nem meus seminários eram em geral os que tratavam de pacientes que lamentavelmente tinham dificuldades para lidar com suas doenças. Como os médicos eram muito restritos às próprias questões, os pacientes nunca tinham oportunidade de discutir suas preocupações.

Meu objetivo era atravessar a camada de negação profissional que proibia os pacientes de revelarem suas preocupações mais profundas. Lembro uma das vezes em que procurava em vão um paciente adequado para uma entrevista. Um médico atrás do outro dizia que ninguém em suas alas estava morrendo.

Então, deparei com um idoso no corredor lendo um jornal com a seguinte manchete: "Velhos soldados nunca morrem". Pelo aspecto dele, concluí que sua saúde estava declinando e perguntei se não o incomodava ler assuntos como aquele. Lançou-me um olhar de desdém, como se eu fosse um dos médicos que preferiam não lidar com a realidade. Bem, ele acabou sendo um grande entrevistado.

Olhando retrospectivamente, penso que o gênero era mais um agravante na resistência que enfrentei. Como uma mulher que sofrera quatro abortos e dera à luz duas crianças saudáveis, eu aceitava a morte como parte do ciclo natural da vida. Não tinha alternativa. Era inevitável. Era o risco que se corria ao dar à luz, assim como era o risco que se aceitava simplesmente pelo fato de estar viva. Entretanto, os médicos – em sua maioria homens – encaravam a morte como uma espécie de fracasso.

Naqueles primeiros dias do que seria conhecido como o nascimento da tanatologia, ou o estudo da morte, a melhor professora que tive foi uma faxineira negra. Não me lembro de seu nome, mas sempre a encontrava nos corredores, de dia ou à noite, dependendo de nossos plantões. O que chamou minha atenção, no entanto, foi o efeito que sua presença causava em muitos dos pacientes mais graves. Cada vez que ela saía dos seus quartos, eu notava uma diferença palpável na atitude deles.

Queria saber o segredo dela. Tomada por uma curiosidade irrefreável, eu espionava essa mulher que nunca estudara numa faculdade, mas sabia um grande segredo.

Então, certo dia, cruzamos no corredor. E, de repente, eu estava dando a mim mesma uma das instruções que sempre dava a meus alunos: "Pelo amor de Deus, quando tiver uma pergunta a fazer, faça." Enchendo-me de coragem, caminhei na direção da faxineira, numa abordagem de confronto que certamente a surpreendeu, e, sem nenhuma sutileza ou simpatia, disse, direto:

– O que você está fazendo com meus pacientes terminais?

Naturalmente, ela ficou na defensiva.

– Estou apenas limpando o chão – disse, num tom de voz educado, e se afastou.

– Não é sobre isso que estou falando – comentei, tarde demais.

Ao longo das duas semanas seguintes, nos espiamos, desconfiadas. Era quase como um jogo. Finalmente, numa tarde, ela se aproximou de mim no corredor e me empurrou para trás do posto de enfermagem. A cena era esquisita: uma professora assistente de psiquiatria toda vestida de branco sendo puxada por aquela humilde faxineira negra. Quando ficamos sozinhas, onde ninguém podia nos ouvir, ela me revelou a história trágica de sua vida, abrindo-me seu coração e sua alma de uma maneira que estava além de minha compreensão.

Do sul de Chicago, ela cresceu na pobreza e na miséria. Sua casa era um cortiço, não havia água quente nem aquecimento, e as crianças estavam sempre desnutridas e doentes. Como a maioria das pessoas pobres, não sabia como se defender das doenças ou da fome. As crianças enchiam com aveia barata suas barrigas que doíam e médicos eram algo que só existia para outro tipo de pessoas. Um dia, seu menino de 3 anos ficou muito doente, com pneumonia. Ela o levou para o setor de emergência de um hospital próximo, mas não foi atendida porque estava devendo dez dólares ali. Desesperada, foi até o Hospital Cook, onde eram obrigados a aceitar indigentes.

Lá, infelizmente, entrou numa sala cheia de gente como ela, com necessidade urgente de atendimento médico. Disseram-lhe que esperasse. Depois de três horas sentada aguardando a vez de ser atendida, viu seu filho arquejar, sufocar e morrer, enquanto ela o embalava em seus braços.

Embora fosse impossível não sentir aquela perda, o que mais me impressionou foi a maneira como a mulher contou sua história. Ao mesmo tempo que estava profundamente triste, não demonstrava negatividade, amargura ou ressentimento, nem fazia acusações. Ao contrário, deixava transparecer uma paz que me surpreendia. Era tão estranho, e eu era tão

ingênua na época, que quase perguntei: "Por que está me contando tudo isso? O que isso tem a ver com meus pacientes terminais?" Ela, porém, olhou para mim com seus olhos escuros cheios de doçura e compreensão e respondeu, como se lesse minha mente:
— Sabe, a morte não é uma estranha para mim. É uma velha conhecida, de muito tempo.
E transformei-me na aluna diante da professora.
— Não tenho mais medo dela — continuou, com sua voz mansa, calma e objetiva. — Às vezes, quando entro no quarto desses doentes, vejo que estão simplesmente petrificados de medo e não têm ninguém com quem falar. Então, chego perto deles. E muitas vezes até seguro suas mãos e digo que não se preocupem, que não é tão horrível assim.
E não falou mais nada.
Pouco tempo depois, promovi-a de faxineira a minha principal assistente. Ela me proporcionou o apoio de que eu precisava quando ninguém o estava dando. Isso também se tornou uma lição que tentei passar adiante. Não precisamos de gurus especiais ou conselheiros para crescer. Há mestres sob todas as formas e disfarces. Crianças, doentes terminais, uma faxineira. Nenhuma teoria ou ciência do mundo ajuda tanto uma pessoa quanto um outro ser humano que não tem medo de abrir o coração para seu semelhante.

Ainda bem que havia um pequeno número de médicos compreensivos que me autorizou o acesso a seus pacientes terminais. Aquelas visitas iniciais sempre seguiam a mesma rotina simples. Vestindo meu jaleco branco, com meu nome e título, "Apoio Psiquiátrico", eu pedia permissão para fazer perguntas a eles diante de meus alunos a respeito de sua doença, sua hospitalização e quaisquer outros assuntos que desejassem comentar. Nunca usava as palavras "morte" e "morrer" até que eles as pronunciassem. Nada além do nome, idade e diagnóstico deles me interessava. Geralmente, os pacientes concordavam em poucos minutos em participar. Na verdade, não me lembro de nenhum ter recusado.

O auditório ficava lotado meia hora antes da hora marcada para a aula. Alguns minutos antes, eu levava pessoalmente o paciente numa maca ou cadeira de rodas para a sala de entrevistas. Antes de começarmos, eu me recolhia por um instante para pedir que o paciente não fosse prejudicado e que minhas perguntas permitissem que ele partilhasse conosco o que tinha necessidade de partilhar. Era como a prece dos Alcoólicos Anônimos:

*Que Deus me conceda
a serenidade de aceitar as coisas que não posso mudar,
a coragem para mudar as coisas que posso mudar
e a sabedoria para distinguir a diferença.*

Quando os pacientes começavam a falar – e para alguns apenas sussurrar já era um desafio e uma sobrecarga enormes –, era difícil fazê-los interromper o fluxo de sentimentos que tinham sido obrigados a reprimir. Não perdiam tempo com conversa fiada. A maioria dizia que não descobrira qual era a sua doença por meio de seus médicos, mas ao perceber uma mudança no comportamento de sua família e de seus amigos. De uma hora para outra, havia um distanciamento e uma insinceridade enormes, quando o que mais precisavam era saber a verdade. A maioria achava que as enfermeiras mostravam mais empatia e disposição para ajudar do que os médicos.

– Esta é sua oportunidade de dizer a eles por quê – eu falava.

Sempre afirmei que os pacientes moribundos eram meus melhores mestres, mas era preciso coragem para escutá-los. Os pacientes não se intimidavam quando se tratava de expressar sua insatisfação com os cuidados médicos recebidos – não os cuidados físicos, mas a falta de compaixão, empatia e compreensão. Médicos experientes passavam por momentos difíceis ao serem retratados como insensíveis, assustados ou inconvenientes. Lembro-me de uma mulher que praticamente gritou:

– Tudo o que meu médico quer é discutir o tamanho de meu fígado. A essa altura, de que me adianta saber qual é o tamanho de meu fígado? Tenho cinco filhos em casa que precisam de alguém para cuidar deles. É isso que está me matando. E ninguém fala comigo sobre esse assunto!

Ao final dessas entrevistas, os pacientes ficavam aliviados. Muitos dos que já tinham perdido as esperanças e se sentiam inúteis deleitavam-se com seu novo papel de professores. Embora estivessem morrendo, percebiam que suas vidas ainda podiam ter um objetivo, que tinham uma razão para viver até o último suspiro. Ainda estavam crescendo, e o mesmo acontecia com os que se encontravam na plateia.

Depois de cada entrevista, eu levava o paciente de volta para seu quarto e voltava para a sala de aula para os debates, sempre intensos e carregados de emoção. Além de analisar as respostas do paciente, examinávamos nossas próprias reações. As pessoas em geral admitiam coisas com uma franqueza surpreendente. "Nem me lembro direito quando vi uma pessoa morta", disse uma médica, que sentia medo da morte a tal ponto que evitava a questão completamente. "Não sei o que dizer", revelou um padre, referindo-se ao que considerava as limitações da Bíblia para responder às perguntas que os pacientes faziam. "E então não digo nada."

No decorrer desses debates, médicos, padres e assistentes sociais defrontavam-se com sua hostilidade e suas defesas. Seus medos eram analisados e superados. Escutando os pacientes terminais, todos nós aprendíamos o que devíamos ter feito de outra maneira no passado e o que poderíamos fazer melhor no futuro.

Cada vez que entrava com um paciente e depois o levava embora, a vida dele me lembrava "uma das milhões de luzes no vasto firmamento que cintilam por um breve instante e em seguida desaparecem na noite infinita". As lições que cada uma daquelas pessoas nos ensinava traziam todas, no fundo, a mesma mensagem:

Viva de tal modo que, ao olhar para trás, não se arrependa de ter desperdiçado sua vida.
Viva de tal modo que não se arrependa do que fez ou não deseje ter agido de outra forma.
Viva uma vida digna e plena.
Viva.

20
DE CORPO E ALMA

Em minha busca constante por pacientes que pudesse apresentar nos seminários das sextas-feiras, desenvolvi o hábito de esquadrinhar os corredores do hospital à noite antes de ir para casa. Poucos colegas se dispunham a me ajudar. Em casa, Manny só conseguia escutar até certo ponto o falatório sobre minhas frustrações, antes de perder a paciência. Ele tinha o próprio trabalho. Sentia-me muitas vezes a criatura mais solitária de todo o hospital, tão solitária que uma noite entrei na sala do capelão.

Não podia imaginar então o favor que estava fazendo a mim mesma. O capelão do hospital, o reverendo Renford Gaines, estava sentado diante de sua escrivaninha. Era um homem negro, alto e bonito, com mais de 30 anos. Seus movimentos, assim como suas palavras, eram lentos e ponderados. Eu conhecia bem o reverendo Gaines de nossos seminários. Ele costumava frequentá-los e era um de meus alunos mais interessados. Como era previsível, ele achava que as discussões e reflexões que ocorriam ali o ajudavam a aconselhar os pacientes moribundos e suas famílias.

Naquela noite, o reverendo e eu estávamos na mesma sintonia. Ambos concluímos que falar sobre a morte e o morrer nos havia ensinado que as questões que realmente preocupavam a maioria dos pacientes referiam-se à vida, não à morte. Os pacientes queriam franqueza, privacidade e paz. Isto evidenciava que a maneira como uma pessoa morria dependia da maneira como vivera. E abrangia ao mesmo tempo o aspecto prático e o filosófico, o psicológico e o espiritual – em outras palavras, os dois mundos que nós dois ocupávamos.

No decorrer das semanas seguintes, o reverendo e eu passamos horas a fio conversando, o que geralmente me impedia de chegar em casa num horário razoável para providenciar o jantar. Mas animamos e ensinamos um ao outro. Para alguém como eu, treinada para pensar e agir de acordo com a razão e a ciência, o mundo do espírito que o reverendo Gaines revelava era um alimento intelectual que eu devorava com sofreguidão. Em geral, evitava as questões relacionadas à espiritualidade em meus seminários e nas conversas com os pacientes, porque eu era psiquiatra. Porém, o interesse do reverendo Gaines por meu trabalho oferecia-me uma oportunidade única. Com a experiência dele, eu poderia ampliar o alcance de meu trabalho incluindo nele a religião.

Durante uma de nossas conversas, pedi a meu novo amigo que se associasse a mim no meu trabalho. Felizmente, ele aceitou. Daí em diante, o reverendo Gaines passou a acompanhar-me quando eu visitava pacientes terminais e assessorava-me durante os seminários. Em matéria de estilo, um completava perfeitamente o outro. Eu indagava o que estava se passando dentro da cabeça do paciente. O reverendo Gaines indagava o que estava acontecendo com sua alma. Nosso ritmo era o de um bom jogo de pingue-pongue. Os seminários adquiriram ainda mais sentido.

Outras pessoas pensavam o mesmo. Entre estas, as mais importantes eram os próprios pacientes. Somente um em duzentos recusava-se a falar dos problemas causados por sua doença. Talvez vocês estejam se perguntando por que eles se mostravam tão dispostos. Considerem, entretanto, o caso da primeira paciente que o reverendo Gaines e eu apresentamos juntos. A Sra. G., uma mulher de meia-idade, sofrera de câncer durante meses e, enquanto estivera hospitalizada, fizera questão de que todos, dos membros da família às enfermeiras, sofressem junto com ela. Após várias semanas de aconselhamento, porém, o reverendo Gaines acalmou o rancor que ela sentia e fez com que restabelecesse de tal modo as boas relações com as pessoas que ela começara a conversar, realmente conversar com os outros e estava gostando do contato com as pessoas que amava. E essas pessoas estavam também gostando dela.

Na ocasião em que foi entrevistada em nosso seminário, a Sra. G. era nada mais do que uma casquinha frágil, mas estava inteiramente transformada.

– Nunca vivi tanto em toda minha vida adulta – confessou.

O mais inesperado voto de confiança veio no início de 1969. Depois de mais de três anos realizando meus seminários, recebi uma delegação do Seminário Luterano de Chicago, que ficava próximo. Preparei-me para uma discussão acalorada. Em vez disso, eles me convidaram para fazer parte de seu corpo docente. Tentei encontrar argumentos para não me envolver em controvérsias, apresentando todo tipo de desculpas para convencê-los de que não era a pessoa certa, inclusive mencionando o fato de eu não gostar de religião. Mas eles insistiram.

– Não estamos pedindo que nos ensine teologia – explicaram. – Isso nós sabemos fazer muito bem. Mas acreditamos que você possa nos mostrar o significado de um verdadeiro sacerdócio em termos práticos.

Era difícil discutir com eles, pois eu concordava em que era uma boa ideia ter um professor que falasse uma linguagem não teológica ao ensinar como atender a pacientes terminais. Com exceção do reverendo Gaines e dos estudantes de teologia, minha experiência com sacerdotes tinha sido desastrosa. Ao longo dos anos, os pacientes que haviam pedido para falar com capelães de hospital decepcionaram-se. "Tudo o que querem fazer é ler o que está em seus livrinhos pretos", era o que eu ouvia sempre. De fato, as verdadeiras questões eram evitadas com alguma citação conveniente da Bíblia e a saída rápida do capelão, inseguro sobre o que fazer.

O que causava mais mal do que bem. Posso ilustrar isso com uma história a respeito de uma menina de 12 anos chamada Liz. Encontrei-a muitos anos depois de ter estado no seminário, mas o que aconteceu com ela ainda assim é relevante. Morrendo de câncer, ela foi levada para casa, onde ajudei sua mãe, seu pai e três irmãos e irmãs a superarem as dificuldades diversas que cada um deles enfrentava diante da lenta deterioração dela. No final, porém, aquela criança, que definhara a ponto de ter se transformado num esqueleto com uma barriga enorme, dilatada por um tumor, sabia sobre a realidade de sua situação mas recusava-se assim mesmo a morrer.

– Por que você não quer morrer? – perguntei a ela.

– Porque não posso ir para o céu – disse, chorosa. – Os padres e as freiras disseram que ninguém vai para o céu se não amar a Deus mais do que a qualquer pessoa no mundo. – E fungou. Então, Liz chegou mais perto de mim. – Dra. Ross, gosto da mamãe e do papai mais do que de qualquer pessoa no mundo inteiro.

À beira das lágrimas, falei simbolicamente a respeito daquela tarefa tão difícil que Deus dera a ela. Era como na escola, quando os professores davam os problemas mais difíceis apenas para os melhores alunos. Ela compreendeu e disse:

– Acho que Deus não poderia dar uma tarefa mais difícil do que esta para nenhuma outra criança.

Alguns dias mais tarde, Liz afinal se deixou ir. Mas aquele foi um dos casos que me fez gostar menos de religião.

Ainda assim, os luteranos convenceram-me a aceitar o cargo de professora. Minha primeira aula, apenas duas semanas depois da reunião com eles, foi dada para um auditório lotado. Ninguém fez perguntas sobre o que eu achava de religião, principalmente quando comecei questionando o conceito de pecado.

– Para que serve, além de promover sentimentos de culpa e de medo? Só o que faz de construtivo é dar clientes aos psiquiatras! – acrescentei com uma risada, para que soubessem que também estava fazendo o papel de advogado do diabo.

Nas aulas seguintes, tentei estimulá-los a examinar seu compromisso com a vida religiosa. Se achassem que era difícil discutir por que o mundo precisava de grupos religiosos diferentes, muitas vezes conflitantes, quando todos tentavam ensinar os mesmos princípios básicos de sabedoria, o futuro para eles iria ser bem complicado.

Tornei-me tão popular que o seminário me pediu para selecionar prováveis alunos e indicar os que não iriam até o fim. Era algo interessante. Cerca de um terço dos alunos com que falei acabou deixando o seminário, muitos deles tornando-se assistentes sociais ou dedicando-se a atividades relacionadas a essa área. De modo geral, a experiência de ensinar e entrevistar alunos foi fascinante. Mas parei depois de um semestre. As exigências que esse trabalho impunha ao meu tempo já sobrecarregado eram excessivas, mesmo para uma workaholic como eu.

Eu já tinha um trabalho muito interessante relacionado a aulas. Nunca me surpreendia com o tanto que os pacientes terminais podiam ensinar-me em meus seminários nem com o que os alunos ensinavam uns aos outros. Muitas vezes, achei que não merecia colher os louros por nada daquilo. Na verdade, meu maior pesadelo era um dia ter de ficar dez minutos sozinha diante do auditório sem um paciente. Só de pensar, já entrava em pânico. O que eu diria?

E, um dia, aconteceu. Dez minutos antes do início de um seminário, o paciente que iria entrevistar morreu inesperadamente. Com cerca de oitenta pessoas sentadas no auditório, alguns tendo vindo de longe para chegar até o hospital, eu não queria cancelar o seminário. Por outro lado, não havia como encontrar um paciente para substituir o que morrera. Paralisada no corredor, de onde ouvia o burburinho dos alunos no auditório, não tinha noção do que fazer sem a única pessoa que eu sempre apresentava como o verdadeiro professor.

Quando me vi diante da plateia, porém, deixei-me levar pela inspiração e a aula acabou sendo fantástica. Como a maior parte das pessoas presentes trabalhava em hospital ou estava ligada de alguma forma ao hospital e à escola de medicina, perguntei-lhes qual era o maior problema de seu trabalho diário. Em vez de falar com um paciente, iríamos discutir qual era o maior desafio que costumavam enfrentar.

– O que cria maiores dificuldades para vocês? – perguntei.

De início, a sala ficou mergulhada em completo silêncio, mas, depois de alguns instantes de constrangimento, várias mãos se ergueram. Para minha surpresa, as duas primeiras pessoas chamadas a falar disseram que um médico em especial, na verdade um chefe de departamento que trabalhava quase exclusivamente com pacientes com câncer em estado avançado, era o problema. Ele era brilhante, explicaram, mas, quando alguém insinuava que um de seus pacientes poderia não reagir a um tratamento, o médico replicava com aspereza. Outras pessoas na plateia que conheciam o tal médico balançaram a cabeça, concordando.

Apesar de não dizer nada, identifiquei imediatamente o médico, com quem já entrara em choque inúmeras vezes. Não tolerava sua maneira brusca, sua arrogância nem sua insinceridade. Em duas ocasiões, como chefe do serviço de apoio psiquiátrico, fora chamada para atender seus pacientes terminais. Ele dissera a um deles que não tinha câncer nenhum e a outro que logo se sentiria melhor, que era só uma questão de tempo. Os raios X de ambos revelavam a existência de grandes e inoperáveis metástases.

Aquele médico era, sem dúvida, um dos que precisavam de um psiquiatra. Tinha um sério problema com a morte e o morrer, embora eu não pudesse dizer isso para nenhum dos dois pacientes. Não iria ajudá-los se criticasse outra pessoa, especialmente alguém em quem confiavam.

No seminário, porém, era diferente. Fizemos de conta que o Dr. M. era o paciente e falamos dos problemas que tínhamos com ele. Depois, discutimos o que esses problemas nos diziam sobre nós mesmos. Quase todo o auditório admitiu ter prevenções contra colegas, outros médicos ou enfermeiras que revelavam algum distúrbio de comportamento. Julgavam-nos de modo diferente do que costumavam julgar um paciente normal. Concordei e usei meus próprios sentimentos com relação ao Dr. M. como exemplo.

– Não se pode ajudar outra pessoa sem gostar um pouquinho dela – disse. E em seguida fiz uma pergunta: – Há alguém aqui que goste dele?

Em meio a muitas caretas e olhares hostis, uma moça ergueu a mão lentamente, cheia de hesitação.

– Você está passando bem? – perguntei, meio brincando, meio espantada.

Seguiu-se uma risada geral. E a enfermeira se levantou, muito digna em sua calma e clareza.

– Vocês não o conhecem – afirmou. – Não conhecem a pessoa que ele é.

Agora, todos estavam quietos. Sua voz delicada cortou o silêncio com uma descrição detalhada do Dr. M., começando suas visitas aos pacientes tarde da noite, horas depois de todos os outros médicos já terem ido para casa.

– Ele começa no quarto mais distante do posto de enfermagem e vem seguindo até o local onde costumo ficar sentada – explicou. – Entra no primeiro quarto de cabeça alta, parecendo confiante e sob controle. No entanto, cada vez que sai de um dos quartos, suas costas estão um pouco mais curvas. Sua postura vai ficando cada vez mais parecida com a de um velho.

A enfermeira reencenava o drama noturno, fazendo todos imaginarem a cena.

– Quando sai do quarto do último paciente, dá a impressão de estar arrasado. Dá para ver que ele está completamente destituído de qualquer alegria, esperança ou satisfação por seu trabalho.

Se assistir a esse drama noite após noite já era suficiente para afetá-la, imagine o estado daquele médico! Não havia uma única pessoa com os olhos secos no auditório quando a enfermeira confessou o desejo antigo que tinha de um dia pousar sua mão no médico, como um amigo faria, e lhe dizer que compreendia como seu trabalho era duro e desesperançado. Mas o sistema de castas do hospital não lhe permitia um comportamento tão humano.

– Sou apenas uma enfermeira – justificou-se.

No entanto, aquele tipo de compaixão e compreensão amiga era precisamente a ajuda de que o médico precisava. E, como aquela jovem enfermeira era a única na sala que se preocupava com ele, ela teria de manifestar tais sentimentos. Disse-lhe que precisava se esforçar para tomar uma atitude.

– Não pense muito – orientei. – Faça o que seu coração mandar. – E acrescentei: – Se o fizer, vai estar ajudando também uma porção de pessoas.

Estava pondo o trabalho em dia em meu consultório depois de uma semana de férias, quando a porta se escancarou e uma moça entrou correndo. Era a enfermeira do seminário.

– Consegui! – contou-me. – Eu consegui!

Na sexta-feira anterior, ela observara o Dr. M. enquanto ele fazia sua ronda e acabava, como ela o definira, um homem arrasado. O drama repetiu-se no sábado, mas com uma complicação. Dois dos pacientes dele haviam morrido naquele dia. No domingo, ela viu quando ele saiu do último quarto, curvado e deprimido. Obrigando-se a agir, aproximou-se dele, implorando a si mesma a coragem de estender a mão. Porém, antes que pudesse fazê-lo, exclamou:

– Meu Deus, deve ser tão difícil!

Inopinadamente, o Dr. M. agarrou-lhe o braço e levou-a para seu consultório. Por trás da porta fechada, ela foi testemunha do desabafo de todo o pesar, mágoa e angústia que ele reprimia. Ele falou de todos os sacrifícios que precisara fazer para cursar a faculdade de medicina; como seus amigos tinham empregos e dinheiro quando ele começou seu período de residência; e como sonhava curar seus pacientes, enquanto os outros, com a mesma idade que ele, estavam constituindo família e construindo casas de campo. Sua vida tinha sido aprender uma especialidade, não viver. Agora, finalmente, ele era chefe de seu departamento. Ocupava uma posição que podia realmente fazer diferença para a vida de seus pacientes.

– Mas todos eles morrem – soluçava. – Um depois do outro. Todos morrem sob os meus cuidados.

Quando ouviram essa história no seminário seguinte – A Morte e o Morrer –, todos se deram conta do poder extraordinário que uma pessoa tem de curar outras apenas tomando coragem para agir sob o impulso do coração. Em um ano, o Dr. M. começou suas consultas psiquiátricas comigo. Cerca de três anos depois, estava em terapia de tempo integral. Sua vida melhorou de forma impressionante. Em vez de transformar-se num depressivo consumado, o Dr. M. redescobriu as maravilhosas qualidades que possuía, o afeto e compreensão que o haviam motivado a tornar-se médico.

Se ele soubesse a quantas pessoas a história dele tem ajudado ao longo de todos esses anos...

21
Minha Mãe

Tudo parecia perfeito, um modelo de completa satisfação. Em 1969, nos mudamos para uma linda casa projetada pela firma de Frank Lloyd Wright, em Flossmoor, um bairro de classe alta afastado do centro. Meu novo jardim se espalhava por uma extensão tão ampla que Manny e as crianças me deram um minitrator de presente de aniversário. Manny adorava seu novo escritório e instalou nele um grande sistema de som estéreo, de modo que eu pudesse escutar música *country* enquanto andava para lá e para cá dentro do que era a cozinha dos meus sonhos. As crianças estavam matriculadas numa das melhores escolas públicas da cidade.

Mas eu tinha a impressão de que estava tudo perfeito demais para estar certo. Era como um sonho do qual poderia acordar a qualquer momento. E, de fato, acordei um dia de manhã sabendo qual era a causa de minha inquietação. Lá estávamos nós, na terra da fartura, sem que nos faltasse nada, a não ser pelo fato de que eu não havia passado para meus filhos o que tinha sido a coisa mais importante de minha infância. Queria que eles soubessem o que era acordar bem cedo e percorrer a pé as colinas e montanhas, apreciar as flores, os diferentes tipos de relva, os grilos e as borboletas. Queria que, durante o dia, eles colhessem flores do campo e catassem pedras coloridas e, à noite, deixassem as estrelas encherem suas cabeças de sonhos.

Não parei para pensar no que deveria fazer. Não seria eu. Tirei Kenneth e Barbara da escola na semana seguinte e voei para a Suíça, para casa. Minha mãe foi ao nosso encontro em Zermatt, um encantador vilarejo alpino onde não entravam automóveis e a vida era quase igual à de cem anos antes. Era isso mesmo que eu queria. O tempo estava deslumbrante. Levei as crianças para fazer caminhadas. Subiram montanhas, andaram ao longo de riachos e correram atrás de animais. Colheram flores e levaram pedras para casa. Ficaram com os rostos corados. Foi uma experiência inesquecível.

Entretanto, como se viu depois, não por causa de nada disso. Na nossa última noite lá, minha mãe e eu pusemos as crianças na cama. Ela ainda se demorou um pouco com elas para mais beijos e abraços de boa-noite enquanto eu saía para a varanda. Estava me balançando numa cadeira rústica de madeira quando as portas de correr do quarto se abriram e ela veio para perto de mim desfrutar do ar fresco da noite.

Ficamos admirando a lua, encantadas. Parecia estar flutuando acima do Matterhorn. Minha mãe estava sentada a meu lado. Ficamos em silêncio a maior parte do tempo, entregues aos nossos pensamentos. A semana tinha sido melhor do que eu imaginara. Sentira-me mais feliz do que nunca. Pensei em todos os habitantes das cidades do mundo inteiro, que nunca se esforçavam para ver um céu tão maravilhoso. Toleravam suas vidas vendo televisão e bebendo álcool. Minha mãe parecia igualmente satisfeita, com o momento e com sua vida.

Não sei por quanto tempo ficamos sentadas em silêncio, aproveitando a companhia uma da outra, até minha mãe por fim quebrar o encantamento. Poderia ter dito um milhão de coisas naquele instante, exceto o que de fato disse:

– Elisabeth, não vivemos para sempre.

Existem razões para as pessoas fazerem certas coisas em determinados momentos. Eu não tinha ideia de por que minha mãe, naquela hora e naquele lugar, resolvera dizer tal coisa. Talvez fosse por causa da imensidão do céu. Talvez porque ela se sentisse à vontade e próxima de mim depois de nossa semana juntas.

E talvez, como hoje acredito, tivesse uma premonição, uma percepção do futuro. Seja como for, ela prosseguiu:

– Você é a única médica da família e, se houver uma emergência, conto com você.

Que emergência? Apesar dos seus 77 anos, ela tinha feito todas as caminhadas sem uma queixa, sem problemas. Sua saúde estava perfeita.

Eu não sabia o que dizer. Queria gritar alguma coisa para ela. Mas ela não me deu oportunidade. Continuou com aquele assunto mórbido, dizendo:

– Se algum dia eu me transformar num vegetal, quero que acabe com a minha vida.

Eu a escutava cada vez mais contrariada e disse qualquer coisa como: "Pare de falar assim", mas minha mãe reiterou seu pedido. Sabe-se lá por quê, estava estragando a noite e talvez até as férias todas.

– Não diga bobagens – reclamei. – Nada disso vai acontecer.

Minha mãe parecia não se importar com o que eu estava achando, e de fato não podia garantir que ela não acabaria como um vegetal. A conversa estava ficando muito enervante. Finalmente, aprumei o corpo e disse à minha mãe que era contra o suicídio e que nunca, nunca mesmo, ajudaria quem quer que fosse a cometê-lo, muito menos minha mãe, a pessoa querida que me dera à luz e cuidara de mim para que eu vivesse.

– Se acontecer alguma coisa, vou fazer com você o que faço com todos os meus pacientes – disse. – Vou ajudá-la a viver até a hora da sua morte.

De algum modo, conseguimos encontrar uma maneira de acabar aquela conversa perturbadora. Não havia mais o que dizer. Levantei-me da cadeira e abracei minha mãe. As lágrimas desciam pelo rosto das duas. Já era tarde, hora de dormir. No dia seguinte, iríamos para Zurique. Eu queria só pensar nos bons tempos, não no futuro.

De manhã, aquele clima estava desfeito. Minha mãe voltou ao seu natural e saboreamos a viagem de trem para Zurique. Manny nos encontrou lá e fomos para um hotel de luxo, que era mais o estilo dele. Não me importei, pois meu "tanque" estava cheio do ar fresco dos Alpes e de flores do campo. Uma semana depois, voamos de volta para Chicago. Sentia-me totalmente rejuvenescida, a não ser pela conversa com minha mãe, que não conseguia tirar da cabeça. Tentei não dar atenção ao assunto, mas era uma nuvem escura em minha mente.

Então, três dias mais tarde, Eva telefonou para minha casa e disse que o carteiro tinha encontrado nossa mãe caída no chão do banheiro. Ela havia tido um derrame agudo.

Segui no primeiro avião para a Suíça e fui direto para o quarto de minha mãe no hospital. Sem poder se mexer nem falar, ela olhava para mim e havia milhares de palavras em seu olhar profundo, dolorido, triste e assustado. O significado daquele olhar era uma súplica, que eu compreendi. Já sabia, porém – como soubera antes –, que nunca poderia atender ao pedido dela. Nunca poderia ser o instrumento de sua morte.

Os dias que se seguiram foram difíceis. Fiquei sentada muito tempo, esperei e monologuei com minha mãe. Apesar de seu corpo ser incapaz de reagir, ela me respondia com os olhos. Uma piscadela era um sim. Duas eram um não. Às vezes, conseguia apertar minha mão com sua mão esquerda. No final da semana, sofreu mais alguns derrames menos intensos. Perdeu o controle da bexiga. Com isso, passou a ser considerada um vegetal. "Está confortável?" Uma piscadela. "Quer ficar aqui?" Duas piscadelas.

"Amo você."

Ela apertava a minha mão.

Era exatamente a situação que ela temia durante nossas férias da semana anterior. Ela chegara a me prevenir: "Se algum dia eu me transformar num vegetal, quero que você acabe com a minha vida." O pedido que me fizera na varanda ecoava em minha cabeça. Será que ela sabia que isso estava para acontecer? Será que teve uma premonição? Existiria esse tipo de consciência interior?

Fiz a mim mesma a pergunta: "Como posso ajudá-la a tornar esse tempo que resta de sua vida mais suportável e agradável?"

Tantas perguntas. Tão poucas respostas.

Se havia um Deus, eu refletia em silêncio, agora era a hora em que Ele deveria entrar na vida dela, em agradecimento por seu amor desinteressado pela família, educando os filhos para serem pessoas respeitáveis, produtivas, de valor. À noite, eu tinha longas conversas com Ele. Numa tarde, cheguei a entrar numa igreja e falar diretamente para o crucifixo:

– Deus, onde está Você? – perguntava com amargura. – Será que está me ouvindo? Você existe mesmo? Minha mãe era uma mulher íntegra, dedicada, trabalhadora. Quais são os seus planos para ela, agora que realmente precisa de Você?

Mas não havia resposta. Nenhum sinal. Nada além do silêncio.

Vendo minha mãe definhar em seu casulo de desamparo e angústia, eu quase gritava implorando por alguma interferência divina. Quando estava sozinha, exigia que Deus fizesse alguma coisa, e rápido. Se Deus estava ouvindo, porém, não parecia estar com pressa. Xingava-o com palavras horríveis em suíço e em inglês. Nem assim Ele se abalava.

Apesar de nossas prolongadas discussões sobre o assunto com médicos do hospital e particulares, restaram-nos apenas duas alternativas. Minha mãe poderia continuar naquele mesmo hospital, onde todos os tratamentos possíveis seriam tentados, apesar de haver pouquíssimas possibilidades de uma recuperação mínima. Ou poderíamos removê-la para uma clínica de repouso menos dispendiosa, onde ela receberia os cuidados necessários, mas não seriam utilizados recursos artificiais para prolongar sua vida. Ou seja, nada de respiradores ou outras máquinas.

Minhas irmãs e eu tivemos uma longa e tensa conversa. Nós três sabíamos o que nossa mãe teria escolhido. Manny, que a considerava sua segunda mãe, deu sua opinião de especialista pelo telefone. Felizmente, Eva já havia encontrado uma excelente clínica de repouso dirigida por religiosas protestantes em Riehen, perto de Basileia, onde ela e seu segundo marido haviam construído uma casa nova. Nessa época, ainda não existiam as instituições especializadas em cuidados a pessoas moribundas nos moldes das de hoje, mas as freiras dedicavam a vida a cuidar desses pacientes especiais. Reunindo todas as recomendações possíveis, conseguimos que nossa mãe fosse aceita ali.

Com o tempo de minha licença do hospital se esgotando, decidi acompanhar minha mãe na ambulância de Zurique até Riehen. Para dar coragem a nós duas, levei comigo uma garrafa de conhaque. Também fiz uma lista, bastante curta, dos bens que minha mãe mais prezava, além de uma lista de parentes e pessoas que tinham algum significado em sua vida, especialmente os que a tinham ajudado nos anos subsequentes à morte de meu pai. Essa lista era mais longa.

Durante o percurso, distribuímos as coisas dela para as pessoas apropriadas. Passamos muito tempo tentando resolver quem ganharia o quê, como a gola e o chapéu de *mink* que havíamos mandado para ela de Nova York. Sempre que conseguíamos escolher a pessoa certa para alguma coisa, comemorávamos com um gole da bebida. O enfermeiro da ambulância não parecia muito seguro a respeito daquilo, mas eu lhe disse:

– Não se preocupe, sou médica.

Fizemos apenas algo que daria paz de espírito à minha mãe; quando chegamos à clínica de repouso, estávamos realmente nos divertindo. O quarto dava para um jardim. Ela gostou do lugar. Durante o dia, poderia ouvir pássaros cantando nas árvores. À noite, teria uma visão do céu. Antes de me despedir, enfiei um lenço perfumado em sua mão semiboa. Ela tinha esse costume. Vi que estava tranquila e satisfeita, num lugar onde a qualidade de sua vida era a principal consideração.

Por alguma razão, Deus quis mantê-la viva assim durante mais quatro anos. Seu estado desafiava todas as probabilidades de sobrevivência. Minhas irmãs cuidavam para que ela estivesse sempre confortável e nunca se sentisse solitária. Eu a visitava com frequência. Meus pensamentos sempre se voltavam para aquela noite profética em Zermatt. Ouvia a voz dela insistindo para que eu acabasse com sua vida se ela se tornasse um vegetal. Era evidente que tivera uma premonição, porque se transformara na imagem perfeita daquilo que temia. Era trágico.

De qualquer modo, eu sabia que não era o fim. Minha mãe continuou a sentir amor e a dar amor. À sua maneira, estava crescendo e aprendendo as lições que tinha de aprender, quaisquer que fossem. Seria bom se todos tivessem conhecimento disso, que a vida termina quando acabamos de aprender tudo o que temos para aprender. Portanto, a hipótese de acabar com a vida dela, como me havia pedido, tornava-se ainda mais impensável do que antes.

Gostaria de saber por que minha mãe teve esse fim. Perguntava-me sem cessar qual seria a lição que Deus estava querendo ensinar àquela mulher tão amorosa.

Cheguei até mesmo a refletir se não seria ela quem estava ensinando alguma coisa a nós todos.

Enquanto sobrevivesse sem ajuda artificial, contudo, nada mais havia a fazer a não ser lhe dar o nosso amor.

22
A FINALIDADE DA VIDA

Era inevitável procurar pacientes fora do hospital. Meu trabalho com doentes terminais incomodava muitos dos meus colegas. Poucas pessoas lá dentro se mostravam dispostas a falar sobre a morte. Era difícil até mesmo encontrar quem admitisse que as pessoas estavam morrendo. A morte não era um assunto sobre o qual os médicos falassem normalmente. Portanto, quando minha procura semanal por pacientes terminais se tornou quase impossível, comecei a fazer visitas às casas de pacientes com câncer que moravam em bairros da vizinhança, como Homewood e Flossmoor.

Propunha-lhes um acordo de benefício mútuo. Em troca de terapia gratuita em casa, os pacientes seriam entrevistados em meus seminários. Essa abordagem provocou ainda mais controvérsias no hospital, onde meu trabalho já era considerado uma exploração, e a situação piorou. Quando os pacientes e suas famílias começaram a declarar publicamente o quanto apreciavam meu trabalho, os outros médicos descobriram mais uma razão para não gostar de mim. Eu não podia vencer.

Mas me comportei como uma vencedora. Além de ser mãe e médica, prestava serviços voluntários em diversas organizações. Uma vez por mês, selecionava candidatos para o Corpo da Paz (American Peace Corps), onde acho que não conseguiam ter uma opinião definida a meu respeito, pois eu costumava aprovar os que gostavam de correr riscos, em vez dos mais moderados e prudentes, que meus companheiros preferiam. Também passava metade de um dia por semana no Instituto Lighthouse para Cegos, de Chicago, trabalhando com pais e crianças. Mas tenho a impressão de que recebia mais do que dava a eles.

As pessoas que encontrava naquele lugar, tanto os adultos quanto as crianças, estavam todas lutando contra o triste quinhão que a sorte lhes destinara. Observava como lidavam com sua limitação. Suas vidas eram como uma montanha-russa em que se alternavam bruscamente desânimo e coragem, depressão e conquistas. Perguntava constantemente a mim mesma o que eu, que enxergava, podia fazer para ajudar aquela gente. O que mais fazia era escutá-los, mas era também uma espécie de líder de torcida, incentivando-os a "ver" que ainda era possível levarem uma vida plena, produtiva e feliz. Que a vida era um desafio, não uma tragédia.

Às vezes, era pedir demais. Vi, mais do que gostaria, bebês que tinham nascido cegos ou com hidrocefalia serem postos de lado e considerados vegetais, sendo em seguida colocados em clínicas onde ficariam para sempre. Um enorme desperdício de vidas. Também das vidas de seus pais, que não tinham encontrado auxílio ou apoio. Notei que muitos pais de filhos nascidos cegos tinham a mesma sequência de reações que meus pacientes terminais. A realidade era muitas vezes difícil de aceitar. Mas qual era a outra opção?

Lembro-me de uma mãe que passou os nove meses de uma gravidez sem problemas, e tudo indicava que teria uma criança saudável. Na sala de parto, contudo, alguma coisa aconteceu e sua filha nasceu cega. A mãe reagiu como se tivesse havido uma morte na família, o que era uma reação normal. Depois que recebeu ajuda para superar o trauma inicial, começou a ter esperanças que a filha, chamada Heidi, um dia terminasse um curso universitário e aprendesse uma profissão. Era uma atitude saudável e maravilhosa.

Lamentavelmente, envolveu-se com certos profissionais que lhe disseram que seu sonho não era realista. Aconselharam-na a internar a criança numa clínica especializada. A família ficou desolada. Antes de tomarem qualquer providência, porém, procuraram ajuda no Lighthouse, que foi onde a encontrei.

Evidentemente, eu não podia fazer nenhum milagre que devolvesse a visão da filha, mas podia ouvir os problemas da mãe. Quando me perguntou o que eu pensava, disse a ela, que queria tanto um milagre, que nenhuma criança vem ao mundo tão defeituosa quanto pensamos, pois Deus sempre lhes concede algum talento especial.

– Deixe suas expectativas de lado – orientei. – Tudo o que tem de fazer é apegar-se à sua filha, amá-la como um presente de Deus.

– E depois? – perguntou.

– Na hora certa, Deus vai permitir que esse talento se manifeste – respondi.

Não tenho ideia de onde me vieram essas palavras, mas acreditava no que estava dizendo. E a mãe da criança saiu com novas esperanças.

Muitos anos mais tarde, eu estava lendo um jornal quando encontrei um artigo sobre Heidi, a menina cega do Lighthouse. Já crescida, Heidi era uma pianista promissora e ia se apresentar em público pela primeira vez. O crítico desmanchava-se em elogios ao seu talento. Mais que depressa, procurei entrar em contato com a mãe, que me contou, cheia de orgulho, como lutara para criar a filha. Então, repentinamente, Heidi revelara talento para a música, um talento que tinha desabrochado como uma flor, e a mãe atribuiu grande importância às minhas palavras de estímulo.

– Teria sido tão fácil rejeitá-la – falou. – Como aquelas pessoas me disseram que fizesse.

Naturalmente, eu partilhava esses momentos gratificantes com minha família, esperando que as crianças aprendessem a dar valor ao que tinham. Não há nada garantido na vida, a não ser a certeza de que todos temos de enfrentar dificuldades. É assim que aprendemos. Alguns enfrentam dificuldades desde o momento em que nascem. De todas as pessoas, essas são as mais especiais, as que exigem maior disposição, maior compaixão e as que nos lembram que o amor é a única finalidade da vida.

Acreditem ou não, algumas pessoas realmente achavam que eu sabia do que estava falando. Uma delas era Clement Alexander, diretor da editora Macmillan, de Nova York. De alguma forma, um pequeno ensaio que eu escrevera baseado nos seminários sobre a morte e o morrer tinha ido parar na mesa dele, o que o fez voar até Chicago para perguntar se eu queria escrever um livro sobre meu trabalho com pacientes terminais. Fiquei atônita, mais ainda quando ele me deu um contrato para assinar em que me oferecia sete mil dólares por um texto de cinquenta mil palavras.

Bem, concordei, com a condição de ter três meses para escrever o livro. Isso não era problema para a Macmillan. Fiquei sozinha, então, tentando imaginar como conseguiria cuidar de duas crianças, um marido, um emprego em horário integral e várias outras coisas, e ainda escrever um livro. Reparei que, no contrato, meu livro já tinha um título, *Sobre a morte e o morrer*. Gostei. Telefonei para Manny e lhe contei a novidade. Depois, comecei a pensar em mim mesma como escritora e mal podia acreditar.

E por que não? Eu tinha inúmeras anamnésias e observações amontoadas em minha cabeça. Levei três semanas sentada em minha escrivaninha até tarde da noite para formar uma ideia a respeito do livro. Então, vi nitidamente como todos os meus pacientes terminais – na verdade, todas as pessoas que sofrem uma perda – passavam por estágios semelhantes. O primeiro era o choque e a negação, depois vinham a raiva e o rancor e finalmente a mágoa e a dor. Mais tarde, negociavam com Deus. Depois, ficavam deprimidos, perguntando: "Por que eu?" E, por fim, retraíam-se por algum tempo, afastando-se dos outros enquanto buscavam alcançar um estado de paz e aceitação (não de resignação, que ocorre quando não têm com quem partilhar as lágrimas e a raiva).

Na realidade, eu tinha observado com maior clareza a evolução desses estágios nos pais que havia encontrado no Lighthouse. Eles associavam o nascimento de um filho cego a uma perda: a perda da criança normal e saudável que esperavam. Passavam pelo choque e pela raiva, pela negação e pela depressão e, com um pouco de terapia, finalmente conseguiam aceitar o que não podia ser mudado.

Pessoas que haviam perdido, ou estavam em vias de perder, algum parente próximo passavam pelos mesmos cinco estágios, começando com negação e choque. "Não é possível que minha mulher esteja morrendo. Ela acabou de ter um bebê. Como é que pode me deixar aqui sozinho?" Ou exclamavam: "Não, não pode ser, não é possível que eu esteja morrendo!" A negação é uma defesa, uma forma normal e saudável de lidar com más notícias repentinas e inesperadas. Permite que a pessoa considere a possibilidade do fim de sua vida e em seguida volte ao dia a dia de sempre.

Quando a negação deixa de ser viável, é substituída pela raiva. Em vez de continuar a perguntar "Por que eu?", o paciente pergunta "Por que não ele?". Esse estágio é especialmente difícil para as famílias, os médicos, as enfermeiras, os amigos etc. A raiva do paciente se espalha como tiro de metralhadora. Os fragmentos voam em todas as direções. Acertam todo mundo. Ele sente raiva de Deus, da família, de qualquer pessoa que esteja saudável. Também pode estar querendo dizer a todos em altos brados: "Estou vivo, não se esqueçam disso." Sua raiva não deve ser considerada algo pessoal, dirigida especialmente a alguém.

Quando lhes é permitido dar vazão à raiva sem culpa ou vergonha, costumam passar pelo estágio da negociação. "Por favor, deixe que minha mulher viva pelo menos para ver essa criança ir para o jardim de infância." E então acrescentam uma prece mais curta: "Ao menos até que ela acabe a faculdade. Aí terá idade bastante para enfrentar a morte da mãe." E assim por diante. Notei logo que as promessas que as pessoas faziam a Deus nunca eram mantidas. Negociavam mesmo, elevando a aposta a cada vez.

Entretanto, o tempo que passam negociando é vantajoso para quem os está tratando. O paciente, apesar de sentir raiva, não está mais tão tomado pela hostilidade que não seja capaz de ouvir. Não está deprimido a ponto de não poder se comunicar. Talvez esteja atirando a esmo, mas os tiros não estão acertando nada. Eu aconselhava que essa era a melhor ocasião para ajudar os pacientes a resolverem qualquer pendência que tivessem. Para ir aos seus quartos. Enfrentar velhas disputas. Pôr lenha na fogueira. Deixá-los externar sua raiva, deixá-la sair, e os velhos ódios com certeza se transformariam em amor e compreensão.

Em um determinado momento, os pacientes passam por uma profunda depressão diante das enormes mudanças que estão ocorrendo. É natural. Quem não sentiria o mesmo? Nesse ponto, ou sua doença não pode mais ser negada ou graves limitações físicas se impõem. Com o tempo, podem surgir também problemas financeiros. É comum a aparência física sofrer mudanças drásticas e debilitantes. Uma mulher de repente passa a achar que a perda de um seio a torna menos mulher. Quando preocupações como esta são encaradas aberta e diretamente, os pacientes costumam reagir muito bem.

A forma mais difícil de depressão é a que ocorre quando o paciente se dá conta de que vai perder tudo e todas as pessoas que ama. É uma espécie de depressão silenciosa. Nesse estado, não há nenhum lado positivo a explorar. Não existem palavras de consolo que possam ser ditas para proporcionar alívio a alguém entregue a um estado de espírito que desistiu do passado e está tentando sondar um futuro insondável. A melhor ajuda nessa situação é aceitar o pesar do paciente, dizer uma prece, apenas fazer um gesto de carinho ou sentar-se junto a ele na cama.

Quando os pacientes têm a oportunidade de expressar sua raiva, chorar, se lamentar, resolver suas questões pendentes, verbalizar seus medos e passar por todos os estágios iniciais, chegam então ao estágio da aceitação. Não estarão felizes, mas não sentirão mais depressão ou raiva. É um período de resignação silenciosa e meditativa, de expectativa serena. A luta anterior desaparece e é substituída por muito sono. Em *Sobre a morte e o morrer*, contei que um paciente chamava de "o descanso final antes da longa viagem".

Dois meses depois, terminei o livro. Percebi que havia escrito exatamente o tipo de livro que tinha procurado na biblioteca ao fazer a pesquisa para minha primeira aula. Pus a versão final na caixa do correio. Não sabia se *Sobre a morte e o morrer* seria ou não um livro importante, mas estava inteiramente convencida de que as informações que continha eram muito importantes. Esperava que as pessoas não interpretassem de forma errada a mensagem do livro. Meus pacientes terminais nunca se curavam do ponto de vista físico, mas todos melhoravam emocional e espiritualmente. Na verdade, sentiam-se muito melhor do que a maioria das pessoas saudáveis.

Mais tarde, alguém iria me perguntar o que tinha aprendido com todos aqueles pacientes terminais a respeito da morte. Primeiro, pensei em dar uma explicação precisa do ponto de vista clínico, mas isso não seria coerente com minha personalidade. Meus pacientes terminais me ensinaram muito mais do que simplesmente o que é estar morrendo. Partilharam comigo lições sobre o que poderiam ter feito, o que deveriam ter feito e o que não tinham feito até já ser tarde para fazer, quando já estavam doentes ou fracos demais, quando já eram viúvos ou viúvas. Refletiram sobre suas vidas e seu passado e me ensinaram todas as coisas que têm verdadeiro significado, não para a morte, mas para a vida.

23
FAMA

O dia no trabalho foi ruim. Um de meus residentes, meio hesitante, perguntou se eu teria tempo para lhe dar uma opinião sobre um problema. Pensando que era algo sobre relacionamentos interpessoais, disse que sim. O que ele contou, porém, foi que tinham lhe oferecido uma vaga em meu próprio departamento com um salário inicial de quinze mil dólares. Queria saber se aquilo era aceitável.

Como eu era sua chefe, tentei esconder meu espanto e descrença. Meu salário era três mil dólares menor. Não era a primeira vez que verificava um preconceito contra as mulheres, mas aquele não me desagradou menos.

Então, o reverendo Gaines disse que queria sair do hospital e estava procurando outra colocação. Cansado da política do hospital, queria ter a própria paróquia, um lugar onde pudesse tentar mudanças mais significativas na comunidade. Fiquei deprimida ao pensar que não teria mais o apoio diário de meu único aliado verdadeiro no hospital.

Fui para casa com vontade de ficar na cozinha e desaparecer do mundo. Mas até isso era impossível. Recebi um telefonema de um jornalista da revista *Life*. Queria saber se podia escrever uma matéria baseada em um de meus seminários sobre a morte e o morrer na universidade. Respirei fundo, uma boa coisa quando não se sabe o que dizer. Apesar de ingênua a respeito de publicidade, estava cansada por não ter nenhum apoio. Respondi que sim, julgando que poderia mudar a qualidade de vida de inúmeras pessoas se meu trabalho ficasse mais conhecido.

Tendo acertado com o jornalista uma data para a entrevista,

comecei a procurar um paciente para o seminário. Foi mais difícil do que de costume, pois o reverendo estava fora da cidade. Seu superior, quando ouviu falar de um artigo para a revista *Life*, logo se ofereceu para substituí-lo, mas não seria de grande ajuda na procura por um paciente terminal para a entrevista.

Então, num dia melancólico, ao passar pelo corredor I-3, a ala ocupada pela maioria dos pacientes de câncer, olhei casualmente por uma porta entreaberta. Naquele momento, meus pensamentos estavam em outro lugar. Nem pensava em encontrar um paciente. Mas me chamou a atenção a moça excepcionalmente bonita que estava naquele quarto. Decerto eu não era a primeira pessoa a olhar para ela e parar.

No entanto, o olhar dela também encontrou o meu e me atraiu para dentro do quarto. Seu nome era Eva. Tinha 21 anos. Era uma moça de cabelos escuros, tão bonita que poderia até ter se tornado atriz se não estivesse morrendo de leucemia. Mas ainda era um verdadeiro foguete, expansiva, engraçada, sonhadora e calorosa. E, além disso, estava noiva.

– Olhe só – disse, mostrando-me a aliança, e pensei que ela poderia ter tido uma vida inteira pela frente.

Contudo, preferia falar de sua vida do momento. Queria que seu corpo fosse doado para uma faculdade de medicina, não queria um enterro. Estava zangada com o noivo porque ele não aceitava sua doença.

– Ele está desperdiçando nosso tempo – dizia. – Afinal de contas, não tenho muito sobrando.

O que notei com grande satisfação é que Eva queria viver o máximo possível, ter novas experiências, inclusive a de participar de um de meus seminários. Ouvira falar deles e perguntou se poderia participar. Era a primeira vez que um paciente terminal se adiantava ao meu pedido.

– O fato de ter leucemia não me torna aceitável?

Sem dúvida, mas primeiro queria preveni-la sobre a revista *Life*.

– Ótimo! – exclamou. – Quero ir com certeza.

Comentei que talvez ela quisesse falar antes com seus pais sobre o assunto.

– Não é preciso – disse. – Já tenho 21 anos. Posso tomar minhas próprias decisões.

E podia mesmo. No final da semana, levei-a numa cadeira de rodas para minha sala de aula. E lá estávamos nós, duas mulheres preocupadas com nossos penteados diante das câmaras. Assim que foi apresentada aos alunos, vi que meu palpite estava certo. Ela era um extraordinário tema de debate.

Antes de mais nada, Eva tinha mais ou menos a mesma idade da maioria dos alunos, o que provava que a morte não leva apenas os velhos. Tinha também uma aparência atraente. Vestida com uma blusa branca e calças compridas de *tweed*, poderia muito bem estar indo para um coquetel. Mas estava morrendo, e sua franqueza com relação àquela realidade era o que tinha de mais impressionante.

– Sei que tenho uma chance em um milhão – admitiu –, mas hoje só quero falar sobre essa única chance.

Assim, em vez de falar sobre sua doença, Eva falou sobre o que aconteceria se ela vivesse. Falou sobre estudos, casamento e filhos, sua família e Deus.

– Quando era pequena, acreditava em Deus – disse. – Agora, não tenho muita certeza se acredito.

Eva contou que queria ter um cachorrinho e voltar para casa. Expôs suas emoções mais cruas sem hesitar. Nenhuma de nós sequer pensou no jornalista e no fotógrafo, que estavam documentando tudo o que dizíamos ou fazíamos do nosso lado do vidro cego, mas sabíamos que o resultado seria bom.

O artigo saiu na revista no dia 21 de novembro de 1969. Meu telefone começou a tocar antes mesmo que eu visse a revista. Mas minha preocupação era a reação de Eva. Naquela noite, entregaram vários exemplares da revista em minha casa. Na manhã seguinte bem cedo, corri ao hospital para mostrá-la a Eva antes que chegasse à banca do hospital e ela se transformasse numa celebridade. Felizmente, Eva gostou do artigo, mas, como qualquer moça normal, saudável e bonita, ela balançou a cabeça, insatisfeita, quando olhou para as fotografias.

– Nossa, não fiquei nada bem nelas – disse.

No hospital, a reportagem não agradou tanto. O primeiro médico que encontrei no corredor deu um sorriso de escárnio e perguntou, num tom de voz maldoso:

– Procurando por outro paciente para fazer mais publicidade?

Um dos administradores me criticou dizendo que eu estava fazendo o hospital ficar conhecido como um lugar onde se morria.

– Nossa reputação tem de ser a de que fazemos as pessoas melhorarem – disse.

Para a maioria, o artigo da *Life* provava que eu explorava meus pacientes. Eles não compreendiam nada. Uma semana depois, o hospital tomou medidas para prejudicar a realização de meus seminários, determinando que os médicos não cooperassem comigo. Foi terrível. Na sexta-feira seguinte, o auditório estava quase vazio.

Apesar de humilhada, sabia que não podia desfazer tudo o que a imprensa havia me possibilitado. Lá estava eu, em uma das maiores e mais respeitadas revistas do país. A correspondência que chegava para mim formava pilhas na sala de correspondência do hospital. A central telefônica foi inundada por chamadas de pessoas querendo saber como entrar em contato comigo. Dei mais entrevistas e cheguei a aceitar convites para falar em outras universidades e faculdades.

O lançamento de meu livro, *Sobre a morte e o morrer*, chamou ainda mais atenção. Transformou-se em best-seller internacional e praticamente todas as instituições do país ligadas à medicina e enfermagem o reconheceram como um livro importante. Até as pessoas leigas falavam sobre os cinco estágios. Mal sabia que o livro teria tanto sucesso e seria meu passaporte para o mundo da fama. Ironicamente, o único lugar em que não teve aceitação imediata foi na unidade psiquiátrica de meu próprio hospital, uma clara indicação de que meu futuro seria em outro lugar.

Enquanto isso, meu interesse nunca se desviou de meus pacientes, que eram os verdadeiros professores. Isso se aplicava de modo especial a Eva, a moça do artigo na revista *Life*. Fiquei bastante preocupada quando enfiei a cabeça pela porta de seu quarto na véspera de ano-novo e não a encontrei. Dei um suspiro de alívio quando alguém disse que ela tinha ido para casa e ganhara o cachorrinho que desejava. Mas logo depois fora levada para o Centro de Tratamento Intensivo. Fui depressa para lá e encontrei seus pais na sala de espera.

Estavam com aquela expressão triste e desamparada que vi tantas vezes nas famílias de pacientes moribundos sentadas nas salas de espera, proibidas de estar com seus entes queridos por causa das regras idiotas que controlam horários de visita. De acordo com as regras do CTI, os pais de Eva só tinham permissão para vê-la durante cinco minutos em determinados horários. Fiquei revoltada. Aquele dia poderia ser o último em que teriam a oportunidade de estar perto da filha, dando apoio e amor uns aos outros. E se ela morresse enquanto estavam sentados do lado de fora de seu quarto?

Por ser médica, tinha autorização para entrar no quarto de Eva e, quando o fiz, encontrei-a deitada nua na cama. A lâmpada do teto, fora de seu alcance, estava permanentemente acesa e lançava uma luz forte sobre ela, da qual não tinha como escapar. Eu sabia que era a última vez que a veria viva. Eva também sabia. Já incapaz de falar, ela apertou minha mão como uma forma de dizer olá e com a outra mão apontou para cima. Queria que a luz fosse desligada.

O conforto e a dignidade dela eram tudo o que importava para mim. Apaguei a luz e pedi à enfermeira que a cobrisse com um lençol. Inacreditavelmente, a enfermeira hesitou. Como se estivesse perdendo tempo. Perguntou: "Para quê?" Para que cobrir essa garota? Fiquei furiosa e eu mesma o fiz.

Infelizmente, Eva morreu no dia seguinte, 1º de janeiro de 1970. Eu não tinha direitos sobre a vida dela, mas a maneira fria e solitária como morreu no hospital era algo que não podia tolerar. Todo o meu trabalho visava mudar aquele tipo de situação. Não queria que ninguém morresse como Eva, sozinha, com sua família esperando do lado de fora. Sonhava com o dia em que as necessidades das pessoas viriam em primeiro lugar.

24
A Sra. Schwartz

Tudo mudou com os novos e miraculosos avanços da medicina. Os médicos prolongavam vidas com transplantes de coração e de rins e com poderosas drogas. Aparelhos modernos ajudavam a diagnosticar mais cedo as doenças. Pacientes que seriam considerados incuráveis um ano antes recebiam uma segunda chance. Era emocionante. Ainda assim, existiam problemas. As pessoas se iludiam pensando que a medicina podia curar tudo. Surgiram questões éticas, morais, legais e financeiras que não haviam sido previstas. E vi médicos tomando decisões em conjunto com companhias de seguros, em vez de com outros médicos.

– E vai piorar – falei para o reverendo Gaines.

Não era necessário ser um gênio para fazer tal previsão. Já havia sinais evidentes de tempestade no ar. O hospital tinha sido bombardeado por vários processos, algo que estava acontecendo com mais frequência do que eu jamais vira. Mas a medicina estava mudando. A ética aparentemente estava passando por uma reformulação.

– Gostaria que nada tivesse mudado – disse o reverendo Gaines.

Minha solução era diferente.

– O verdadeiro problema é que não temos uma definição correta da morte – retruquei.

Desde o tempo das cavernas, ninguém havia definido a morte com precisão. Eu ficava imaginando o que teria acontecido com meus queridos pacientes, pessoas como Eva, que tinham tanto para dar num dia e no seguinte desapareciam. Em pouco tempo, o reverendo Gaines e eu estávamos perguntando a grupos de estudantes de medicina e teologia, médicos, rabinos e padres, para onde ia a vida.

– Se não fica aqui, então para onde vai?

Eu estava tentando definir a morte.

Estava aberta a todas as possibilidades, até às bobagens que meus filhos sugeriam na mesa do jantar. Nunca escondi deles meu trabalho, o que foi bom para todos nós. Olhando para Kenneth e Barbara, refletia que o nascimento e a morte são experiências semelhantes: cada uma delas é o começo de uma nova viagem. Mais tarde, concluí que a morte era a mais agradável das duas, muito mais pacífica. Nosso mundo estava cheio de nazistas, aids, câncer e coisas assim.

Observei como os pacientes, mesmo os mais revoltados, relaxavam alguns momentos antes da morte. Outros, quando se aproximavam da morte, pareciam ter experiências extremamente vívidas com entes queridos já falecidos e falavam com pessoas que eu não podia ver. Em quase todos os casos a morte era precedida de uma serenidade especial.

E depois? Essa era a pergunta a que eu queria responder.

Só podia fazer julgamentos baseados em minhas observações. E, assim que os pacientes morriam, eu não sentia nada. Eles tinham ido embora. Num dia, podia falar com a pessoa, tocá-la e, na manhã seguinte, ela não estava mais ali. O corpo estava, mas era como tocar um pedaço de madeira. Algo estava faltando. Algo físico. A própria vida.

Mas eu continuava a indagar que forma a vida assumia ao ir embora. E para aonde ia, se é que ia para algum lugar. O que se passava com as pessoas no momento em que morriam.

Em certo ponto, meus pensamentos se voltaram para minha viagem a Maidanek, vinte e cinco anos antes. Eu havia andado pelos alojamentos onde homens, mulheres e crianças tinham passado suas últimas noites antes de morrerem nas câmaras de gás. Lembrava-me de ter ficado fascinada ao ver borboletas desenhadas nas paredes e da minha perplexidade: por que borboletas?

Agora, num lampejo de compreensão, eu sabia. Aqueles prisioneiros eram como meus pacientes terminais, que sabiam o que iria acontecer com eles. Sabiam que logo se tornariam borboletas. Ao morrer, estariam fora daquele lugar infernal. Não seriam mais torturados. Não seriam mais separados de suas famílias. Não seriam mais mandados para as câmaras de gás. Nada do que estava relacionado com aquela vida horripilante teria qualquer importância. Logo deixariam seus corpos da mesma maneira que uma borboleta deixa seu casulo. Percebi que aquela era a mensagem que queriam legar às gerações futuras.

E também me forneceram a imagem que usaria para o resto de minha carreira para explicar o processo da morte e do morrer. Contudo, ainda queria saber mais. Um dia, virei-me para meu parceiro pastor e falei:

– Vocês estão sempre dizendo: "Peça, e será atendido." Muito bem, agora estou pedindo. Ajude-me a pesquisar sobre a morte.

Ele não tinha uma resposta pronta, mas nós dois acreditávamos que a pergunta certa geralmente tem uma boa resposta.

Uma semana mais tarde, uma enfermeira me contou sobre uma mulher que, segundo ela, poderia ser uma boa candidata para as entrevistas. A Sra. Schwartz já entrara e saíra do CTI mais de dez vezes. Em todas, pensava-se que iria morrer. E em todas aquela mulher incrivelmente resistente e determinada tinha sobrevivido. As enfermeiras a viam com um misto de espanto e respeito.

– Acho que também é meio estranha – disse a enfermeira. – Ela me assusta.

Não havia nada de assustador na Sra. Schwartz quando a entrevistei para um seminário sobre a morte e o morrer. Explicou que o marido era esquizofrênico e atacava o filho mais moço, então com 17 anos, toda vez que tinha um surto psicótico. Ela receava pela vida do filho caso morresse antes que o menino alcançasse a maioridade. Se ela morresse, o marido seria o único tutor legal do filho, e não se sabia o que poderia acontecer quando o pai se descontrolasse.

– É por isso que ainda não posso morrer – explicou.

Reconheci que suas preocupações tinham fundamento e a apresentei a um defensor público, que ajudou a transferir a custódia do menino para um parente mais saudável e confiável. Aliviada, a Sra. Schwartz deixou o hospital mais uma vez, agradecida por poder viver em paz o tempo que ainda lhe restava. Não esperava encontrá-la outra vez.

Menos de um ano depois, entretanto, ela bateu à porta de meu escritório pedindo para ir novamente ao meu seminário. Eu disse que não. Minha política era não repetir casos. Era preciso que os alunos falassem com pessoas desconhecidas sobre os assuntos menos discutidos.

– Mas é por isso mesmo que tenho de falar com eles – explicou. Depois de uma longa pausa, acrescentou: – E com você também.

Uma semana mais tarde, com alguma relutância, apresentei a Sra. Schwartz a um novo grupo de alunos. De início, ela contou a mesma história que eu já tinha ouvido antes. Felizmente, a maioria dos alunos ainda não a conhecia. Desapontada por ter permitido que ela voltasse, interrompi o que dizia e perguntei:

– O que era tão urgente para fazê-la voltar ao meu seminário?

Era a deixa de que ela precisava.

Mudando de rumo, a Sra. Schwartz relatou o que viria a ser a primeira experiência de quase morte que qualquer um de nós já ouvira, embora na ocasião não fosse chamada assim.

O fato ocorreu em Indiana. Sofrendo de uma hemorragia interna, a Sra. Schwartz foi levada às pressas para um hospital e colocada num quarto particular, onde seu estado foi considerado crítico, grave demais para que fosse removida para Chicago. Sentindo que dessa vez estava perto da morte, ela ponderou se chamaria ou não uma enfermeira. Perguntou a si mesma quantas vezes mais queria passar por aquela provação que era ficar entre a vida e a morte. Agora que havia quem tomasse conta do filho, talvez estivesse pronta para morrer. Não conseguia decidir. Parte dela queria deixar-se ir. Mas a outra queria sobreviver até que o filho fosse maior de idade.

Quando refletia sobre o que fazer, uma enfermeira entrou no quarto, olhou para ela e saiu porta afora sem dizer nada. Segundo a Sra. Schwartz, precisamente nesse momento ela flutuou para fora de seu corpo físico e elevou-se para o teto. Então, uma equipe de ressuscitação entrou correndo no quarto e começou a trabalhar freneticamente para salvá-la.

Todo o tempo, a Sra. Schwartz observou a cena do alto. Viu tudo nos menores detalhes. Ouviu o que cada pessoa disse. Chegou até a saber o que estavam pensando. Surpreendentemente, não sentia dor, medo ou ansiedade por estar fora de seu corpo. Apenas uma curiosidade e um espanto enormes pelo fato de ninguém escutá-la. Pediu várias vezes que parassem com todo aquele estardalhaço porque ela estava muito bem.

– Mas eles não me ouviam – disse.

Por fim, desceu e cutucou um dos médicos, mas, para sua surpresa, seu braço passou através do braço dele. Nesse momento, tão frustrada quanto os médicos, a Sra. Schwartz desistiu de se comunicar com eles.

– Então, perdi a consciência – explicou.

Nos 45 minutos que aquilo durou, a última coisa que a Sra. Schwartz pôde observar foi que a cobriram com um lençol e a declararam morta, enquanto um residente nervoso e decepcionado contava piadas. Três horas e meia mais tarde, porém, uma enfermeira entrou no quarto para remover o corpo e encontrou a Sra. Schwartz viva.

Sua história assombrosa fascinou a todos no auditório. As pessoas se viravam para discutir com quem estava ao lado se acreditariam ou não no que tinham acabado de ouvir. Afinal, quase todos na sala eram pessoas ligadas à ciência. Perguntavam-se se ela seria louca. A Sra. Schwartz tinha a mesma dúvida. Quando lhe perguntei por que ela se dispusera a nos relatar aquela experiência, ela respondeu com outra pergunta:

– Será que ainda por cima agora sou também psicótica?

Não, certamente não. A essa altura, já conhecia bastante a Sra. Schwartz para saber que ela estava em seu juízo perfeito e dizia a verdade. No entanto, a Sra. Schwartz não tinha tanta certeza e queria uma confirmação disso. Antes de sair, perguntou mais uma vez:

– Acha que eu sou psicótica?

Seu tom de voz era aflito, e eu estava com pressa de completar a sessão. De modo que respondi com um atestado médico:

– Eu, Dra. Elisabeth Kübler-Ross, confirmo que você não é nem nunca foi psicótica.

Depois disso, a Sra. Schwartz finalmente deitou a cabeça de volta em seu travesseiro e relaxou. Naquele momento, eu soube com toda certeza que ela não estava louca. Aquela mulher tinha os parafusos no lugar.

No debate que se seguiu, os alunos queriam saber por que eu fingira acreditar na Sra. Schwartz, em vez de admitir que aquilo tudo tinha sido uma alucinação. Para minha surpresa, acho que não havia uma única pessoa na sala acreditando que a experiência da Sra. Schwartz tivesse sido verdadeira, que, na hora da morte, as pessoas mantêm a consciência, que podem observar coisas, pensar, não sentir dor, e que tudo isso nada tem a ver com psicopatologia.

– Então, como você define isso? – perguntou um dos alunos.

Eu não tinha uma resposta fácil para dar, o que os irritou. Disse a eles, porém, que ainda existiam muitas coisas que não conhecíamos ou não podíamos explicar, o que nem por isso negava a sua existência.

– Se eu soprasse um apito para cães aqui neste instante, nenhum de nós o ouviria – expliquei. – Mas um cão, sim. Isso quer dizer que o som não existe? Não seria possível que a Sra. Schwartz estivesse sintonizada numa frequência diferente da nossa? De que modo ela poderia repetir a piada que um dos médicos contou?

Explique isso. Só porque não vimos o que ela viu, isto torna a visão dela menos real?

No futuro, seria preciso ter respostas mais complexas. Naquele momento, minha preocupação era explicar que a Sra. Schwartz tivera um motivo para aparecer no seminário. Depois de verificar que nenhum aluno era capaz de adivinhar qual era esse motivo, contei-lhes que ela viera motivada por uma preocupação materna. Além disso, a Sra. Schwartz sabia que o seminário era gravado e tinha oitenta testemunhas.

– Se o incidente tivesse sido classificado como psicótico, as providências legais para a custódia do filho dela teriam sido anuladas – falei. – O marido teria readquirido o controle sobre o menino e ela não teria mais paz de espírito. Uma pessoa louca agiria assim? De jeito nenhum.

A partir daí, a história da Sra. Schwartz não me saiu da cabeça durante semanas, pois sabia que o que acontecera com ela não podia ser uma experiência excepcional. Se uma pessoa que tinha morrido era capaz de se lembrar de algo tão extraordinário quanto uma equipe de médicos tentando fazê-la reviver depois de seus sinais vitais terem parado, outras provavelmente também seriam. De uma hora para outra, o reverendo Gaines e eu nos transformamos em detetives. Nossa intenção era entrevistar vinte pessoas que tivessem sido reanimadas depois de seus sinais vitais indicarem que haviam morrido. Se meu palpite estivesse certo, logo estaríamos começando a desvendar uma nova faceta da condição humana, uma percepção inteiramente nova da vida.

25
Entre a vida e a morte

Como investigadores, o reverendo Gaines e eu mantínhamos distância um do outro. Não, não era por causa de algum desentendimento. Havíamos combinado de não comparar nossas anotações até cada um de nós ter vinte casos para comentar. Vasculhávamos sozinhos os corredores. Utilizávamos recursos externos. Pedíamos informações e seguíamos pistas à procura de pacientes que preenchessem os requisitos esperados. Nunca tivemos de pedir a um paciente para fazer nada mais além de contar o que acontecera ou o que sentira. Estavam tão ansiosos para encontrar alguém interessado em ouvi-los que as histórias jorravam aos borbotões.

E quando afinal o reverendo Gaines e eu comparamos nossas anotações, ficamos estupefatos, além de incrivelmente entusiasmados, com o material que tínhamos coletado. "Sim, vi meu pai com a maior clareza", confessou-me um paciente. Outra pessoa agradeceu ao reverendo Gaines por ter perguntado: "Estou tão contente por poder falar com alguém sobre isso. Todos a quem contei o que se passou me trataram como se eu estivesse louco, e foi tudo tão bonito e cheio de paz!" E prosseguíamos. "Eu estava enxergando outra vez", disse uma mulher que havia ficado cega em consequência de um acidente. Ao ser trazida de volta, todavia, perdera a visão novamente.

Tudo isso foi muito antes de se começar a escrever sobre experiências de quase morte ou de vida após a morte, de modo que sabíamos que nossas descobertas seriam encaradas com ceticismo, com descrença pura e simples ou ridicularizadas. Um dos casos, porém, bastou para me convencer. Uma menina de

12 anos me contou que escondera da mãe sua experiência de quase morte. Explicou que tinha sido uma experiência tão agradável que ela, naquela hora, não queria voltar. "Não quero dizer à mamãe que existe uma casa melhor do que a nossa."

Acabou contando tudo ao pai, com todos os detalhes, inclusive como tinha sido abraçada com grande carinho pelo irmão. O pai ficou impressionado. Até aquele momento, quando então ficou sabendo do fato pelo pai, nunca lhe tinham dito que tivera realmente um irmão. Ele havia morrido alguns meses antes do nascimento dela.

Enquanto pensávamos o que fazer com as descobertas, nossas vidas continuavam a seguir direções diferentes. Ambos estávamos procurando outra colocação fora da atmosfera sufocante do hospital. O reverendo Gaines saiu primeiro. No início de 1970, tornou-se pastor de uma igreja em Urbana. Também adotou o nome africano de Mwalimu Imara. Todo o tempo, eu imaginara que seria a primeira a ir embora, mas, até poder sair, tinha de continuar coordenando os seminários.

E não podia realizá-los tão bem sem meu insubstituível parceiro. Seu antigo superior, o pastor N., tomou o seu lugar. Havia contudo uma tal falta de química entre nós que, certa vez, um aluno pensou que o pastor N. fosse o médico, e eu, a conselheira espiritual. Foi desanimador.

Eu estava me preparando para desistir quando, afinal, numa sexta-feira, decidi que aquele seria o último seminário sobre a morte e o morrer de minha carreira. Sempre fui dada a extremos. Ao fim, aproximei-me do pastor N. pensando na melhor maneira de dizer a ele que não iria mais fazer os seminários. Estávamos diante da porta do elevador analisando o seminário que acabara pouco antes e discutindo outros assuntos. Quando ele apertou o botão para chamar o elevador, resolvi que tinha de aproveitar a ocasião para falar antes que ele entrasse e as portas se fechassem. Foi tarde demais. As portas do elevador se abriram.

Mal comecei a falar, uma mulher apareceu de repente atrás do pastor e diante do elevador aberto. Meu queixo caiu. A mulher flutuava no ar, quase transparente, e sorria para mim como se nos conhecêssemos.

– Meu Deus, o que é isso? – perguntei, com a voz esquisita.

O pastor N. não tinha noção do que estava se passando. Pelo modo como me olhou, pensou que eu estava perdendo o juízo.

– Acho que conheço essa mulher – falei. – Ela está olhando para mim.

– O quê? – perguntou ele, olhando e não vendo nada.

– Ela está esperando que o senhor entre no elevador para poder sair – respondi.

O pastor N., que provavelmente já estava planejando como escapar daquela situação, pulou para dentro do elevador como se fosse uma rede de segurança. Quando ele se foi, a mulher, a aparição, aquela visão, aproximou-se de mim.

– Dra. Ross, eu tinha de voltar – disse. – Importa-se se formos para seu consultório? Só preciso de alguns minutos.

A distância dali até meu consultório era pequena. Mas foi o percurso mais estranho e arrepiante que fizera até então. Será que eu estava tendo um surto psicótico? Estava realmente um pouco estressada, mas não a ponto de ver fantasmas. Especialmente fantasmas que paravam diante da porta de meu consultório, abriam a porta e me deixavam entrar primeiro como se eu fosse a visitante. Assim que ela fechou a porta, porém, a reconheci.

– Sra. Schwartz!

O que eu estava dizendo? A Sra. Schwartz morrera dez meses antes. E fora enterrada. No entanto, lá estava ela em meu consultório, de pé a meu lado. Sua aparência era a mesma de sempre, agradável mas preocupada. Eu, decididamente, não me sentia da mesma maneira, portanto, me sentei antes que desmaiasse.

– Dra. Ross, tive de voltar por duas razões – disse, claramente. – Primeiro, para agradecer tudo o que a senhora e o reverendo Gaines fizeram por mim.

Toquei com a ponta dos dedos a caneta, os papéis e a xícara de café para ter certeza de que eram reais. Eram tão reais quanto o som da voz dela.

– A segunda razão por que voltei, entretanto, foi para lhe dizer que não desista de seu trabalho sobre a morte e o morrer... ainda não.

A Sra. Schwartz veio para o lado de minha escrivaninha e me lançou um sorriso radiante. Tive um momento para pensar. Aquilo estava realmente acontecendo? Como ela sabia que eu estava planejando parar?

– Está me ouvindo? Seu trabalho apenas começou – falou. – Vamos ajudá-la.

Embora fosse difícil até para mim acreditar no que estava acontecendo, não pude deixar de dizer:

– Sim, estou ouvindo.

Subitamente, percebi que a Sra. Schwartz já sabia o que eu estava pensando e tudo o que ia dizer. Decidi ter uma prova de que ela estava mesmo ali ao lhe entregar uma caneta e uma folha de papel e pedi-lhe para redigir um bilhete para o reverendo Gaines. Ela rabiscou um rápido agradecimento.

– Agora está satisfeita? – perguntou.

Para ser franca, eu não sabia bem o que estava sentindo. Um instante depois, a Sra. Schwartz desapareceu. Procurei-a por toda parte, não encontrei, voltei correndo para meu consultório e examinei o bilhete dela, apalpando a folha de papel e analisando a caligrafia. Então me contive. Por que duvidar? Por que continuar questionando?

Como aprendi desde então, se não estivermos prontos para experiências místicas, nunca acreditaremos nelas. Se estivermos abertos, porém, essas experiências virão a nós, acreditaremos nelas e, ainda por cima, mesmo que o nosso destino dependa disso naquele instante, saberemos que são absolutamente reais.

De uma hora para outra, a última coisa no mundo que queria fazer era abandonar meu trabalho. Alguns meses mais tarde, iria mesmo deixar o hospital, mas naquela noite fui para casa revigorada e animada quanto ao futuro. Sabia que a Sra. Schwartz tinha impedido que eu cometesse um terrível engano. O bilhete dela foi enviado para Mwalimu. Durante muito tempo, mais do que qualquer outra pessoa, ele foi o único a quem contei sobre meu encontro com a Sra. Schwartz. Manny teria me criticado, como todos os outros médicos. Mas Mwalimu era diferente.

Estávamos voando mais alto, num plano diferente. Até então, tínhamos tentado definir a morte. Agora, nosso objetivo era o que está adiante – a vida após a morte. Apesar de Mwalimu estar ocupado com sua nova igreja, fizemos um acordo. Resolvemos que continuaríamos a entrevistar pacientes e reunir informações sobre a vida após a morte. Havia muito trabalho a fazer. Afinal, eu tinha prometido à Sra. Schwartz.

PARTE III

"O BÚFALO"
(final da meia-idade)

◎

*O búfalo adora vagar pelas pradarias.
Analisa a vida de uma posição
confortável e espera um dia livrar-se
da pesada carga e tornar-se uma águia.*

26
JEFFY

Em meados de 1970, Manny sofreu um ataque cardíaco brando. Quando estava no hospital, julguei que não haveria problemas se levasse nossos filhos Kenneth e Barbara para visitá-lo. Afinal de contas, Manny trabalhava lá como médico consultor e o próprio hospital se vangloriava de oferecer seminários baseados em meu livro à sua equipe. Havia motivos para esperar alguns progressos na maneira como os pacientes e suas famílias eram tratados. Entretanto, na primeira vez em que levei as crianças para ver o pai, fomos barrados na entrada do setor de cardiologia por um guarda que disse:

– Não é permitida a entrada de crianças.

Rejeição? Eu já sabia como lidar com isso, não era problema. A caminho do hospital, havia reparado numa construção no estacionamento. Saí com as crianças e as levei até os fundos, acendi uma lanterna e atravessei com elas um pátio que dava num ponto exatamente embaixo da janela de Manny. Dali, mostramos cartazes com mensagens e acenamos. Mas ao menos as crianças viram que o pai estava bem.

Medidas tão extremas deveriam ser desnecessárias. As crianças passam pelos mesmos estágios de perda que os adultos. Quando não recebem a atenção devida, o processo é interrompido e elas desenvolvem problemas graves que podem ser facilmente evitados. No Hospital de Chicago, observei certa vez um menino que subia e descia num dos elevadores. Primeiro, pensei que estivesse perdido, até perceber que estava se escondendo. Finalmente, notou que eu o observava e reagiu atirando uma porção de pedaços de papel no chão. Quando saiu, catei os pedaços de papel, juntei-os e vi o que ele tinha escrito ali: "Obrigado por matar meu pai." Teriam bastado algumas visitas para prepará-lo para aquela perda.

Mas quem era eu para falar? Um mês antes de finalmente deixar o hospital, um de meus pacientes terminais perguntou por que eu não trabalhava com crianças que estavam morrendo.

– É mesmo, não é que você tem razão? – exclamei.

Embora dedicasse todo o meu tempo livre à função de mãe de Kenneth e Barbara, que estavam crescendo e se tornando ótimas pessoas, evitava trabalhar com crianças em estado terminal. Era uma ironia, considerando-se que eu pensara em ser pediatra.

A razão de minha aversão deixou de ser um mistério quando refleti melhor sobre o assunto. Toda vez que eu tinha algum contato com uma criança que sofresse de uma doença terminal, via Kenneth ou Barbara em seu lugar, e a ideia de perder um dos dois era inconcebível para mim. Contudo, superei aquele obstáculo com um emprego no Hospital de Crianças La Rabida. Lá, eu tinha de trabalhar com crianças muito doentes, portadoras de doenças crônicas ou terminais. Foi a melhor coisa que fiz. Logo me arrependi de não ter trabalhado com elas desde o início.

Eram ainda melhores professores que os adultos. Ao contrário dos pacientes mais velhos, as crianças não haviam acumulado "assuntos pendentes". Não tinham uma vida inteira de relacionamentos pessoais mal resolvidos nem um currículo de enganos e erros. Muito menos se sentiam obrigadas a fingir que estava tudo bem. Sabiam instintivamente quão doentes estavam, ou que estavam de fato morrendo, e não escondiam seus sentimentos a respeito.

Tom, um menino que tinha uma doença crônica, era um bom exemplo do tipo de criança com a qual eu trabalhava. Não se conformava em estar sempre no hospital com problemas nos rins. Ninguém se dera o trabalho de ouvir o que ele pensava. Como resultado, estava cheio de raiva contida. Não se comunicava. As enfermeiras não conseguiam cuidar dele. Em vez de sentar em sua cama, levei-o para fora, até o lago próximo. De pé na margem, ele ficou atirando pedrinhas na água. Daí a pouco, estava vociferando contra seus rins e todos os outros problemas que o impediam de levar a vida normal de um menino.

Em vinte minutos, porém, era outra criança. O único truque que eu usara tinha sido dar a ele o conforto de poder expressar seus sentimentos reprimidos.

Procurava ser uma boa ouvinte. Lembro-me de uma menina de 12 anos que estava hospitalizada porque tinha lúpus. Pertencia a uma família muito religiosa e seu maior sonho era passar o Natal em casa. Compreendi o que aquilo significava, e não apenas porque o Natal era uma data especial para mim. O médico dela, entretanto, recusou-se a deixá-la sair do hospital, alegando que o menor resfriado poderia ser fatal.

– E se fizermos um grande esforço para que ela não pegue um resfriado? – indaguei.

Como o médico não mudou de ideia, a terapeuta musical da menina e eu a embrulhamos num saco de dormir, saímos com ela clandestinamente por uma janela e fomos para sua casa, onde ela cantou cânticos de Natal a noite inteira. Apesar de ter voltado para o hospital na manhã seguinte, nunca vi criança mais feliz. Muitas semanas mais tarde, depois de sua morte, o médico, que fora tão rigoroso, admitiu que estava contente por ela ter realizado seu maior desejo.

Em outra ocasião, ajudei a equipe do hospital a superar o sentimento de culpa generalizado devido à morte repentina de uma adolescente. Ela estava tão doente que era obrigada a manter repouso absoluto em sua cama, o que não a impediu de se apaixonar loucamente por um dos terapeutas ocupacionais. Tinha um temperamento maravilhoso. Quando o pessoal do hospital deu uma festa na enfermaria para comemorar o Dia das Bruxas, ela compareceu, numa deferência especial, de cadeira de rodas. Foi uma daquelas festas barulhentas, com música alta e, num impulso de espontaneidade, ela se levantou da cadeira para dançar com o rapaz de quem gostava. Deu alguns passos e, subitamente, caiu morta.

Nem é preciso dizer que a festa acabou e todos foram dominados por um tremendo sentimento de culpa. Quando conversei com a equipe do hospital numa sessão de grupo, perguntei o que teria sido mais importante para aquela garota: viver mais alguns poucos meses como inválida ou dançar com seu amor numa grande festa?

– Se ela se arrependeu de alguma coisa, certamente foi de não ter dançado mais tempo.

Não é assim com a vida de um modo geral? Ela ao menos conseguiu dançar um pouco.

Aceitar o fato de que as crianças também morrem nunca é fácil, mas aprendi que as crianças, muito mais que os adultos, nos dizem exatamente do que precisam para ficar em paz. A maior dificuldade é saber ouvi-las. O melhor exemplo que sempre encontro é a história de Jeffy, um menino de 9 anos que lutou contra a leucemia durante a maior parte da vida. Contei essa história inúmeras vezes pelos anos afora, mas tem sido tão benéfica e, como um amigo querido, Jeffy é de tal forma parte da minha vida que vou repetir minhas lembranças sobre ele, narradas em meu livro *A importância vital da morte*:

> [Jeffy] entrava e saía do hospital. Era um menino muito doente quando o vi pela última vez ali. Seu sistema nervoso central estava comprometido. Mal se sustentava nas pernas. Parecia um homenzinho bêbado. Sua pele era muito pálida, quase sem cor. Tinha perdido o cabelo muitas e muitas vezes em consequência da quimioterapia. Não conseguia nem mais olhar para agulhas de injeção, tudo era muito doloroso para ele.
>
> Eu sabia que aquela criança tinha, no máximo, mais algumas semanas de vida. Naquele dia, estava de plantão um médico jovem, novo no hospital. Quando entrei, ouvi-o dizer aos pais de Jeffy:
>
> – Vamos tentar a quimioterapia novamente.

Eu quis saber dos pais e do médico se já tinham perguntado a Jeffy se ele estava disposto a passar por outra série daquele tratamento. Os pais amavam incondicionalmente o filho e assim permitiram que eu fizesse essa pergunta a Jeffy na presença deles. Jeffy me deu uma resposta maravilhosa, naquela maneira de falar típica das crianças:

– Não entendo vocês, adultos. Por que fazem as crianças ficarem tão doentes para poderem depois ficar boas?

Falamos sobre aquilo. Era a forma de Jeffy manifestar seus naturais quinze segundos de raiva. Aquela criança tinha autoconfiança, disciplina interior e amor-próprio suficientes para ter a coragem de dizer "Não, obrigado", que foi o que Jeffy fez com relação à quimioterapia. Os pais ouviram, respeitaram e acataram a resposta dele.

Quis me despedir de Jeffy, mas ele disse:

– Não, quero ter certeza de que vão me levar para casa hoje.

Quando uma criança diz "Leve-me para casa hoje", significa que há uma grande urgência e não devemos adiar a ida. Sendo assim, perguntei aos pais se estavam dispostos a levá-lo para casa. Os pais tinham coragem e amor pelo filho e, portanto, concordaram. Mais uma vez, tentei me despedir. Mas Jeffy, como todas as crianças que ainda são incrivelmente francas e simples, disse:

– Quero que você vá para minha casa comigo.

Olhei para meu relógio, o que, numa linguagem simbólica e não verbal, quer dizer: "Sabe, não tenho tempo de ir para casa com todas as crianças de quem cuido." Sem que eu dissesse uma palavra, Jeffy compreendeu na hora e falou:

– Não se preocupe, só vai levar uns dez minutos.

Fui para casa com ele, sabendo que nos dez minutos seguintes Jeffy iria resolver sua questão pendente. Fomos juntos no veículo, os pais, Jeffy e eu. Subimos a entrada para carros e a garagem foi aberta. Jeffy disse ao pai, do modo mais natural:

– Por favor, desça a minha bicicleta da parede.

Jeffy tinha uma bicicleta nova em folha que estava pendurada em dois ganchos na garagem. Por muito tempo, o sonho da vida dele tinha sido poder, ao menos uma vez, dar uma volta de bicicleta no quarteirão. Assim, o pai comprara para ele uma bicicleta linda. Por causa da doença, no entanto, ele nunca pudera usá-la. Fazia três anos que estava pendurada naqueles ganchos. Agora, Jeffy pedia ao pai que a tirasse de lá. Com os olhos molhados, pediu que prendesse as rodinhas laterais na bicicleta. Não sei se vocês têm ideia de quanta humildade um menino de 9 anos precisa ter para pedir ao pai que coloque aquelas rodinhas em sua bicicleta, pois só as crianças pequenas costumam usá-las.

E o pai, com lágrimas nos olhos, colocou as rodinhas na bicicleta do filho. Jeffy parecia uma pessoa embriagada, mal conseguia ficar de pé. Quando o pai acabou de prender as rodinhas, Jeffy me lançou um olhar e disse:

– E você, Dra. Ross, está aqui para segurar minha mãe.

Jeffy sabia que a mãe tinha um problema, uma pequena questão não resolvida. Ela ainda não havia aprendido a ter o tipo de amor que é capaz de dizer "não" às próprias necessidades. A maior necessidade dela naquela hora era pegar seu filho doente no colo, como uma criança de 2 anos, sentá-lo na bicicleta e segurá-lo ali, enquanto ele fazia a volta no quarteirão. O que teria fraudado a maior vitória da vida dele.

Portanto, segurei sua mãe e seu pai me segurou. Nós três nos seguramos e aprendemos pela maneira mais dura como às vezes é difícil e doloroso permitir que uma criança vulnerável, no estágio terminal de uma doença, busque uma vitória e corra o risco de cair, machucar-se, sangrar. E Jeffy saiu na bicicleta.

Depois de uma eternidade, ele voltou. E era a pessoa mais orgulhosa que já se viu. Tinha um sorriso exultante que ia de uma orelha a outra. Parecia ter ganhado uma medalha olímpica de ouro. Desceu da bicicleta muito digno e, com autoridade, pediu ao pai para tirar as rodinhas da bicicleta e levá-la para seu quarto. Então, sem sentimentalismos, de uma maneira muito bonita e direta, Jeffy voltou-se para mim e disse:

– E agora, Dra. Ross, você pode ir para casa.

Duas semanas mais tarde, a mãe de Jeffy telefonou-me e disse:
– Tenho de lhe contar o fim da história.
Depois que eu saí, Jeffy disse:
– Quando meu irmão chegar da escola – o irmão mais novo Dougy estava no primeiro ano –, peçam a ele para subir. Mas sem adultos junto, por favor.
Quando Dougy chegou, mandaram-no ir ao quarto do irmão, como tinha sido pedido. Algum tempo depois, Dougy desceu, mas se recusou a contar aos pais o que ele e Jeffy tinham falado. Havia prometido manter segredo até seu aniversário, dali a duas semanas. Jeffy morreu uma semana antes. Dougy fez aniversário e contou o que até então tinha sido um segredo entre eles.
Em seu quarto, Jeffy dissera a Dougy que queria ter o prazer de dar pessoalmente a ele sua muito querida bicicleta. Mas não podia esperar mais duas semanas até o aniversário de Dougy porque até lá ele estaria morto. Por isso, queria dar a bicicleta a Dougy naquele momento.
Mas com uma condição: que nunca usasse aquelas rodinhas horrorosas.

Na época em que estava começando meu trabalho com pacientes terminais, os médicos me acusavam de explorar pessoas que eles alegavam estar além de qualquer esperança. Esses médicos foram aqueles que não escutaram quando argumentei que é possível ajudar, e mesmo curar, pacientes terminais até o fim. Foram necessários dez anos de trabalho duro, mas a história de Jeffy e as milhares de outras que surgiram por causa do trabalho que realizei e inspirei eram histórias que eles não tinham outra alternativa a não ser ouvir.

27
A VIDA ALÉM DA MORTE

Até 1973, ajudei crianças doentes em La Rabida a fazer a transição entre a vida e a morte. Ao mesmo tempo, assumi a responsabilidade da diretoria do Centro de Assistência Familiar, uma clínica de doenças mentais. Pensava que o pior que poderiam dizer a meu respeito é que eu tentava fazer coisas demais. Mas subestimei a capacidade das pessoas. Certo dia, o diretor da clínica me viu tratando uma mulher pobre e, mais tarde, me repreendeu por atender a pacientes que não podiam pagar. Era o mesmo que me pedir para deixar de respirar.

Eu não iria parar de agir daquela maneira. Quando alguém me contratava, levava de quebra os meus princípios. Durante uns dois dias, discutimos a questão. Enquanto eu argumentava que os médicos têm a responsabilidade de tratar pacientes necessitados sem se importar se eles podem pagar ou não, ele dizia que tinha um negócio a dirigir. Afinal, tentou chegar a um acordo, sugerindo que eu cuidasse de meus casos de caridade durante a hora do almoço. Como garantia de que poderia controlar a maneira como administrava meu tempo, determinou que eu utilizasse o cartão de um relógio de ponto.

Não, obrigada. Pedi demissão e, aos 46 anos, passei a ter tempo para trabalhar em projetos novos e interessantes, como meu primeiro workshop sobre Vida, Morte e Transição, que consistiria em um curso intensivo de uma semana de palestras para grupos, entrevistas com pacientes terminais, sessões de perguntas e respostas e exercícios individuais, montado para ajudar as pessoas a superarem a raiva e as tristezas de suas vidas – o que eu chamava de questões pendentes. Essas questões pendentes poderiam ser a morte de um pai ou mãe que nunca tinha sido chorada, um abuso sexual nunca admitido ou qualquer outro trauma. Manifestadas num ambiente seguro, elas entrariam em processo de cura para tornar as pessoas capazes de levarem a vida digna e verdadeira que permitia que se tivesse uma boa morte.

Logo recebi propostas para realizar esses cursos pelo mundo todo. Recebia em minha casa cerca de mil cartas por semana. O telefone parecia tocar o mesmo número de vezes. Minha família se ressentia das pressões crescentes que a minha popularidade exercia sobre nós, mas mesmo assim me apoiava. Minhas pesquisas sobre a vida depois da morte tomaram um impulso irrefreável. Por volta do início da década de 1970, Mwalimu e eu já tínhamos entrevistado aproximadamente vinte mil pessoas que se encaixavam no perfil esperado, com idades que iam de 2 a 99 anos e culturas das mais diversas, como esquimós, índios americanos, protestantes e muçulmanos. Em todos os casos, as experiências eram tão semelhantes que os relatos tinham de ser verdadeiros.

Até então, eu não acreditava absolutamente em vida depois da morte, mas os dados me convenceram de que aqueles casos não eram coincidências ou alucinações. Uma mulher, declarada morta após um acidente de carro, disse que tinha voltado à vida depois de ver o marido. Mais tarde, os médicos lhe contaram que ele havia morrido em outro acidente de carro do outro lado da cidade. Num outro relato, um homem de cerca de 30 anos contou que cometera suicídio depois de perder a mulher e os filhos num acidente. Depois de morto, porém, viu sua família e, ao constatar que estavam todos bem, voltou a viver.

As pessoas não só nos relatavam que a experiência da morte era isenta de dor, como diziam também que não queriam voltar. Depois de encontrar os entes queridos, ou guias, viajavam para um lugar onde havia tanto bem-estar e amor que não queriam retornar. Precisavam ser persuadidas. "Não está na hora" era o que praticamente todas ouviam. Lembro-me de ter visto um menino de 5 anos fazer um desenho para explicar à mãe como tinha sido agradável sua experiência com a morte. Primeiro, desenhou um castelo com cores vivas e disse: "Aqui é onde Deus mora." Depois, acrescentou uma estrela brilhante: "Quando vi a estrela, ela disse para mim: seja bem-vindo à sua casa."

Essas descobertas notáveis levaram a uma ainda mais extraordinária conclusão científica: a de que a morte não existe – não de acordo com a definição tradicional. Tinha a impressão de que uma nova definição teria de ir além da morte do corpo físico. Deveria considerar a prova que tínhamos, a de que o homem possuía alma e espírito, tinha uma razão mais elevada para a vida, para a poesia, algo mais do que a mera existência e a sobrevivência, algo que continuava.

Os pacientes terminais passavam pelos cinco estágios, e, "depois de ter feito tudo o que temos a fazer na Terra, podíamos deixar nosso corpo, que aprisiona nossa alma como um casulo aprisiona a futura borboleta", a pessoa passaria pela maior experiência de sua vida. Não era relevante a causa da morte ter sido um acidente de carro ou um câncer (embora alguém que morra num acidente de avião ou outro acontecimento repentino e inesperado possa não saber de imediato que está morto). Na morte não havia dor, medo, ansiedade ou tristeza. Só o calor e a quietude da transformação em borboleta.

De acordo com as entrevistas que compilei, a morte ocorria em diversas fases distintas.

FASE UM – Na primeira fase, as pessoas flutuavam para fora de seus corpos. Quer morressem numa sala de operação, num acidente de carro ou ao cometer suicídio, todos contavam que haviam presenciado tudo o que se passara no lugar de onde tinham saído. Flutuavam para fora do corpo como borboletas deixando o casulo. Assumiam uma forma etérea. Sabiam o que estava acontecendo, ouviam as pessoas falando entre si, sabiam quantos médicos estavam ali cuidando delas ou viam os esforços que estavam sendo feitos para retirá-las de veículos destroçados. Um dos homens sabia o número da placa do carro que batera no seu e fugira. Outros repetiam as palavras que seus parentes haviam dito à sua cabeceira no momento da morte.

Nessa primeira fase, também experimentavam a sensação de integridade. Por exemplo, um cego recuperaria a visão. Um deficiente físico poderia movimentar-se alegremente sem nenhum esforço. Uma mulher contou que gostou tanto de dançar no alto de seu quarto de hospital que ficou tremendamente deprimida quando teve de voltar. Na realidade, a única queixa das pessoas com quem falei foi não terem continuado mortas.

FASE DOIS – Nesse ponto, as pessoas já haviam deixado seus corpos para trás e diziam que se encontravam num estado de vida depois da morte que só pode ser definido como espírito e energia. Sentiam-se reconfortadas ao descobrir que nenhum ser humano jamais morre sozinho. Não importa onde ou como tivessem morrido, eram capazes de ir a qualquer lugar com a rapidez do pensamento. Algumas contaram que, assim que pensaram como sua morte afetaria os membros de sua família, viram-se perto deles, mesmo dos que estavam do outro lado do mundo. Outras, que tinham morrido em ambulâncias, lembravam-se de subitamente estarem com os amigos no trabalho.

Concluí que esta fase era a mais consoladora para as pessoas que choravam a morte de um ente querido, em especial no caso de uma morte trágica e repentina. Uma coisa é alguém definhar durante um longo tempo por causa de um câncer. Todos – o paciente e a família – têm tempo de se preparar para a morte que virá. Uma morte em um acidente de avião cria uma situação mais difícil. Os que morrem ficam tão confusos quanto suas famílias e, nessa fase, têm tempo para entender o que aconteceu. Por exemplo, estou segura de que as pessoas que morreram no acidente com o voo 800 da Trans World Airlines, no dia 17 de julho de 1996, estavam com suas famílias no serviço fúnebre que foi depois realizado na praia.

Todos os que entrevistei também lembravam-se dessa fase como sendo aquela em que se encontravam com seus anjos da guarda, guias ou, como as crianças muitas vezes diziam, seus amigos ou companheiros de brincadeiras. Descreviam seus anjos como guias, reconfortando-os com carinho e levando-os à presença de pais, avós, parentes ou amigos mortos anteriormente. Essa fase era lembrada como uma ocasião alegre, de reunião, troca de afeto, tempo recuperado e abraços.

FASE TRÊS – Guiados por seu anjo da guarda, meus pacientes passavam então para a terceira fase, entrando no que costumava ser descrito como um túnel, ou um portão intermediário, embora as pessoas mencionassem uma grande variedade de outras imagens: uma ponte, um desfiladeiro em uma montanha, um bonito riacho – basicamente o que era mais confortador para cada um. Criavam essas imagens com energia psíquica e, no final, viam uma luz brilhante.

Aproximavam-se levados por seu guia e sentiam a luz irradiando calor, energia, espiritualidade e amor intensos. Mais do que tudo, amor. Amor incondicional. As pessoas diziam que sua força era irresistível. Sentiam entusiasmo, paz, tranquilidade e a expectativa de afinal estarem indo para casa. A luz, diziam elas, era a fonte primordial de energia do universo. Algumas afirmavam que era Deus. Outras contavam que era Cristo ou Buda. Mas todas concordavam em uma coisa: sentiam-se envolvidas por um amor irresistível. Era o amor mais puro e incondicional. Depois de ouvir milhares de pessoas descreverem a mesma jornada, compreendi por que nenhuma delas queria voltar a seu corpo físico.

Todas com quem ela conversou afirmaram, contudo, que aquilo teve profundo efeito em suas vidas. Fora como uma experiência religiosa. Algumas tinham recebido grandes conhecimentos.

Outras tinham voltado com dons proféticos. Outras ainda passaram a ter um novo discernimento, uma nova capacidade de avaliação. Mas todas vivenciaram a mesma epifania de pensamento: ver a luz ensinara que só há uma explicação para o significado da vida: o amor.

FASE QUATRO – Nessa fase, as pessoas declaravam que haviam estado na presença da Fonte Superior. Algumas a chamavam de Deus. Outras diziam simplesmente saber que estavam rodeadas por todo o conhecimento que existe, passado, presente e futuro, e que esse conhecimento era benevolente e isento. As que chegavam até esse ponto não precisavam mais de sua forma etérea. Transformavam-se em energia espiritual, a forma que os seres humanos assumem entre as vidas e quando cumprem seu destino. Vivenciavam uma sensação de unidade, de existência plena.

Nesse estágio, as pessoas passavam por uma revisão de suas vidas, um processo no qual se viam diante da totalidade de suas vidas. Repassavam cada ação, palavra e pensamento. As razões de cada uma de suas decisões, pensamentos e ações tornava-se compreensível. Viam como suas ações tinham afetado outras pessoas, até as desconhecidas. Viam o que suas vidas poderiam ter sido, o potencial que tinham. Era mostrado a elas de que modo as vidas de todas as pessoas estão entrelaçadas, que cada pensamento e ação tem o efeito de uma ondulação que atinge todas as outras formas de vida do planeta.

Interpretei como sendo o céu ou o inferno. Ou talvez os dois.

O maior dom de Deus para o homem é o livre-arbítrio. Mas isto requer responsabilidade – a responsabilidade de fazer escolhas certas, as melhores, as escolhas mais ponderadas e impregnadas de respeito, capazes de trazer benefícios para o mundo, de melhorar a humanidade. Nessa fase, as pessoas diziam que lhes tinham perguntado: "Quais serviços você prestou?" Era a pergunta mais difícil de responder. Exigia que as pessoas verificassem se haviam ou não feito as melhores opções na vida. Descobriam se tinham ou não aprendido as lições que deveriam ter aprendido, sendo que a lição fundamental era o amor incondicional.

A conclusão básica a que cheguei, e que se mantém inalterada desde então, é que todas as pessoas, sejam ricas ou pobres, norte-americanas ou russas, possuem necessidades, carências e preocupações semelhantes. Na realidade, nunca encontrei uma pessoa cuja maior necessidade não fosse o amor.
Amor incondicional, verdadeiro.
Pode-se encontrá-lo num casamento ou num simples gesto de bondade a alguém que precisa de ajuda. Mas o amor é inconfundível. É sentido no coração. É a fibra comum da vida, a chama que nos aquece a alma, ativa nosso espírito e fornece paixão às nossas existências. É nosso vínculo com Deus e com cada uma das outras pessoas.
Todas as pessoas passam por dificuldades na vida. Algumas são grandes e outras não parecem tão importantes. Mas são lições que temos de aprender. Fazemos isso através das escolhas, das opções. Para ter uma boa vida, e consequentemente uma boa morte, digo às pessoas para fazerem suas escolhas tendo em vista o objetivo do amor incondicional e perguntando a si mesmas: "Quais serviços estou prestando?"
A capacidade de fazer escolhas é a liberdade que Deus nos deu, a liberdade para crescer e amar.
A vida é uma responsabilidade. Tive de decidir se tratava ou não de uma mulher que ia morrer e não podia pagar um tratamento psiquiátrico. Fiz minha escolha baseada naquilo que meu coração achava ser o certo, ainda que me tivesse custado o emprego. Para mim, estava ótimo. Ainda teria outras escolhas a fazer. A vida é cheia delas.
Em princípio, o que quero dizer é que cada pessoa escolhe se vai sair do torno triturada ou com um polimento brilhante.

28
A PROVA

Em 1974, durante seis meses, fiquei acordada até tarde da noite batalhando para escrever meu terceiro livro, *Morte, o estágio final do crescimento*. Só o título já dava a impressão de que eu tinha todas as respostas sobre a morte. Entretanto, no dia em que terminei o livro, 12 de setembro daquele ano, minha mãe morreu na clínica de repouso onde passara os últimos quatro anos e me vi perguntando a Deus por que transformara num vegetal aquela mulher, que, por 81 anos, dera apenas amor, abrigo e afeição a todos, e a mantivera nesse estado por tanto tempo. Até no enterro dela, blasfemei contra Sua crueldade.

Então, por incrível que pareça, de repente mudei de ideia e passei a agradecer a Ele por Sua generosidade. Parece loucura, não é? Também me pareceu – mas ocorreu-me que a lição final de minha mãe tinha sido aprender a receber afeição e cuidados dos outros, algo que nunca soubera fazer muito bem. Daí em diante, agradeci a Deus por ensinar isso a ela em apenas quatro anos. Poderia ter levado muito mais tempo.

Embora a vida se desenrole cronologicamente, as lições vêm quando precisamos delas. Na Semana Santa anterior, eu tinha ido ao Havaí para coordenar um workshop. As pessoas me consideravam uma especialista em assuntos sobre a vida. E o que aconteceu? Acabei aprendendo uma lição imensamente importante sobre mim mesma. Foi um ótimo workshop, mas uma temporada desagradável porque o homem que o organizou era um grande pão-duro. Reservou um lugar horrível para nós, reclamou que comíamos demais e cobrou até pelo papel e pelo lápis de cera que usamos.

Na volta para casa, parei na Califórnia. Alguns amigos foram me buscar no aeroporto e perguntaram como tinha sido o workshop. Estava tão perturbada que nem respondi. Então, tentando fazer uma brincadeira, eles disseram:

– Conte então sobre os ovos que o coelhinho da Páscoa trouxe.

Por algum motivo, ao ouvir aquilo, comecei a chorar descontroladamente. Extravasei toda a raiva e frustração que havia reprimido na semana anterior. Não costumava ter aquele tipo de comportamento.

Mais tarde, à noite, no aconchego e segurança de meu quarto, analisei o que poderia ter causado aquela explosão. A referência aos coelhinhos da Páscoa tinha desencadeado a lembrança da ocasião em que meu pai mandara que eu levasse Blackie para o açougueiro. De repente, toda a dor, raiva e injustiça que reprimira durante quase quarenta anos vieram à tona. Chorei as lágrimas que deveria ter chorado à época. Também percebi que tinha alergia a homens avarentos. Todas as vezes que encontrava um, ficava tensa, vivendo inconscientemente a morte de meu coelhinho favorito. Afinal, aquele sovina do Havaí me fizera explodir.

Como era de se esperar, fiquei me sentindo muito melhor depois de exteriorizar aqueles sentimentos.

É impossível levar uma vida de qualidade superior se não nos livramos de nossa negatividade, de nossas questões pendentes... de nossos coelhinhos pretos.

Se ainda havia outro coelhinho preto dentro de mim, era minha necessidade – como "uma coisinha insignificante de menos de 1 quilo" – de ter de provar constantemente a mim mesma que merecia estar viva. Aos 49 anos, não conseguia desacelerar. Manny também estava ocupado construindo sua carreira. Não havia muito tempo para um relacionamento saudável. O antídoto perfeito, pensava, seria comprar uma fazenda, algum lugar afastado onde eu pudesse recarregar minhas baterias, relaxar com Manny e dar às crianças a oportunidade de viver experiências com a natureza que fossem semelhantes às que eu tivera em minha infância. Tinha em mente grandes extensões de terra, árvores, flores e animais. Manny não partilhava de todo o meu entusiasmo, mas ao menos reconhecia que as viagens de carro que fazíamos para procurar fazendas eram oportunidades para ficarmos juntos.

Em nossa última viagem no verão de 1975, encontramos o local perfeito na Virgínia. Os campos pareciam gravuras de um livro, inclusive com morros sagrados indígenas. Fiquei encantada. Manny também parecia ter gostado, a julgar pela maneira como tirava fotografias do lugar com uma câmera cara que um amigo lhe havia emprestado. Falamos sobre o assunto no carro, enquanto Manny me levava para um hotel em Afton, onde eu iria coordenar um workshop no dia seguinte. Depois de me deixar lá, Manny e as crianças seguiriam de volta para Chicago.

No entanto, ao entrar na cidade, passamos por uma pequena casa de aspecto esquisito. Uma mulher que estava na varanda correu na direção de nosso carro acenando freneticamente com os braços. Pensando que ela precisava de ajuda, Manny parou o carro. Acontece que a mulher, uma total desconhecida, sabia onde eu dormiria naquela noite e estava esperando que passasse a caminho do hotel. Pediu que a acompanhasse até sua casa.

– Tenho uma coisa muito importante para lhe mostrar – explicou.

Por mais estranho que pareça, isso não era nem um pouco fora do comum – não para mim. Naquela época, eu já estava acostumada a encontrar pessoas que não mediam esforços para conversar comigo ou dizer que precisavam urgentemente me fazer alguma pergunta. Como sempre procurava atender a todos, expliquei que ela tinha dois minutos para mostrar o que queria. A mulher concordou e entramos na casa. Levou-me para uma pequena e acolhedora sala de estar e apontou para uma fotografia que estava sobre a mesa.

– Aqui está – disse. – Olhe.

À primeira vista, a imagem era simplesmente a de uma flor

bonita, mas olhei de perto e vi que sobre a flor havia uma pequena criatura com rosto, corpo e asas.

Voltei-me para a mulher. Ela balançou a cabeça.

– É uma fada, não é? – perguntei, sentindo meu coração bater mais forte.

– O que acha? – replicou.

Às vezes, não vale a pena pensar tanto com a cabeça, mas com o instinto, e aquela foi uma dessas ocasiões. Àquela altura de minha vida, estava aberta a tudo e a todos. Havia dias em que eu tinha a impressão de que uma cortina estava sendo levantada para me dar acesso a um mundo que ninguém jamais vira antes. Lá estava uma prova. Era um daqueles momentos críticos. Normalmente, eu teria pedido uma xícara de café e feito a mulher falar até cansar. Porém, minha família estava esperando no carro. Não tinha tempo para perguntas. Mas aceitei a fotografia.

– Quer uma resposta sincera ou uma resposta bem-educada? – perguntei.

– Não tem importância – respondeu. – Já deu sua resposta.

Antes que eu tivesse tempo de sair, ela me entregou uma máquina fotográfica Polaroid, fez sinal para que a seguisse por uma porta de fundos que dava em um jardim bem-cuidado e pediu que eu fotografasse qualquer planta ou flor que desejasse. Para satisfazê-la e poder sair dali, tirei uma fotografia e puxei o filme da máquina. Segundos depois, outra fada apareceu focalizada sobre a flor. Por um lado, eu estava surpresa. Por outro, tentava imaginar qual seria o truque. E outro lado meu agradeceu apressado e foi ao encontro de Manny e as crianças, embora eu tenha inventado uma história qualquer quando eles perguntaram o que a mulher queria. Infelizmente, havia um número cada vez maior de coisas que não podia contar à minha família.

Antes de me deixar no hotel, Manny me entregou a máquina fotográfica emprestada, pois achava que seria mais seguro eu levar aquele objeto tão caro de volta para casa no avião do que ele correr o risco de ser roubado no hotel à beira da estrada, onde planejavam passar a noite. Fez uma preleção sobre a importância de cuidar muito bem de uma máquina tão dispendiosa como aquela, uma arenga que eu já ouvira tantas vezes que nem me dei o trabalho de prestar muita atenção.

– Prometo não tocar nela – disse, pendurando-a no ombro e mais tarde rindo do paradoxo de não poder tocá-la e ao mesmo tempo estar com a máquina junto ao corpo.

Quando fiquei sozinha, comecei a pensar nas fadas. Ouvira falar delas pela primeira vez nas histórias que lia em criança. Além disso, eu também conversava com minhas plantas e flores. Ainda assim eu não acreditava que existissem fadas de verdade. Mas não conseguia parar de pensar naquela estranha mulher que fotografava fadas. Era uma prova convincente e intrigante. E havia também o fato de eu ter sido capaz de fazer o mesmo com a máquina Polaroid dela. Se fosse um truque, era muito bom. Mas eu não achava que pudesse ser.

Desde a visita da Sra. Schwartz, havia aprendido a não desprezar as coisas só porque não podia explicá-las. Acreditava que todos temos um anjo da guarda ou um guia que toma conta de nós. Nos campos de batalha da Polônia, nos alojamentos de Maidanek ou nos corredores dos hospitais, muitas vezes tinha sentido que estava sendo guiada por algo mais forte do que eu.

E agora, fadas?

Quando estamos preparados para experiências místicas, elas acontecem conosco. Se estivermos abertos a essas experiências, teremos nossos encontros espirituais.

Ninguém poderia estar mais aberto do que eu quando voltei para meu quarto de hotel. Peguei a câmera do amigo de Manny – o fruto proibido, em que prometera não tocar –, fui até um campo coberto de relva próximo a um bosque, encontrei uma clareira diante de uma pequena elevação e me sentei. A paisagem lembrava meu esconderijo secreto da infância atrás de nossa casa, em Meilen. Restavam ainda três fotos por bater no rolo de filme da máquina.

Três fotos: na primeira tentativa, enquadrei a colina à minha frente, com o bosque ao fundo. Antes de tirar a segunda foto, lancei um desafio em voz alta: "Se tiver mesmo um guia e se ele estiver me ouvindo, que apareça na fotografia que vou tirar agora." E bati. A última foto não foi aproveitada.

De volta ao hotel, guardei novamente a máquina e logo esqueci minha experiência. Um mês depois, minha memória foi reavivada. Naquele dia, apressei-me para pegar um voo de Nova York para Chicago, carregando uma enorme sacola de gulodices para meu marido: vários cachorros-quentes *kosher*, quilos de salame *kosher* e uma torta de queijo típica de Nova York. Quando o avião aterrissou, todo o seu interior cheirava a delicatéssen. Corri para casa para fazer uma surpresa a Manny, que esperava que eu só chegasse tarde da noite. Enquanto preparava o jantar, ele telefonou procurando por uma das crianças. Em vez de parecer contente quando atendi o telefone, ele disse, com aspereza:

– Muito bem, mais uma vez você fez o que não devia.

– Fiz o que não devia? – perguntei.

Não tinha a menor ideia do que ele estava falando.

– A máquina fotográfica – disparou.

Não sabia que máquina era aquela. Aborrecido, ele explicou que se tratava da câmera que o amigo lhe emprestara e que ele havia confiado a mim na Virgínia.

– Você usou a máquina – disse. – Mandei revelar as fotografias e uma delas no final ficou superposta. Deve ter estragado a droga da máquina.

E aí me lembrei de minha experiência. Sem fazer caso das críticas de Manny, insisti para que viesse depressa para casa. Assim que ele entrou, pedi para ver as fotografias como se fosse uma criança impaciente.

Se não as tivesse visto com meus próprios olhos, nunca teria acreditado no que encontrei. A primeira mostrava a campina e o bosque. Na segunda havia exatamente a mesma coisa, mas, sobreposta em primeiro plano, estava a figura de um índio alto, musculoso, com um ar estoico e os braços cruzados sobre o peito. Quando tirei a fotografia, ele estava olhando diretamente para a câmera. Tinha uma expressão muito séria no rosto. Nada de brincadeiras.

Fiquei estática, mas com turbilhões dentro de mim. As fotografias se tornaram um tesouro que iria guardar pela vida inteira. Eram uma prova incontestável. Lamentavelmente, foram destruídas com todas as outras fotografias, diários, agendas e livros no incêndio de minha casa em 1994. Naquele momento, porém, eu só fazia olhar para elas e maravilhar-me.

– Então é verdade – disse, baixinho.

Manny, pronto para me repreender mais uma vez, perguntou o que eu estava murmurando.

– Nada, não é nada.

Era uma pena não me sentir à vontade para dividir tanto entusiasmo com meu marido, mas ele não admitiria perder seu tempo com aquilo. Tinha dificuldades em aceitar meus estudos sobre a vida depois da morte. E fadas, então? Bem, os tempos em que havíamos dado apoio um ao outro na faculdade de medicina e durante as longas horas de nossos períodos de residência pertenciam ao passado. Agora que Manny tinha 50 anos e problemas de coração, estava mais interessado em sossegar e possuir muitas coisas. De várias maneiras, eu estava apenas começando.

Isso seria um problema mais tarde.

29
UM CANAL PARA O OUTRO LADO

Eu fora atendida. Agora, precisava de ajuda. Tinha encontrado a prova de que a vida continuava depois da morte. Havia também fotografias de fadas e guias. Partes de um mundo novo e ainda não mapeado me tinham sido reveladas. Sentia-me como um explorador que chega ao final de uma longa viagem. Avistava a terra, mas não podia chegar lá sozinha. Desejava muito ter alguém a quem recorrer, dizia às pessoas de meu círculo cada vez mais amplo de relações, alguém que conhecesse mais o assunto.

É claro que os intermediários dos comedores de tofu entraram em contato comigo fazendo toda espécie de propostas a respeito de falar com os mortos ou viajar para planos mais elevados de consciência. Mas eles não eram o meu tipo. No início de 1971, tinha sido procurada por um casal de San Diego, Jay e Martha B., que prometeram me apresentar a entidades espirituais.

– Você vai poder falar com elas – prometeram os B. – Poderá falar com elas e elas com você.

Conseguiram despertar minha atenção. Conversamos algumas vezes pelo telefone e acabei marcando uma palestra em San Diego naquela primavera, aproveitando para visitá-los.

No aeroporto, nós três nos abraçamos como se fôssemos velhos amigos. Jay B., um antigo trabalhador do setor aéreo, e sua mulher Martha tinham mais ou menos a mesma idade que eu e pareciam-se com qualquer casal comum de meia-idade: ele estava ficando careca e ela era gordinha. Levaram-me para sua casa em Escondido, onde já havia alguma coisa em funcionamento. Desde a fundação, no ano anterior, do que chamaram de Igreja da Divindade, tinham formado um núcleo de seguidores de cerca de cem pessoas. A maior atração era a capacidade de B. de receber espíritos como médium. O médium entra em um estado mental profundo, ou transe, para convocar a sabedoria de um espírito mais elevado ou a de uma pessoa falecida. As sessões eram realizadas numa pequena construção, ou "sala escura", nos fundos da casa deles.

– Nós chamamos a isso o "fenômeno da materialização" – disse, muito animado. – Mal posso esperar para partilhar com você todas as lições que aprendemos até agora.

Quem poderia me culpar por estar tão entusiasmada? No primeiro dia, reuni-me a um grupo de vinte e cinco pessoas de todas as idades e tipos na sala escura, uma construção acachapada e sem janelas. Todos estavam sentados em cadeiras de armar. B. colocou-me na fila da frente, o lugar de honra. Então, as luzes se apagaram e o grupo começou a cantar, num murmúrio ritmado e sem palavras que cresceu em volume até se transformar numa alta cantilena que deu a B. a energia necessária para receber as entidades.

Apesar de minha expectativa, ainda me reservava o direito de estar cética. Quando a cantilena chegou a um determinado ponto de quase histeria, B. desapareceu por trás de um biombo. De repente, uma figura incrivelmente alta apareceu à minha direita. Era um tanto sombria. Comparada com a Sra. Schwartz, porém, tinha mais densidade e uma presença mais imponente. Tinha cerca de 2 metros de altura e falava com uma voz profunda:

– No final desta noite, vocês vão estar surpresos, porém mais confusos.

Eu já estava. Sentada na beirada da cadeira, cedi a seu fascínio cativante. Era inacreditável, e ainda assim eu me perguntava se estaria vivendo o momento mais importante de minha vida. Ele cantou, cumprimentou o grupo e então se concentrou em mim até fazer com que me sentisse muito pequena diante dele. Tudo o que fazia e dizia era ponderado e significativo. Chamou-me de Isabel, o que eu compreenderia minutos mais tarde, e disse que tivesse paciência, porque minha alma gêmea estava tentando chegar.

Eu queria perguntar que alma gêmea, mas não consegui falar. Então, ele desapareceu e, após um longo momento na escuridão, outro personagem inteiramente diferente se materializou. Apresentou-se como Salem. Como o primeiro espírito, não se parecia em nada com o índio que eu tinha fotografado. Salem era alto e esguio, estava vestido com uma túnica longa e ondulante e tinha um turbante na cabeça. Uma figura bem esquisita. Quando ele se moveu diante de mim, pensei: "Se esse sujeito me tocar, caio dura aqui." No mesmo instante em que tive esse pensamento, Salem desapareceu. E o primeiro espírito voltou e explicou que o meu nervosismo fizera Salem ir embora.

Passaram-se cinco minutos, o suficiente para que eu me acalmasse. Então, Salem, minha pretensa alma gêmea, reapareceu bem à minha frente. Apesar de ter sido antes afugentado por meus pensamentos, decidiu testar-me colocando os dedos de seus pés nas pontas de minhas sandálias. Quando viu que não me assustava, aproximou-se mais. Eu notava que ele estava tendo o cuidado de não me assustar, e realmente não me assustava. Assim que eu quis que ele acelerasse e chegasse aonde pretendia, ele apresentou-se oficialmente, saudou-me como sua "amada irmã, Isabel" e, com toda a delicadeza, me fez levantar da cadeira e segui-lo até um quarto muito escuro ao fundo, onde ficamos a sós. Salem agia de modo estranho e místico, mas ao mesmo tempo tranquilizador e íntimo. Prevenindo-me que faríamos juntos uma viagem especial, Salem explicou que, em outra vida, eu tinha sido uma professora sábia e respeitada chamada Isabel.

Não consegui captar nada naquela noite. Depois de uma hora, estava sobrecarregada e quase contente com o fim da sessão, para que pudesse deixar toda a experiência assentar. Havia muito o que digerir, muito mais do que previra. Em minha palestra, realizada no dia seguinte, comecei com o que havia preparado e depois contei o que acontecera na noite anterior. Em vez de ser criticada e considerada maluca – a reação que eu esperava –, fui aplaudida de pé.

Mais tarde, à noite, a última antes da minha volta para Chicago, B. levou-me novamente até a sala escura – sozinha. Havia um lado meu que queria ver tudo outra vez para verificar se era genuíno. Dessa vez, B. demorou um pouco mais para receber o espírito, mas Salem acabou aparecendo. Enquanto nos cumprimentávamos, pensava em como seria bom se minha mãe e meu pai pudessem ver aonde a mais nova de suas filhas tinha chegado na vida. Inesperadamente, Salem começou a cantar: *"Always... I'll be loving you..."* Ninguém, a não ser Manny, sabia que aquela canção era uma das favoritas da família Kübler.

– Ele tem conhecimento disso – disse Salem, referindo-se a meu pai. – Ele sabe muito bem.

No dia seguinte, já em Chicago, contei tudo a Manny e às crianças. Ficaram boquiabertos. Manny ouviu sem fazer críticas; Kenneth parecia interessado; Barbara, então com 13 anos, era quem se mostrava mais abertamente cética, talvez até um pouco assustada. As reações deles, quaisquer que fossem, eram compreensíveis. Era um assunto novo para eles e não escondi nada. Mas esperava que Manny, e quem sabe Kenneth e Barbara também, abandonasse os preconceitos e pudesse um dia até mesmo encontrar Salem pessoalmente.

Nos meses seguintes, voltei muitas vezes a Escondido e encontrei outros espíritos. Um guia em especial, chamado Mario, era um verdadeiro gênio que discorria com facilidade sobre qualquer assunto que eu mencionasse, fosse geologia, história, física ou cristais. Mas meu vínculo era com Salem.

– A lua de mel acabou – disse, certa noite.

Evidentemente, tratava-se de começar a ter conversas mais sérias, mais filosóficas, porque daí em diante Salem e eu passamos a debater sobretudo ideias como emoções naturais e aprendidas, educação de crianças e maneiras saudáveis de externar tristeza, raiva e ódio. Mais tarde, incorporei essas teorias a meus workshops.

Mas incorporá-las à minha vida doméstica foi outra questão. Aquela deveria ter sido uma época de comemorações. Lá estava eu, no ponto crítico de uma pesquisa que poderia mudar e melhorar um número incalculável de vidas. Quanto mais me aprofundava, porém, mais difícil se tornava para minha família aceitá-la. O cientista em Manny tinha dificuldades em aceitar qualquer coisa relacionada à vida depois da morte. Na realidade, tivemos muitos desentendimentos, pois Manny achava que os B. estavam se aproveitando de mim. Kenneth já tinha idade bastante para concordar em que sua mãe pudesse "fazer as coisas dela", mas Barbara ressentia-se por eu passar muito tempo trabalhando.

Creio que estava excessivamente envolvida com o que fazia para notar a tensão que meu trabalho causava em minha família, e só percebi quando era tarde demais. Tinha esperanças de um dia conseguir conciliar aqueles dois mundos. Seria um sonho possível se pudesse encontrar a fazenda, uma ideia que ainda me interessava.

O sonho, contudo, se desfez. Manny não compreendia o processo mediúnico, por mais que eu o explicasse com toda a clareza. Sua mente lógica não permitia que compreendesse. Era assunto para grandes discussões entre nós.

– Como é que você pode acreditar nessa besteira toda? – perguntava. – B. está se aproveitando de você.

As coisas pareciam ter voltado ao normal quando instalamos uma piscina interna. Dei vários mergulhos relaxantes tarde da noite, depois de voltar de minhas aulas. E não havia prazer maior do que nadar vendo a neve se acumular do lado de fora das janelas. Em algumas poucas ocasiões, a família inteira se divertiu ali em meio a brincadeiras e risadas na água. Entretanto, aqueles sons felizes duraram pouco. Em 1976, no Dia dos Pais, depois que as crianças e eu levamos Manny para jantar num restaurante italiano elegante, estávamos no estacionamento quando Manny explicou por que o jantar tinha sido tão tenso. Ele queria o divórcio.

– Estou indo embora – disse. – Aluguei um apartamento em Chicago.

De início, pensei que Manny estivesse brincando. Então, ele saiu com o carro sem nem ao menos abraçar as crianças. Não sei por quê, não nos via como uma família de divorciados, como mais um número daquelas estatísticas. Procurei convencer Kenneth e Barbara de que seu pai voltaria para casa. Dizia a mim mesma que Manny sentiria falta da comida que eu preparava, precisaria que lavassem sua roupa ou iria querer receber seus amigos do hospital no jardim, que agora estava todo florido. Numa noite, porém, quando abri a porta dos fundos para Barbara e um amigo, um homem pulou do meio dos arbustos e me entregou uma cópia dos papéis do divórcio a que, na véspera, Manny dera entrada no tribunal.

Numa das vezes em que eu não estava em casa, Manny voltou. Encontrei os restos de uma festa que ele dera em torno da piscina. Ficou óbvio o que ele pensava a meu respeito. Mas eu não queria lutar. Barbara precisava de uma vida estável, com alguém que pudesse estar com ela todas as noites, e esse alguém não era eu. Disse a Manny que podia ficar com a casa, coloquei algumas coisas indispensáveis em caixas, apenas roupas, livros e roupa de cama, e despachei-as para Escondido. Não me ocorria outro lugar para ir até saber o que faria de minha vida.

Como necessitava de apoio, voei até San Diego para passar um dia e me consultei com Salem. Ele me deu a solidariedade de que eu desesperadamente precisava, assim como o tipo de orientação que esperava receber.

– O que acha de ter seu próprio centro de tratamento no alto de uma montanha aqui perto? – perguntou. Naturalmente, eu aprovei. – Então, é assim que vai ser.

Houve mais uma viagem de volta à minha casa de Frank Lloyd Wright, em Flossmoor, quando fiz minhas despedidas, trabalhei uma vez mais em minha cozinha e, chorosa, aconcheguei Barbara em sua cama na hora de dormir. Depois, mudei-me para meu novo endereço, um trailer, em Escondido. Era duro estar começando tudo de novo aos 50 anos, mesmo para alguém como eu, que tinha respostas para as grandes indagações da vida. O trailer era pequeno demais, não tinha espaço para meus livros e nem mesmo para uma cadeira confortável. Poucos amigos apareceram para ajudar. Sentia-me sozinha, isolada e abandonada.

Pouco a pouco, o bom tempo provou ser meu salvador, atraindo-me para o ar livre salutar. Plantei uma horta e dei longas caminhadas imersa em contemplação pelos bosques de eucaliptos. A amizade dos B. amenizava minha solidão e me fazia olhar adiante. Depois de um ou dois meses, comecei a reagir. Comprei uma casinha encantadora com uma varanda voltada para uma linda campina, espaço de sobra para meus livros e próxima à encosta de uma colina que cobri de flores do campo.

Assim que a vontade de trabalhar voltou, fiz planos para começar meu próprio centro de tratamento. À medida que a fase de falar sobre o assunto ficava para trás, procurei entender a estranha reviravolta de acontecimentos que causara o fim de meu casamento e minha mudança para o campo, onde estava prestes a iniciar o maior empreendimento de minha vida. Era impossível. Lembrei a mim mesma que nada acontece por acaso. Agora que me sentia melhor, podia ajudar os outros novamente.

Graças à orientação de Salem, encontrei o local perfeito para construir o centro: cerca de 16 hectares acima do lago Wohlfert, e com uma linda vista. Quando estava visitando a propriedade, uma borboleta pousou em meu braço, um sinal de que não era preciso procurar mais.

– Este é o lugar onde temos de construir o centro – disse.

Não era tão fácil, o que descobri quando solicitei um empréstimo. Como Manny era quem sempre tomava conta de todo o nosso dinheiro, eu não tinha referências para obter crédito. Mesmo possuindo uma boa renda proveniente de minhas palestras, ninguém queria me dar um empréstimo. A loucura daquela situação quase me levou a simpatizar com as feministas.

Mas minha determinação em conseguir meu objetivo e minha falta de tino para negócios acabaram vencendo. Em troca da casa de Flossmoor, todos os móveis e parte das despesas com as crianças, Manny concordou em comprar a propriedade para o centro de tratamento e arrendá-la para mim. Logo, uma vez por mês, eu estava coordenando workshops de uma semana de duração que ajudavam estudantes de medicina e de enfermagem, pessoas com doenças fatais e suas famílias a lidarem com a vida, a morte e a transição de uma para outra de modo mais saudável e mais aberto.

Os workshops, que de início se limitavam a receber quarenta pessoas de cada vez, tinham uma longa lista de espera. Querendo curar as pessoas em todas as dimensões de suas vidas, pedi aos B., meus confidentes e incentivadores mais próximos, que utilizassem seus talentos no projeto. Apesar de não terem nenhuma participação financeira no centro de tratamento, eu os considerava sócios. Martha era a encarregada das aulas de psicodrama, desenvolvendo exercícios que ajudavam as pessoas a superar crises de raiva e medo. Ela era realmente competente. Mas as sessões de seu marido continuavam a ser os acontecimentos mais impressionantes e de forte impacto. Ele era um médium poderoso, com um carisma natural. O núcleo principal dos seguidores de sua igreja dedicava-lhe uma confiança inabalável. No entanto, com a participação cada vez maior de pessoas de fora, B., de vez em quando, precisava defender-se dos que achavam que sua atividade era um embuste. Enfrentava esses desafios com uma advertência severa: se alguém acendesse as luzes enquanto estava em transe, arriscava-se a fazer mal aos espíritos – e possivelmente a ele também. Mesmo assim, certa vez, quando B. estava recebendo uma entidade chamada Willie, uma mulher acendeu as luzes. O que se viu foi inesquecível: B. nu em pelo.

B. continuou em seu transe, enquanto o resto das pessoas na sala entrou em pânico, achando que Willie iria ser afetado, mas

B. explicou mais tarde que aquele era seu método para fazer o espírito materializar-se através dele. Não havia motivo para preocupações.

Eu sentia uma ponta de ceticismo com relação a um guia chamado Pedro. Não sei por quê, talvez por um sexto sentido em que eu aprendera a confiar, algo me dizia que ele poderia ser uma fraude. Investiguei na ocasião seguinte em que o espírito apareceu, fazendo-lhe perguntas que só um gênio poderia responder, perguntas que eu sabia estarem muito acima dos conhecimentos de B. Não só Pedro as respondeu sem hesitar, como, ao tentar subir num cavalo de madeira usado nas aulas de psicodrama, brincou que o cavalo era alto demais para ele, desapareceu e voltou um instante depois quinze centímetros mais alto. Olhou para mim e disse:

– Está vendo? Eu sei que você não acredita.

Depois disso, não tive mais problemas de credibilidade quanto a Pedro. Ele se saía melhor ainda se não estávamos em workshops, quando apenas o grupo antigo estava presente. Nessas sessões, ele se tornava mais íntimo de cada pessoa, oferecendo conselhos sobre questões de suas vidas.

– Foi difícil para você, Isabel, mas não tinha opção.

Por mais solícito que fosse, porém, eu percebia um toque de negatividade no que dizia. Preveniu-nos a respeito de mudanças que iriam desunir o grupo e ameaçar a credibilidade de B.

– Cada um de vocês fará sua própria escolha – explicou.

Mais tarde, vi que ele se referia a boatos sobre acontecimentos estranhos na sala escura, algumas vezes relacionados a abusos sexuais, mas eu não tinha conhecimento dessas histórias naquela época. Viajava tanto que muitas vezes estava fora do alcance dos falatórios.

Quanto ao futuro, não me preocupava, pois sabia que viria de qualquer maneira, quer eu gostasse ou não, mas de vez em quando tinha a impressão de que Pedro me preparava mais para uma mudança do que fazia com os outros.

– O livre-arbítrio foi o maior dom que o homem recebeu quando chegou ao planeta Terra – dizia. – Todas as opções que fazemos a cada momento, quando falamos, agimos ou pensamos, são terrivelmente importantes. Cada opção afeta todas as formas de vida do planeta.

Mesmo quando não compreendia por que alguma coisa estava sendo dita naquelas sessões, aprendi a aceitá-las. Os guias só forneciam o conhecimento. Cabia a mim, assim como a todas as outras pessoas, decidir como utilizar esse conhecimento. Até então, tinha sido bom para mim.

– Obrigado, Isabel – disse Pedro, com um dos joelhos no chão, à minha frente. – Obrigado por aceitar seu destino.

Pensava comigo mesma qual seria esse destino.

30
A MORTE NÃO EXISTE

Sabendo que vivia tão ocupada e que minhas palestras eram marcadas com um ano ou dois de antecedência, uma amiga perguntou certa vez como eu administrava minha vida, como tomava minhas decisões. Minha resposta a surpreendeu:
– Faço o que acho certo, não o que se espera que eu faça.
Isso explicava por que eu ainda falava com meu marido.
– Foi você quem se divorciou de mim, não eu de você – dizia a ele.
Essa minha maneira de ser foi também a razão por que decidi fazer uma parada não programada em Santa Barbara, quando estava a caminho de uma palestra em Seattle. De repente, senti vontade de ver uma velha amiga.
Coisas assim eram de se esperar de uma mulher que dizia às pessoas para viverem cada dia de suas vidas como se fosse o último. Minha amiga ficou encantada quando telefonei. Na verdade, eu tinha planejado apenas uma visita à tarde para tomar um chá. Mas, quando encontrei a irmã de minha amiga no aeroporto, ela disse que tinha havido uma mudança no que fora combinado.
– Não querem que eu diga nada a respeito – desculpou-se.
O mistério logo se esclareceu. Minha amiga e seu marido, um arquiteto conhecido, moravam numa linda casa em estilo espanhol. Assim que entrei, abraçaram-me e demonstraram alívio por eu ter conseguido chegar. Havia alguma possibilidade de que não conseguisse? Antes que tivesse tempo de perguntar qual era o problema, levaram-me para a sala e me fizeram sentar numa cadeira. O marido de minha amiga se sentou diante de mim e

balançou o corpo para a frente e para trás até entrar em transe. Lancei um olhar indagador para minha amiga.
— Ele é médium — explicou.
Ao ouvir isso, tive certeza de que a confusão logo se esclareceria e voltei minha atenção para o marido dela. Seus olhos estavam fechados, tinha uma expressão muito séria no rosto e, quando o espírito tomou conta dele, parecia que tinha envelhecido cem anos.
— Conseguimos trazer você até aqui — disse, com uma voz agora estranha, de uma pessoa mais velha, e carregada de urgência. — É fundamental que você não protele mais. Seu trabalho sobre a morte e o morrer está terminado. Agora, está na hora de iniciar sua segunda tarefa.
Escutar pacientes ou médiuns nunca fora problema para mim, mas compreender o que diziam às vezes levava algum tempo.
— O que está querendo dizer? Qual é minha segunda tarefa? — perguntei.
— Está na hora de você dizer ao mundo que a morte não existe — afirmou.
Apesar de saber que a função dos guias é unicamente nos ajudar a cumprir nosso destino e as promessas que fizemos a Deus, protestei. Precisava de mais explicações. Precisava saber por que tinham me escolhido. Afinal de contas, era conhecida em todo o mundo como a Mulher da Morte e do Morrer. De que jeito voltaria atrás e diria a todos que a morte não existe?
— Por que eu? — perguntei. — Por que não escolheram um pastor ou alguém assim?
O espírito mostrou sinais de impaciência. Observou que tinha sido eu mesma quem escolhera o trabalho que realizaria nesta vida na Terra.
— Estou apenas dizendo a você que é chegada a hora — disse.
E em seguida enumerou uma lista enorme de razões pelas quais eu era a pessoa destinada a realizar aquela tarefa: teria de ser uma pessoa ligada à medicina e à ciência, não à teologia ou à

religião, pois estas não fizeram o que deveriam apesar de terem tido oportunidades mais do que suficientes nos últimos dois mil anos. Teria de ser uma mulher, não um homem. E alguém que não tivesse medo. E alguém que tivesse acesso a muita gente e fosse capaz de transmitir a sensação de falar pessoalmente com cada um.

– É tudo. Está na hora – concluiu. – Você tem muito que assimilar.

Isso era indiscutível. Depois de uma xícara de chá, minha amiga, seu marido e eu, esgotados física e emocionalmente, fomos para nossos quartos. Ao ficar só, vi que tinha sido chamada ali por aquela razão específica. Nada acontece por acaso. E Pedro já não me agradecera por aceitar meu destino? Deitada na cama, imaginava o que Salem teria a dizer sobre aquela tarefa.

Assim que o pensamento me ocorreu, senti que havia mais alguém em minha cama. Abri os olhos.

– Salem! – exclamei.

Estava escuro, mas vi que se materializara da cintura para cima.

– A energia nesta casa está tão forte que consegui aparecer por uns minutos – explicou.

Fiquei admirada por tê-lo chamado sem a ajuda de B., o que fez com que me sentisse menos dependente. Evidentemente, B. não detinha mais o controle total desses momentos especiais.

– Parabéns por sua segunda tarefa, Isabel – acrescentou Salem com sua voz profunda e familiar. – Desejo-lhe sorte.

Antes de ir embora, Salem massageou minhas costas e me fez cair num sono profundo. De volta em minha casa, reuni todos os conhecimentos e experiência referentes à vida depois da morte que adquirira ao longo dos anos. Não muito tempo mais tarde, dei pela primeira vez minha nova palestra, "A morte e a vida depois da morte". Fiquei tão nervosa quanto na primeira vez em que substituí o professor Margolin. No entanto, a reação foi esmagadoramente positiva, o que provava que eu estava no caminho certo. Durante uma palestra, depois de entrevistar um homem que estava morrendo, respondia às perguntas quando uma mulher de 30 e poucos anos chamou minha atenção.

– Sua pergunta vai ser a última – disse.

Ela correu para o microfone.

– Diga-me, por favor, na sua opinião, como é a experiência de uma criança na hora de sua morte? – perguntou.

Era uma oportunidade perfeita para resumir a palestra. Respondi que as crianças, da mesma forma que os adultos, deixam seu corpo físico como uma borboleta emerge do casulo e que em seguida passam por todos os estágios da vida além da morte descritos anteriormente.

Como um raio, a mulher disparou em direção ao palco, onde contou como seu filho pequeno, Peter, acometido de um resfriado forte, tivera uma reação alérgica a uma injeção aplicada por seu pediatra e morrera no consultório. Enquanto ela e o pediatra esperavam que o marido dela chegasse durante "o que pareceu uma eternidade", Peter milagrosamente abriu seus olhos castanhos e disse:

– Mamãe, eu estava morto, perto de Jesus e Nossa Senhora. Havia tanto amor lá. Eu não queria voltar. Mas Nossa Senhora disse que não era a minha hora.

E, como Peter não quis atender, a Virgem Maria tomou a mão dele e afirmou:

– Você tem de voltar. Tem de salvar sua mãe do fogo.

Naquele instante, Peter voltou a seu corpo e abriu os olhos.

A mãe, que estava contando a história pela primeira vez desde que acontecera treze anos antes, confessou que vivia num estado de grande tristeza e depressão por saber que estava destinada ao "fogo", ou, segundo a sua interpretação, ao inferno. Não sabia por quê. Afinal de contas, era uma boa mãe, boa esposa e boa cristã.

– Não acho que seja justo – exclamava. – Isso tem acabado com a minha vida.

Não era justo, mas eu sabia que podia eliminar rapidamente a depressão dela explicando que a Virgem Maria, como outros seres espirituais, costumava falar por símbolos.

– Esse é o problema das religiões – falei. – As coisas são escritas de modo que possam ser interpretadas ou, em muitos casos, mal interpretadas.

Disse a ela que iria provar meu ponto de vista fazendo algumas perguntas que ela deveria responder sem parar para pensar:

– O que teria acontecido com você se a Virgem Maria não tivesse mandado Peter de volta?

Ela pôs a mão na cabeça com uma expressão horrorizada e respondeu:

– Ah, meu Deus, não quero nem pensar, acho que teria passado por um verdadeiro inferno!

– Você quer dizer que teria queimado de verdade no fogo do inferno? – perguntei, então.

– Não, é só uma maneira de falar – explicou.

– Está vendo? Entendeu o que Nossa Senhora queria dizer quando afirmou que Peter precisava salvá-la do fogo?

Não só ela entendeu, como, nos meses seguintes, à medida que aumentava a popularidade de minhas palestras, eu constatava que as pessoas estavam mais do que prontas para aceitar a vida depois da morte. Por que não? A mensagem era positiva. Inúmeras pessoas haviam passado por experiências semelhantes, deixando seu corpo e viajando em direção a uma luz intensa. Sentiam alívio ao ver finalmente essas histórias confirmadas. Era uma declaração de vida.

Mas a tensão provocada pelas mudanças dos seis meses anteriores – meu divórcio, a compra de uma casa nova, o início do centro de tratamento e praticamente a volta ao mundo dando palestras – estava cobrando seu preço. Sem um intervalo para descanso, era desgaste demais. Finalmente, depois de uma série de palestras pela Austrália, reservei algum tempo para mim mesma. Tinha uma necessidade desesperada disso. Com mais dois casais, aluguei um chalé num local isolado nas montanhas. Não havia telefone ou correio, e as cobras venenosas não deixavam muita gente se aproximar. Era excelente.

Uma semana depois, as tarefas diárias da vida no campo, como cortar lenha para o fogão e a lareira, já tinham começado a fazer com que eu me sentisse novamente uma pessoa razoável e descansada, e ainda tinha a boa perspectiva de uma outra semana pela frente, depois que meus amigos se fossem. Então, ficaria inteiramente sozinha, o que seria perfeito. Entretanto, na noite anterior à partida dos dois casais, eles resolveram ficar comigo. Fui para a cama triste.

No escuro, emocionalmente exausta e deprimida, tive ímpetos de implorar por socorro. Tantas pessoas me procuravam para solucionar seus problemas e eu não tinha a quem recorrer para receber afeto e apoio. Nunca chamara meus espíritos a não ser em Escondido, mas eles tinham prometido vir a mim se precisasse deles.

– Pedro, preciso de você – disse baixinho.

Apesar da distância entre a Austrália e San Diego, em menos de um instante meu espírito favorito apareceu em meu quarto no chalé. Ele era capaz de ler meus pensamentos, mas mesmo assim perguntei se podia chorar em seu grande ombro.

– Não, não pode – disse com firmeza, mas acrescentou em seguida: – Mas posso fazer outra coisa por você.

Lentamente, estendeu o braço, colocou minha cabeça na palma de sua mão e disse:

– Quando eu for embora, você vai compreender.

Enquanto estávamos ali sozinhos, tive a sensação de estar sendo carregada na palma de sua mão. Foi a sensação de paz e amor mais linda e gratificante que jamais experimentei. Todas as minhas preocupações desapareceram.

Sem nenhum comentário ou palavra de despedida, Pedro foi embora mansamente. Eu não tinha a menor noção das horas, se a noite tinha apenas começado ou se a aurora estava próxima. Não importava. Na penumbra, meus olhos deram com uma pequena estatueta de madeira colocada na estante. Representava uma criança confortavelmente aninhada na palma de uma mão. Fui então envolvida pela mesma sensação de proteção, afeto, paz e amor que sentira quando Pedro tocara minha cabeça com sua mão e adormeci sobre um enorme travesseiro, deitada no assoalho.

Quando meus amigos acordaram na manhã seguinte, espantaram-se por eu não ter ido para a cama e mesmo assim parecer tão descansada. Não consegui contar a eles nada do que havia acontecido na noite anterior, pois ainda estava sob o efeito daquilo tudo. Mas Pedro tinha razão. Eu compreendi. Milhões de pessoas no mundo tinham companheiros, amantes, parceiros e assim por diante. Mas quantas teriam sentido a emoção e o conforto de serem carregadas na mão dele?

Não, não me queixaria mais ou ficaria triste por não ter um ombro em que chorar. No fundo de meu coração, sabia que nunca estava sozinha. Tinha recebido aquilo de que precisava. Muitas outras vezes, como naquela noite, ansiara por uma companhia, por um pouco de amor, um abraço ou um ombro no qual me apoiar – e nunca encontrara.

Mas recebi outras dádivas, que poucas pessoas jamais receberam e que não trocaria por nada. Isso eu sabia.

A julgar pelo que me acontecera recentemente, não tinha mais dúvidas de que grande parte da vida consiste em descobrir aquilo que já conhecemos. Em especial, quando se trata de poderes e experiências espirituais. Um exemplo disso foi a lição que aprendi com Adele Tinning, uma idosa de San Diego. Os espíritos falavam por meio da pesada mesa de carvalho que ficava na cozinha dela, e a mesa se erguia e se movia no ponto onde ela colocava as mãos, transmitindo mensagens numa espécie de código Morse.

Certa vez, minhas irmãs me visitaram e levei-as à casa de Adele. Quando estávamos sentadas em torno da mesa, tão pesada que nós três juntas não conseguiríamos tirá-la do lugar, Adele fechou os olhos e deu uma risadinha. Então, a mesa começou a oscilar sob suas mãos.

– Sua mãe está aqui – disse, abrindo seus vivos olhos castanhos. – Está desejando feliz aniversário a vocês.

Minhas irmãs ficaram impressionadas. Nenhuma de nós contara que aquele era o dia de nosso aniversário.

Pouco tempo depois, fui coordenar um workshop em Santa Barbara. Na última noite do que tinha sido um intenso período de cinco dias, só voltei para meu chalé às cinco da manhã. Quando me deitei, com os olhos quase se fechando, uma enfermeira irrompeu no quarto e me chamou para ver o nascer do sol com ela.

– Nascer do sol? – exclamei. – Fique à vontade, pode ver o nascer do sol daqui, eu quero dormir.

Segundos mais tarde, dormia profundamente. Entretanto, em vez de "cair" no sono, senti como se estivesse me erguendo para fora de meu corpo, cada vez mais alto, sem controle mas sem medo. Quando estava voando, percebi que vários seres me pegavam e me levavam para algum lugar onde me consertaram. Era como se houvesse vários mecânicos de automóvel trabalhando em mim. E como se cada um possuísse uma especialidade: freios, transmissão e tudo o mais. Num instante, substituíram todas as partes avariadas e colocaram-me de volta na cama.

De manhã, após umas poucas horas de sono, acordei sentindo uma serenidade e um bem-estar indizíveis. A enfermeira ainda estava em meu quarto, e lhe contei o que tinha acontecido.

– Você com certeza teve uma experiência extracorpórea – disse.

Lancei-lhe um olhar perplexo. Afinal de contas, eu não praticava meditação nem comia tofu. Nem era californiana. Nem tinha um guru ou Baba. O que quero dizer com isso? Quero dizer que não tinha a menor ideia do que se tratava quando ela se referiu a "uma experiência extracorpórea". Mas, se era algo parecido com o que se passara comigo, estava pronta para fazer outro voo a qualquer momento.

31
MINHA CONSCIÊNCIA CÓSMICA

Depois de minha experiência extracorpórea, fiz um passeio até a biblioteca e encontrei um livro sobre o assunto. O autor era Robert Monroe, o famoso pesquisador, e logo dei um jeito de fazer outro passeio, dessa vez até a fazenda de Monroe, na Virgínia, onde ele tinha construído um laboratório de pesquisas. Durante anos, as únicas experiências com a mente de que se ouvia falar eram feitas com uso de drogas, com o que eu não concordava. Portanto, pode-se imaginar meu entusiasmo quando vi a estrutura que Monroe havia montado: um laboratório moderno cheio de equipamentos eletrônicos e monitores, o tipo de coisa que me deu imediatamente uma impressão de credibilidade.

Eu estava ali para ter outra experiência extracorpórea. Para tal, entrei numa cabina à prova de som, deitei-me num colchão d'água e coloquei uma venda sobre os olhos, impedindo a passagem de qualquer claridade. Então, um assistente ajustou um par de fones em meus ouvidos. Para induzir a experiência, Monroe criou um método que estimulava o cérebro através de recursos iatrogênicos – ou pulsações sonoras artificiais. Essas pulsações faziam o cérebro entrar primeiro num estado meditativo e então ir além – que era o que eu buscava.

A primeira tentativa, porém, foi um tanto decepcionante. O chefe do laboratório ligou a máquina. Ouvi o som repetido e constante em meus ouvidos. As pulsações rítmicas começaram lentas e logo se aceleraram, até se tornarem um único som agudo, de rapidez indistinguível, que muito depressa me levou a um estado semelhante ao do sono. Aparentemente, estava rápi-

do demais, como disse o chefe do laboratório, que me trouxe de volta depois de alguns minutos e perguntou se eu estava bem.
— Por que parou? — perguntei, confusa. — Senti que estava começando.

No mesmo dia, mais tarde, apesar do desconforto causado por uma obstrução intestinal que já me vinha incomodando havia algumas semanas, deitei-me novamente no colchão d'água para uma segunda tentativa. Sabendo que os cientistas são cautelosos por natureza, dessa vez tive o cuidado de exercer uma influência maior. Estipulei que os botões deveriam estar na posição de velocidade máxima.

— Ninguém nunca viajou tão depressa — advertiu o chefe do laboratório.

— Bem, é assim que eu quero — disse.

De fato, na segunda vez tive a experiência que desejava. É difícil descrever, mas o som repetitivo esvaziou instantaneamente a minha mente de todos os pensamentos e levou-me para o interior, como uma massa desaparecendo num buraco negro. Ouvi então um incrível barulho, semelhante ao som de um vento forte soprando. Subitamente, foi como se tivesse sido arrastada por um furacão. Nesse ponto, fui arrancada de meu corpo e lançada pelos ares.

Para onde? Para que lugar eu fui? Esta é a pergunta que todos fazem. Ainda que meu corpo estivesse imóvel, meu cérebro me levou para outra dimensão da existência, como se estivesse indo para outro universo. A parte física de meu ser não era mais relevante. Como o espírito que deixa o corpo depois da morte, semelhante à borboleta deixando seu casulo, minha consciência era definida pela energia psíquica, não por meu corpo físico. Eu simplesmente estava *lá fora*.

Depois, os cientistas que estavam na sala me pediram para que descrevesse a experiência. Ao mesmo tempo que gostaria de ter fornecido detalhes que sabia serem extraordinários, não fui de grande ajuda. Além de dizer a eles que minha obstrução intestinal repentinamente desaparecera, assim como um deslocamento ósseo em meu pescoço, e que me sentia bem, sem atordoamento, cansaço ou qualquer outra coisa do gênero, acrescentei apenas que não sabia aonde estivera.

Naquela tarde, sentindo-me estranha e perguntando-me se não teria ido longe demais, voltei para a casa de hóspedes da fazenda de Monroe, um chalé isolado chamado Casa da Coruja. Assim que entrei, percebi que havia ali uma energia desconhecida que me convenceu de que não estava sozinha. Como a casa era afastada e não tinha telefone, pensei em voltar para passar a noite na casa principal ou ir para um hotel na estrada. Entretanto, acreditando que não existem coincidências, percebi que meus anfitriões tinham me deixado sozinha e distante por algum motivo. Portanto, fiquei ali mesmo.

Apesar de meus esforços para me manter acordada, deitei-me e caí em sono profundo – e foi quando os pesadelos começaram. Era como passar por mil mortes. Torturavam-me fisicamente. Mal podia respirar, curvava-me acometida por dores e sofrimentos tão avassaladores que nem ao menos tinha forças para gritar ou pedir socorro, se bem que ninguém teria ouvido se o tivesse feito. Aquilo durou horas, e notei que, cada vez que uma morte se consumava, era seguida de outra, sem uma pausa para que eu respirasse, me recuperasse, gritasse ou me preparasse para a seguinte. Mil vezes.

A finalidade era clara. Eu estava revivendo a morte de todos os pacientes que tinha atendido até então, vivenciando novamente sua angústia, aflição, medo, sofrimento, tristeza, perda, sangue, lágrimas... Se um tivesse morrido de câncer, eu sentia sua dor lancinante. Se fosse um derrame, eu sofria também seus efeitos.

O processo foi suspenso temporariamente por três vezes. Na primeira, pedi um ombro masculino em que pudesse me apoiar. (Sempre gostara de adormecer com a cabeça no ombro de Manny.) Mas assim que expressei meu pedido, ouvi uma voz grave, masculina, responder:

– Não será concedido!

A negação, pronunciada num tom firme, determinado e frio, não me deixou tempo para outra questão. Queria perguntar: "Por que não?" Afinal, tantos pacientes moribundos haviam deitado a cabeça em meu ombro. Mas não havia tempo, energia ou espaço para isso.

E a agonia e o sofrimento, apossando-se de mim como dores de parto ininterruptas, voltaram tão intensas que tudo o que queria era desmaiar. Não tive essa sorte, porém. Não sei dizer quanto tempo se passou até a segunda suspensão.

– Posso ter uma mão para segurar? – pedi.

De propósito, não especifiquei se a mão seria a de um homem ou de uma mulher. Como podia ser exigente naquela hora? Só queria segurar a mão de alguém. Mas a mesma voz firme, destituída de qualquer emoção, recusou meu pedido outra vez, dizendo:

– Não será concedido!

Não sabia que haveria uma terceira trégua, mas, quando veio, tentei ser astuciosa, respirei fundo, e resolvi pedir para ver a ponta de um dedo. O que eu tinha em mente? Mesmo não podendo segurar a ponta de um dedo, vê-la pelo menos é a prova da presença de outro ser humano. Antes de expressar o último pedido, porém, disse a mim mesma: "Não, de jeito nenhum! Se não posso ter nem ao menos uma mão para segurar, também não quero a ponta de um dedo. Prefiro aguentar tudo sem ajuda, por conta própria."

Cheia de raiva e ressentimento, reunindo em minha vontade cada pedacinho de rebeldia, pensei comigo: "Se eles são tão mesquinhos que não me dão nem uma mão para segurar, então estou melhor sozinha. Ao menos, tenho meu amor-próprio e minha autoconsideração sem depender de ninguém."

Essa foi a lição. Tive de vivenciar todo o horror de mil mortes para reafirmar a alegria que veio depois.

De repente, passar por aquela provação, como pela própria vida, tornou-se uma questão de FÉ.

Fé em Deus – que Ele nunca enviaria para alguém nada que estivesse além das forças ou da capacidade da pessoa.

Fé em mim mesma – que podia lidar com qualquer coisa que Deus me enviasse, e que, por mais dolorosa e angustiante que fosse, seria capaz de levá-la a cabo.

Tinha a sensação aterradora de que alguém estava esperando que eu dissesse a palavra "sim". Então, soube que era tudo o que estava sendo pedido naquele momento: que eu dissesse sim.

Meus pensamentos dispararam.

Dizer sim a quê? A mais agonia? Mais dor? Mais sofrimento sem a ajuda de outras pessoas?

O que quer que fosse, nada poderia ser pior do que o que eu já havia suportado, e ainda estava ali, não estava? Outras mil mortes? Mais outras mil?

Pouco importava. Mais cedo ou mais tarde, haveria um fim. Além disso, àquela altura, a dor era tão intensa que eu já não a sentia mais. Estava além da dor.

– Sim! – gritei. – SIM!

O quarto ficou sereno e toda a dor, agonia e falta de ar cessaram. Quase completamente acordada, vi que estava escuro lá fora. Respirei fundo, pela primeira vez de modo satisfatório depois de muito tempo, e olhei mais uma vez para a noite escura. Respirei novamente e relaxei, deitada de costas, e então comecei a notar algumas coisas curiosas. Primeiro, parte do meu abdômen que estava claramente delineada começou a vibrar numa rapidez crescente, mas o movimento não estava relacionado aos músculos, o que me fez dizer: "Não pode ser."

Mas podia, e, quanto mais observava meu corpo deitado ali, mais espantada ficava. Qualquer parte do meu corpo para a qual eu olhasse começava a vibrar com uma rapidez fantástica. As vibrações fragmentavam tudo até a estrutura mais básica, de modo que, quando eu olhava para qualquer coisa, meus olhos deleitavam-se com a dança de bilhões de moléculas.

Naquele momento, percebi que havia deixado meu corpo físico e me transformado em energia. E, diante de mim, vi muitas flores de lótus incrivelmente belas. Essas flores abriram-se bem devagar e tornaram-se mais luminosas, mais coloridas e perfeitas, transformando-se pouco a pouco em uma única, enorme e deslumbrante flor de lótus. Por trás da flor, vi uma luz – de um fulgor indizível e totalmente etérea, a mesma luz que todos os meus pacientes contavam ter visto.

Sabia que teria de atravessar a flor gigantesca e integrar-me à luz. Ela possuía uma força magnética que me atraía cada vez mais para perto e me dava a sensação de que aquela luz maravilhosa seria o fim de uma longa e difícil viagem. Sem nenhuma pressa, graças à minha curiosidade, entreguei-me à paz, à beleza e à serenidade do mundo em vibração. Surpreendentemente, ainda tinha consciência de estar na Casa da Coruja, longe do contato com outras pessoas, e, onde quer que meus olhos pousassem, tudo vibrava – paredes, teto, janelas... as árvores lá fora.

Minha visão, que alcançava quilômetros e quilômetros, permitia que eu visse todas as coisas, desde uma folha até uma porta de madeira, sob o aspecto de sua estrutura molecular natural, de suas vibrações. Observei, com grande admiração e respeito, que tudo tinha vida, uma natureza divina próprias. Durante todo o tempo, continuei a avançar lentamente através da flor de lótus em direção à luz. Por fim, fundi-me com a luz, fui uma com o amor, com o calor. Um milhão de orgasmos incessantes não podem reproduzir a sensação de amor, calor e boas-vindas que experimentei. Então, ouvi duas vozes.

A primeira era a minha própria, dizendo:

– Sou aceita por Ele.

A segunda, que vinha de algum outro lugar e era um mistério para mim, dizia:

– Shanti Nilaya.

...

Antes de adormecer, naquela noite, sabia que acordaria antes do nascer do sol, colocaria minhas sandálias e uma túnica que vinha carregando em minha mala durante semanas, mas nunca tinha vestido. Essa túnica tecida à mão, que havia comprado no Fisherman's Wharf, de São Francisco, lembrava outra já usada por mim, talvez em outra vida, de modo que, quando a comprei, tive a impressão de que a recuperava.

Na manhã seguinte, tudo foi como eu previra. Ao percorrer o caminho que levava à casa de Monroe, continuei a ver cada folha, cada borboleta e cada pedra vibrando em sua estrutura molecular. Foi a maior sensação de êxtase que uma pessoa poderia experimentar. Estava tão cheia de admiração reverente por tudo o que me cercava, tão cheia de amor por tudo o que havia na vida que, como Jesus, que andou sobre as águas, senti como se passasse por cima das pedras e pedregulhos do caminho num intenso estado de beatitude e disse:

– Não posso pisar em vocês. Não posso machucá-los.

Aos poucos, ao longo de vários dias, esse estado de graça foi diminuindo. Foi muito difícil voltar às tarefas domésticas rotineiras e dirigir, coisas que me pareceram então demasiado banais. Logo iria saber o significado de Shanti Nilaya e também que tinha passado por toda aquela experiência para adquirir Consciência Cósmica, uma percepção da vida em todas as coisas vivas. Nesse ponto, a experiência foi bem-sucedida. E quanto ao resto? Haveria outra separação dolorosa a enfrentar sem praticamente nenhuma ajuda de outras pessoas até encontrar minhas próprias respostas e um novo começo?

Meses depois, quando viajei para Sonoma, na Califórnia, para um workshop, comecei a obter algumas respostas. Porém, quase tomei uma decisão que me teria custado esse esclarecimento. Um médico se encarregou de cuidar dos pacientes terminais do workshop em troca de uma palestra minha numa conferência sobre psicologia transpessoal organizada por ele em Berkeley.

Na última hora, cancelou sua ida ao workshop. Naturalmente, depois de coordená-lo sozinha, presumi que meu compromisso com ele não existia mais.

Na sexta-feira, quando o último participante do workshop foi embora, um amigo me contou que centenas de pessoas tinham se inscrito na minha palestra. A caminho de Berkeley, ele reafirmou que eu era esperada com grande entusiasmo, tentando encorajar-me. Exausta por causa de meu workshop, não compartilhei muito de sua animação e, com franqueza, não tinha ideia sobre o que dizer para o grupo de pessoas altamente sofisticado e evoluído que assistiria à conferência. Entretanto, quando me vi no auditório, soube que tinha de falar sobre o que vivenciara na fazenda de Monroe. Alguém ali iria me explicar tudo.

Comecei dizendo que falaria sobre minha própria evolução espiritual, mas adverti que precisaria da ajuda deles para entender melhor todos os aspectos, pois grande parte estava além de minha compreensão intelectual. Num tom de brincadeira, frisei que não era "um deles" – que não praticava meditação, não era californiana nem vegetariana.

– Fumo, tomo café e chá e, em resumo, sou uma pessoa normal – disse, provocando uma risada geral. – Nunca tive um guru ou conversei com um Baba – continuei. – No entanto, já tive quase todo tipo de experiência mística que alguém pode desejar.

O que queria provar? Queria deixar claro que, se eu podia ter essas experiências, qualquer pessoa poderia, sem precisar ir para o Himalaia ou passar anos meditando.

Enquanto descrevia minha primeira experiência extracorpórea, a sala ficou em profundo silêncio. Duas horas depois, encerrei a palestra com um relato completo da experiência de morrer mil mortes e depois renascer na fazenda de Monroe. Fui demoradamente aplaudida de pé. Então, um monge vestido numa túnica alaranjada se aproximou do palco com grande respeito e se ofereceu para esclarecer algumas coisas que eu havia mencionado. Primeiro, disse que eu podia achar que não sabia meditar, mas que existiam muitas formas de meditação.

– Quando você está ao lado de doentes e crianças moribundos, concentrando-se neles durante horas, está praticando uma das formas mais elevadas de meditação – explicou.

Houve mais aplausos, confirmando suas palavras, mas o monge não fez caso deles e continuou a falar, pois estava empenhado em transmitir mais uma informação.

– Shanti Nilaya – disse claramente, pronunciando bem devagar cada uma das lindas sílabas – é uma expressão em sânscrito e significa "a morada final da paz". É para onde vamos no fim de nossa jornada terrena, quando voltamos para Deus.

– Sim – falei para mim mesma, repetindo as palavras que ouvira na escuridão do quarto meses antes. – Shanti Nilaya.

32
A MORADA FINAL

Estava de volta à minha casa, de pé na varanda. Os B. tinham vindo tomar um chá. Uma brisa suave massageava nossos sentidos. Inebriada com o destino, virei-me para meus vizinhos e, num tom de voz um tanto solene, anunciei que o centro de tratamento se chamaria Shanti Nilaya.
– Significa "a morada final da paz" – expliquei.
O nome parecia vir a calhar. Durante o ano e meio seguinte até grande parte de 1978, Shanti Nilaya prosperou. Voltados para "a promoção da cura psicológica, física e espiritual de crianças e adultos através da prática do amor incondicional", os workshops sobre Vida, Morte e Transição, com duração de cinco dias inteiros, tiveram quatro vezes mais inscrições do que antes. Havia um número crescente de pessoas ávidas por crescimento pessoal. Meu boletim informativo corria o mundo inteiro e eu seguia um programa de viagens que me levou do Alasca à Áustria.

Mesmo prosperando, o objetivo de Shanti Nilaya manteve-se limitado: crescimento pessoal. Nos workshops, as pessoas se livravam de suas questões pendentes, de toda a raiva e rancor que tinham acumulado e aprendiam a viver de modo que estivessem preparadas para morrer em qualquer idade. Em outras palavras, tornavam-se pessoas inteiras, completas. Os workshops eram compostos em geral de doentes terminais, pessoas com problemas emocionais e adultos comuns, com idades que variavam de vinte a cento e quatro; logo, promovi workshops para adolescentes e crianças. Quanto mais cedo uma pessoa se tornasse inteira, mais oportunidades teria de crescer física, emocional e psicologicamente saudável. Não seria tudo isso um bom prenúncio para o futuro?

Todos os que entravam em contato comigo, seja em Shanti Nilaya ou durante as viagens, ouviam a mesma coisa:

– Não há por que temer a morte. Na verdade, essa pode vir a ser a mais incrível experiência de sua vida. Só depende da maneira como você leva a sua vida agora. E a única coisa que importa neste momento é o amor.

O trabalho mais proveitoso que realizei foi consequência do contato com um menino de 9 anos que encontrei quando estava dando palestras no sul. Durante aquelas longas palestras, como minha energia passava por altos e baixos, recuperava-me dirigindo-me a pessoas da plateia. Avistei os pais de Dougy na primeira fileira. Apesar de nunca tê-los encontrado antes, minha intuição fez com que perguntasse àquele casal de aparência agradável onde estava seu filho.

– Não sei por que sinto necessidade de dizer isto, mas por que não o trouxeram?

Surpresos com minha pergunta, explicaram que o filho estava fazendo tratamento de quimioterapia no hospital. Após o intervalo seguinte, o pai voltou com Dougy, que mostrava os sinais do câncer – magro, pálido, sem cabelos –, mas em todos os outros aspectos parecia-se com qualquer garoto norte-americano. Dougy ficou desenhando num papel com lápis coloridos, enquanto eu continuava a falar. Mais tarde, deu o desenho de presente para mim. Ninguém nunca me deu outro melhor.

Como a maioria das crianças que estão morrendo, Dougy era muito maduro. Devido ao seu sofrimento físico, havia desenvolvido uma aguda percepção de sua capacidade espiritual e intuitiva. Acontece com todas as crianças nessa situação, e é por isso que insisto que os pais partilhem com eles toda a sua raiva, dor e angústia de maneira franca e aberta. Eles sabem de tudo. E bastou olhar o desenho de Dougy para comprovar.

– Vamos contar a eles? – perguntei, fazendo um gesto em direção a seus pais.
– Vamos, acho que eles podem saber – respondeu.
Pouco tempo antes os pais de Dougy ficaram sabendo que o filho tinha apenas três meses de vida. O maior problema deles era aceitar aquela notícia. De acordo com o desenho, porém, eu podia contestar aquele diagnóstico. Até onde podia ver, o que ele havia desenhado dizia que Dougy viveria muito mais tempo, talvez três anos. A mãe, não cabendo em si de alegria, me abraçou. Mas o mérito não era meu.
– Sou apenas uma intermediária lendo esse desenho – disse. – É seu filho quem sabe essas coisas.
O que mais me agradava ao lidar com crianças era sua franqueza. Deixavam de lado todas as mistificações. Dougy era um exemplo perfeito disso. Um dia, recebi uma carta dele. Dizia:

Querida Dra. Ross,
Tenho só mais uma pergunta a fazer: o que é a vida e o que é a morte e por que crianças pequenas têm de morrer?
Com carinho, Dougy

Com canetas, criei um livrinho colorido baseado em todos os meus anos de trabalho com pacientes terminais. Numa linguagem simples, comparei a vida a um jogo, parecido com as sementes que são espalhadas por uma ventania, cobertas pela terra e aquecidas pelo sol, cujos raios seriam o amor de Deus brilhando sobre nós. Todos tinham uma lição a aprender, uma finalidade em sua vida, e queria dizer a Dougy, que morreria três anos mais tarde e estava tentando entender o motivo, que ele não era exceção.

Algumas flores desabrocham apenas por alguns dias. Todos as admiram e amam por serem um sinal de primavera e de esperança. Depois, essas flores morrem. Mas já fizeram o que tinham de fazer...

Aquela carta tem ajudado milhares de pessoas. Mas o mérito é todo de Dougy.

Gostaria de ter tido a mesma percepção para os problemas que estavam se formando em casa. No início da primavera de 1978, enquanto eu viajava, alguns dos amigos que participavam com frequência das sessões de B. com nossos guias-mestres descobriram um livro chamado *O potencial magnífico*, escrito vinte anos antes por um homem daquela mesma região chamado Lerner Hinshaw. O livro continha tudo o que B. e muitos guias que ele recebia, se bem que não todos, nos haviam ensinado durante os últimos dois anos. Logo que soube, senti-me desorientada e traída, como os outros tinham se sentido.

Quando interrogado, B., negando ter cometido qualquer falha, argumentou que os guias proibiam que ele divulgasse a fonte de seus conhecimentos. Não adiantava enfrentá-lo. Cada um de nós deveria agir como juiz e júri. Mais da metade das pessoas, decepcionadas e não confiando mais nele, abandonou o grupo. Quanto a mim, não sabia o que fazer e pensava sem parar no aviso de Pedro meses antes: "Cada um de vocês fará sua própria escolha", dissera ele. "O livre-arbítrio foi o maior dom que o homem recebeu quando chegou ao planeta Terra."

Assim como eu, os que permaneceram não queriam deixar de lado os ensinamentos incrivelmente significativos dos guias, mas, quando surgiram as suspeitas, começamos a notar certas irregularidades nas sessões. Pessoas novas desapareciam na sala dos fundos durante longos períodos de tempo. Ouvíamos risadinhas e barulhos estranhos. Perguntava a mim mesma que tipo de instruções estariam sendo dadas. Então, um dia, uma amiga chegou à minha casa agitada e chorando, fugindo de B. Quando se acalmou, contou que B. tinha dito que estava na hora de tratar da sexualidade dela. O que a fez se descontrolar e sair correndo.

Não tinha escolha a não ser pedir explicações a B. e à sua mulher, o que fiz no dia seguinte em minha casa. Como nas ocasiões anteriores, ele não demonstrou nenhuma culpa ou remorso.

Era óbvio que acreditava ter agido certo. A mulher, apesar de perturbada, já estava acostumada àquele tipo de comportamento dele. Na realidade, acabei sabendo, ao investigar mais tarde, que ele tinha um histórico de péssima conduta e, daí em diante, evitamos que qualquer pessoa ficasse sozinha com ele numa sala sem fiscalização.

Entretanto, as dificuldades continuaram. A Secretaria de Defesa do Consumidor de San Diego recebeu queixas, e, em dezembro, o gabinete do promotor público começou a investigar alegações de má conduta sexual. Apesar de ter entrevistado várias pessoas, a investigação da promotoria não conseguiu produzir nenhuma acusação. Como me disse um dos investigadores:

– Tudo aconteceu no escuro. Vocês não têm provas.

Era um grande dilema, pois tínhamos ouvido várias vezes que uma entidade materializada morreria se alguém acendesse uma luz em sua presença. Nenhum de nós queria arriscar. Mas eu me encontrava em sério conflito. Se era uma fraude, como era possível que aquelas entidades tivessem conhecimentos para responder a todas as minhas perguntas, que estavam além da educação limitada de B.? Não tínhamos visto com nossos próprios olhos como uma entidade se materializava diante de nós? Pedro não crescera quinze centímetros para poder subir no cavalo de madeira?

Auxiliada por alguns amigos de confiança, comecei minha própria investigação. Mas B. era muito astuto. Certa vez, segundos antes de eu acender uma lanterna, ele se desculpou e deu a sessão por encerrada. Outra vez, algemamos os braços do médium às suas costas para tolher seus movimentos e evitar alguma inconveniência com os participantes. Ainda assim, as entidades apareciam e desapareciam, e, quando a sessão terminou, o médium ainda estava com as algemas, só que nos pés. Todos os nossos esforços deram nisso.

A despeito da nuvem negra que pairava sobre nós, as sessões noturnas habituais com B. continuaram na sala escura. Infelizmente, houve uma sensível diminuição de seus outrora poderosos dons de cura, o que só fazia tornar a atmosfera mais tensa. Eu tinha muitas dúvidas. Nosso grupo, antes tão unido, amigo e carinhoso, estava cheio de desconfianças e paranoias. Eu deveria ir embora? Ou ficar? Tinha de encontrar a verdade.

Nesse meio-tempo, B. me ordenou ministra da paz de sua igreja. Tudo o que B. fazia agora estava impregnado de suspeitas, mas mesmo assim a noite foi um acontecimento emocionante e inesquecível. Todas as entidades apareceram para a celebração, inclusive K., a mais importante de todas. Sempre sabíamos quando ele chegava: um estranho silêncio precedia sua entrada e, ao se postar diante de nós, com sua longa túnica em estilo egípcio, ninguém conseguia se mexer. Eu não conseguia mover um dedo, nem uma pálpebra.

K., em geral, dizia poucas palavras, mas dessa vez falou de minha vida como um exemplo de trabalho pelo amor e pela paz.

– Como você sempre desejou secretamente ser uma verdadeira ministra da paz, nesta noite seu desejo será realizado – disse.

Deixou que Pedro realizasse o ritual propriamente dito, enquanto Salem tocava flauta.

Poucos meses mais tarde, quando eu estava conversando com dois amigos fora de casa, K. apareceu inesperadamente, erguendo-se a 2 metros do chão diante de uma construção alta. Era impossível não reconhecer sua linda túnica egípcia e sua voz alta e clara.

– Isabel, em meio ao vale de lágrimas, sempre dê graças pelo que você tem – disse. E, antes de desaparecer, acrescentou: – Faça do tempo um amigo.

Aquilo me abalou. Mais lágrimas? Já não sofrera o suficiente perdendo minha família? Meus filhos? Minha casa? E depois minha confiança em B.?

– Faça do tempo um amigo.

O que ele queria dizer? Que, com o tempo, as coisas iriam melhorar? Que eu só precisava ter paciência de esperar?

Meu programa de trabalho mostrava que paciência não era uma de minhas virtudes. Como queria ficar de olho em B. o tempo todo, comecei a levá-lo com a esposa para meus workshops. Tudo estava correndo muito bem até que um dia, quando voltávamos de Santa Barbara para casa, sua mulher e eu ficamos esperando junto ao carro e B. sumiu durante mais de uma hora. Quando voltou, não se desculpou. No entanto, sabendo que eu estava exausta por causa do workshop, B. pôs seu casaco no banco de trás e me pediu que dormisse, enquanto ele dirigia até San Diego.

A meio caminho de Los Angeles, caí num sono profundo. Abri os olhos na entrada de automóvel de minha casa e fui direto para a cama, onde continuei a dormir.

Aproximadamente às três da madrugada, acordei com a sensação de estar deitada sobre uma grande bola de borracha, em vez de um travesseiro. Virei a cabeça de um lado para outro diversas vezes, mas a sensação esquisita não cessava. Apesar de tonta e confusa, tateei o caminho até o banheiro, acendi a luz e me olhei no espelho. Quase tive um ataque cardíaco. Meu rosto estava completamente desfigurado. Um dos lados estava inchado como um grande balão, o olho fechado. O outro mal se abria, apenas o suficiente para enxergar. Minha aparência era grotesca.

– Que diabo aconteceu? – perguntei em voz alta.

Tinha a vaga lembrança de estar deitada sobre o casaco dentro do carro e sentir algo morder meu rosto. Na realidade, tinha sentido três mordidas. Mas estava entorpecida e sonolenta demais para reagir. Agora, examinando meu rosto de perto, via três pequenas mas nítidas marcas de mordidas, e parecia que as coisas iam de mal a pior. Meu rosto continuava a inchar enquanto eu olhava. Como morava distante de qualquer hospital, não tinha condições de dirigir, e B., em quem não confiava, era meu vizinho mais próximo, então eu estava diante de um sério problema.

– Você foi mordida por uma aranha venenosa – disse a mim mesma com toda a calma. – Não tem muito tempo.

Meu raciocínio disparou. Não havia tempo para telefonar para minha família, espalhada pelo país. O tempo estava se esgotando.

Lembrei as centenas de vezes em que pensara que minha vida podia acabar. Em momentos de grande tensão e tristeza, chegara a considerar, ainda que por um segundo, a possibilidade de suicídio. Naquelas ocasiões, teria adorado morrer mil vezes. Porém, não podia fazer aquilo com minha família. A culpa e o remorso teriam sido excessivos. Não, nunca poderia fazer aquilo.

E também nunca perdi um paciente pelo suicídio. Muitos queriam acabar com a própria vida, mas eu lhes perguntava o que especificamente tornava sua vida insuportável. Se era dor, eu aumentava a medicação. Se eram problemas de família, tentava resolvê-los. Se estavam deprimidos, tentava ajudá-los a sair da depressão.

O objetivo é ajudar as pessoas a viver até que morram de morte natural. Nunca teria ajudado um paciente a tirar a própria vida. Não acredito em suicídio assistido. Se um paciente mentalmente capaz recusa-se a tomar sua medicação ou submeter-se à diálise, existe um ponto em que se tem de aceitar o direito da pessoa de fazer o que quer. Alguns pacientes solucionam suas questões pendentes, põem seus negócios em ordem, atingem um estágio de paz e aceitação e, em vez de deixar que o processo de morrer se prolongue, assumem o controle do tempo. Mas eu nunca os auxiliaria.

Aprendi a não julgar. Em geral, se um paciente aceitou a morte e o morrer, está preparado para esperar por aquilo que vem naturalmente. Que será então uma experiência muito bonita e transcendental.

Ao cometer suicídio, a pessoa pode estar também cometendo uma trapaça consigo mesma, pois deixa de aprender uma lição que deveria aprender. E, em vez de ser promovida para o próximo nível, terá de voltar a aprender aquela mesma lição desde o começo. Por exemplo, se uma moça se mata porque não consegue mais viver depois de brigar com o namorado, terá de voltar e aprender a lidar com o sentimento de perda. É possível que tenha uma vida cheia de perdas até aprender a aceitá-las.

Quanto a mim, à medida que meu rosto continuava a inchar, o que me mantinha viva era pensar que de fato tinha uma escolha. Que estranho pensamento, a escolha pelo suicídio ser o que me mantinha viva! Não duvido, porém, que tenha sido o que aconteceu. Se não fizesse nada para deter o rápido agravamento de minha situação, estaria morta em poucos minutos. Mas tinha uma escolha, o livre-abítrio que Deus concede a todos nós e, sozinha, naquele instante, tinha de decidir se iria morrer ou continuar a viver.

Fui para a sala de estar, onde uma imagem de Jesus estava pendurada na parede. De pé diante dela, fiz o solene juramento de viver. No instante em que disse aquilo, a sala encheu-se de uma luz incrivelmente brilhante. Como fizera anteriormente ao me ver diante da mesma luz, avancei em sua direção. Ao ser envolvida por seu calor, soube que, por mais miraculoso que parecesse, eu iria viver. Uma semana mais tarde, as marcas de mordidas foram examinadas por um médico respeitado, que disse:

– Parecem mordidas de viúva-negra. Mas, se fossem, você não estaria viva.

Ele nunca acreditaria se eu contasse qual o tratamento que me salvara, portanto não me dei o trabalho de explicar.

– Você teve sorte – disse.

Tive sorte, sim. Mas também sabia que meus verdadeiros problemas, longe de estarem terminados, mal tinham começado.

33
AIDS

Não existe problema que não seja na realidade uma dádiva. Foi difícil acreditar nisso quando me avisaram que Manny, provavelmente precisando de dinheiro, vendera a casa de Flossmoor sem me dar a chance de comprá-la, como fora previamente combinado, e, além disso, numa manobra dissimulada e dolorosa, vendera também a propriedade em Escondido que abrigava Shanti Nilaya. Uma carta registrada me notificou de que teria de esvaziar as casas e entregar as chaves aos novos proprietários. Fiquei arrasada, além de qualquer expressão.

De que outro modo poderia me sentir? Depois de perder minha casa e ver meu sonho arrancado de mim, chorei por noites a fio. Não faziam grande diferença as palavras de advertência do espírito: "Em meio ao vale de lágrimas, sempre dê graças pelo que você tem." "Faça do tempo um amigo."

Uma semana mais tarde, entretanto, San Diego foi devastada por uma tempestade torrencial que durou sete dias. A chuvarada resultou em enormes enchentes, deslizamentos de terra e prejuízos em propriedades, entre elas meu antigo centro de tratamento no alto da montanha. O telhado da casa principal caiu, a piscina rachou e encheu-se de lama e a íngreme estrada de acesso desapareceu completamente. Se ainda estivéssemos lá, não só teríamos ficado completamente isolados como os consertos teriam custado uma fortuna. Por incrível que pareça, meu despejo tinha sido uma bênção.

Partilhei com minha filha os bons sentimentos quando ela veio para a Páscoa. Barbara era uma moça muito intuitiva e nunca confiara em B. e sua mulher. Sempre achei que os culpava por minha mudança para a Califórnia. Agora, porém, ela estava na Universidade de Wisconsin, e tínhamos um excelente relacionamento outra vez.

Eu agradecia a Deus por aquilo. Depois de se instalar em minha casa, ver a enorme varanda aberta, a piscina de hidromassagem, os pássaros e a grande quantidade de flores, fomos de carro até os pomares de macieiras na montanha, um lindo passeio que ficou feio na volta, quando os freios de meu carro falharam enquanto descíamos a estrada. Foi um milagre termos sobrevivido. Dissemos o mesmo uns dias mais tarde. Barbara e eu fomos levar em casa uma amiga viúva que morava em Long Beach, voltamos depressa para preparar nossa ceia de Páscoa e encontramos minha casa envolta em chamas.

Como saíam enormes labaredas do telhado, nós nos pusemos imediatamente em ação. Agarrei a mangueira do jardim, enquanto Barbara corria até os vizinhos para chamar os bombeiros. Tentou três casas diferentes e ninguém respondeu. Finalmente, a contragosto, tocou a campainha na casa dos B. Eles abriram a porta e prometeram chamar os bombeiros. Mas foi tudo o que fizeram. Nenhum dos pretensos amigos apareceu para oferecer ajuda, que teria sido decisiva, pois Barbara e eu, com nossas mangueiras de jardim, já tínhamos apagado o fogo quando chegou o primeiro carro de bombeiros.

Os bombeiros abriram caminho através de uma parede e entramos na casa. Parecia um pesadelo. Os móveis estavam destruídos. Todas as instalações elétricas, telefones e outros aparelhos de plástico tinham derretido. Meus painéis, tapetes indianos, quadros e louça estavam todos pretos. O cheiro era insuportável. Pediram que não ficássemos muito tempo lá dentro porque as exalações podiam fazer mal a nossos pulmões. O curioso foi que o peru que eu pretendia servir no jantar de Páscoa exalava um cheiro delicioso.

Sem saber o que fazer em seguida, sentei-me no carro e fumei um cigarro. Um dos bombeiros, todos eles realmente muito simpáticos, aproximou-se e perguntou se poderia recomendar um terapeuta especializado em ajudar pessoas que perdiam tudo em incêndios.

– Não, obrigada – disse. – Estou acostumada com perdas e eu mesma sou uma especialista.

No dia seguinte, os bombeiros voltaram para verificar como estávamos, algo que realmente apreciei muito. Entretanto, nem B. nem sua mulher apareceram.

– Eles são mesmo seus amigos? – perguntou Barbara.

Alguém não gostava de mim. Era o que parecia, depois que um investigador de incêndios criminosos e um detetive particular concluíram que o fogo começara simultaneamente no fogão da cozinha e na pilha de lenha colocada fora da casa.

– Há no mínimo a suspeita de um incêndio criminoso – disse o investigador.

O que eu podia fazer? A faxina de primavera teve de começar cedo. Depois da Páscoa, a companhia de seguros mandou um grande caminhão para retirar o material queimado, inclusive a prataria de minha avó, que eu estava guardando para Barbara. Agora era apenas uma grande massa derretida.

Alguns de meus amigos do Shanti Nilaya me ajudaram a limpar, lavar e esfregar tudo que ainda poderia ser aproveitado. A única coisa que não foi tocada pelo fogo, nem sequer escurecida, foi um velho cachimbo cerimonial, um objeto sagrado indígena. Em pouco tempo, com o dinheiro que recebi da companhia de seguros, tinha um exército de operários reconstruindo a casa. Não era mais a mesma casa, porém, e quando ficasse pronta iria colocá-la à venda.

Minha fé estava mesmo sendo testada. Perdera meu centro de tratamento no alto da montanha e minha confiança em B. A sucessão de acidentes bizarros ameaçando minha vida – as mordidas de aranha, o defeito nos freios do carro e o incêndio – era inquietante demais. Achava que minha vida estava em perigo. Será que valeria a pena? Afinal de contas, com 55 anos, quanto ainda teria para dar antes de desistir? Sentia que precisava me afastar de B. e de sua energia nociva. O que tinha de fazer era comprar aquela fazenda com que sonhava havia anos, desacelerar e cuidar de Elisabeth para variar. Talvez fosse uma boa ideia. Mas não era o momento. Porque, em meio à minha crise pessoal de confiança, fui obrigada a voltar à ativa mais uma vez.

O motivo chamava-se aids, e mudou todo o resto de minha vida.

Já fazia alguns meses que vinha ouvindo falar de um câncer gay. Ninguém sabia muita coisa a respeito, exceto que o número de homens antes saudáveis, ativos e vibrantes que estavam morrendo crescia com uma rapidez alarmante e que todos esses homens eram homossexuais. Em consequência de a doença aparentemente só afetar esse grupo, a população em geral não estava muito preocupada.

Então, recebi um telefonema de um homem perguntando se eu aceitaria um paciente soropositivo em meu próximo workshop. Como nunca tinha recusado um paciente terminal, fiz sua inscrição de imediato. Mas um dia e meio depois de encontrar Bob, cujo rosto emaciado e membros esquálidos estavam cobertos de grandes e feias erupções cutâneas arroxeadas – uma doença de pele fatal conhecida como sarcoma de Kaposi –, me peguei rezando para me ver livre dele. Minha cabeça fervilhava de perguntas. O que ele tem? Será que é contagioso? Se o ajudar, será que vou acabar como ele? Nunca fiquei tão envergonhada em minha vida.

Então escutei meu coração, que me estimulou a ver Bob como um ser humano que estava sofrendo – um homem em quem havia beleza, honestidade, solicitude e amor. Daí em diante, considerei um privilégio poder ajudá-lo, como faria com qualquer outra pessoa. Tratava-o da maneira como gostaria de ser tratada se estivesse em seu lugar.

Mas minha reação inicial me assustou. Se eu, Elisabeth Kübler-Ross, que tinha trabalhado com todo tipo de paciente terminal e seguia à risca a cartilha sobre a maneira de tratá-los

– e até escrever a cartilha –, sentira repulsa pelo estado daquele rapaz, não podia sequer imaginar os conflitos que a sociedade iria enfrentar para lidar com aquela pandemia chamada aids.

A única reação humana aceitável era a compaixão. Bob, com 27 anos, não sabia o que o estava matando. Como outros jovens homossexuais que tinham a doença, sabia que estava morrendo. Sua saúde frágil e em processo de deterioração mantinha-o preso em casa. Sua família já o havia abandonado muito tempo antes. Seus amigos pararam de visitá-lo. Estava deprimido, o que era compreensível. Um dia, durante o workshop, contou, chorando, que tinha telefonado para a mãe e se desculpado por ser gay, como se isso fosse algo que pudesse controlar.

Bob foi meu teste. Foi o primeiro de milhares de pacientes soropositivos a quem ajudei a encontrar paz em uma trágica conclusão da vida, mas ele na verdade deu muito mais em troca. No último dia do workshop, os participantes, inclusive um rígido pastor fundamentalista, cantaram para Bob uma canção cheia de afeto e o carregaram ao redor da sala num abraço coletivo que unia todo o grupo. Sua coragem fez com que todos nós, naquele workshop, compreendêssemos melhor o significado da sinceridade e da compaixão, que depois espalhamos pelo mundo afora.

Iríamos precisar disso. No início, como as pessoas que estavam sendo contaminadas pela doença eram predominantemente homossexuais, a população em geral achava que eles mereciam morrer. Em minha opinião, isso era uma negação catastrófica de nossa própria humanidade. Com era possível que cristãos verdadeiros ignorassem os que sofriam de aids? Como era possível a maioria das pessoas não se importar? Pensei em Jesus cuidando de leprosos e prostitutas. Lembrei minha própria luta pelos direitos dos doentes terminais. Pouco a pouco, soube-se de homens heterossexuais, mulheres e bebês que haviam contraído a doença. Com a aids, todos nós, gostássemos ou não, tínhamos de enfrentar uma epidemia que exigia a nossa compaixão, nossa compreensão e nosso amor.

Numa época em que nosso planeta estava ameaçado por lixo nuclear, despejos tóxicos e uma guerra que podia vir a ser maior do que qualquer outra na história, a doença desafiava-nos coletivamente como seres humanos, em todo o mundo. Se não pudéssemos encontrar o sentimento de humanidade em nossos corações para tratar a aids, estaríamos condenados. Posteriormente, eu escreveria: "A aids representa uma ameaça peculiar para a humanidade, mas, ao contrário das guerras, é uma batalha que vem de dentro... Será que vamos optar pelo ódio e pela discriminação ou teremos a coragem de escolher o amor e a dedicação?"

Conversando com os primeiros pacientes soropositivos, tive suspeitas de que a epidemia tivesse sido criada pelo homem. Nas entrevistas, muitos deles mencionaram injeções que teriam tomado supostamente como tratamento de hepatite. Nunca tive tempo de investigar, mas, se fosse verdade, significava que teríamos uma luta ainda mais dura contra a maldade.

Logo estava coordenando meu primeiro workshop exclusivamente para pacientes portadores do vírus HIV. Foi realizado em São Francisco, e, como faria muitas vezes mais no futuro, ouvi um rapaz depois do outro contar a mesma história pungente de uma vida de dissimulação, rejeição, isolamento, discriminação, solidão e todos os comportamentos humanos negativos. Não tinha lágrimas suficientes em mim para chorar tudo o que era preciso.

Por outro lado, os pacientes eram professores incríveis. Nenhum deles sintetizou melhor esse potencial para o esclarecimento e o crescimento do que um sulista que participou do primeiro workshop dedicado a pacientes soropositivos. Depois de entrar e sair de hospitais durante um ano, parecia mais um descarnado prisioneiro de campo de concentração nazista. Vendo-se o seu estado, era difícil chamá-lo de sobrevivente.

Antes de morrer, sentiu-se impelido a fazer as pazes com seus pais, que não encontrava havia anos. Esperou até que suas forças retornassem, vestiu um terno emprestado, que caía em seu corpo magro como a roupa de um espantalho, e tomou um avião para casa. Estava tão preocupado com a possibilidade de sua aparência lhes causar repulsa que pensou em voltar. Mas seus pais o avistaram. Levantando-se da varanda onde os dois, nervosos, o esperavam, sua mãe correu para ele, ignorou as manchas vermelhas espalhadas pelo seu rosto e o abraçou sem hesitação. Seu pai fez o mesmo. E reconciliaram-se, em lágrimas, com muito amor, antes que fosse tarde demais.

– Pois é – disse o rapaz no último dia do workshop –, precisei ter essa doença horrível para saber o que realmente significa amor incondicional.

Aconteceu o mesmo com todos nós. Daí em diante, recebi pacientes soropositivos em meus workshops sobre Vida, Morte e Transição pelo país inteiro e depois por todo o mundo. Para ter certeza de que ninguém desistiria de participar por falta de dinheiro, já que os remédios e hospitalizações consumiam as economias de muitos, comecei a tricotar cachecóis, que foram depois leiloados e a renda obtida foi utilizada para criar um fundo que oferecia bolsas de estudos para pacientes portadores de HIV. Sabia que a aids era a batalha mais importante que eu, e talvez o mundo todo, já enfrentara desde a Polônia do pós-guerra. Mas aquela outra guerra já tinha acabado, e nós tínhamos vencido. Essa outra luta estava apenas começando. Enquanto os pesquisadores disputavam recursos e corriam para descobrir causas e tratamentos, eu sabia que a vitória final sobre essa doença não dependia só da ciência.

Estávamos no começo, mas eu podia prever qual seria o fim. Dependia de nós sermos ou não capazes de aprender a lição que a aids proporcionava. Em meu diário, escrevi:

> Há em cada um de nós um potencial para a bondade que é maior do que imaginamos; para dar sem buscar recompensa; para escutar sem julgar; para amar sem impor condições.

34
Healing Waters

Eu ainda estava morando lá, mas, à luz da manhã, quando olhava para minha casa, tinha a impressão de que estava prestes a sair dali a qualquer minuto. O cheiro desagradável de queimado pairava no ar. E as paredes, sem meus tapetes indianos e quadros, estava vazia. O fogo tinha devorado toda a vida daquele lugar, inclusive a minha. Não conseguia entender como uma pessoa com tanto poder de cura como B. podia transformar-se numa figura tão sombria. Até ir embora, eu não queria nenhum contato com ele.

Porém, enquanto estivesse tão próxima, isso era impossível. Numa manhã, logo depois de eu ter voltado de um workshop, B. apareceu. Sua mulher tinha escrito um livro, muito apropriadamente chamado de *A sala escura*, e ele queria que eu escrevesse um prefácio que pudesse ser usado para divulgação.

– Pode prepará-lo até amanhã de manhã? – perguntou.

Por mais que gostasse de meus guias, não podia, em sã consciência, envolver meu nome em algo cujas finalidades tinham sido claramente deturpadas nos seis meses anteriores. Em nossa última conversa – ou, melhor dizendo, em nosso último confronto –, B. alegara que não podia ser responsabilizado por suas ações, nem mesmo pelas mais impróprias.

– Quando estou em transe, não tenho consciência do que está acontecendo – disse.

Tinha certeza de que ele estava mentindo, mas, quando pensava em de fato me afastar, ficava dividida. Sabia que Shanti Nilaya não sobreviveria sem minhas palestras e contribuições. Depois de muito ponderar, convoquei uma reunião secreta com os membros mais ativos do lugar, as cinco mulheres e dois homens que eram realmente empregados assalariados do centro. Falei sobre tudo o que estava em minha cabeça, inclusive sobre meu receio de que minha vida estivesse em perigo, as suspeitas a respeito de B. que não podia provar e quais entidades eram verdadeiras e quais eram falsas.

– Naturalmente, é tudo uma questão de confiança – eu disse.
– É de enlouquecer.

Silêncio. Disse a eles que iria despedir B. e sua mulher depois da sessão daquela noite e continuar Shanti Nilaya sem os dois. Já fiquei aliviada por ter tomado aquela decisão e contado a eles. Entretanto, três das mulheres, o núcleo de colaboradoras em que eu mais confiava, confessaram que tinham sido "treinadas" por B. para atuar como entidades femininas, alegando que ele controlava suas ações, colocando-as em transe. Não admira que eu nunca conseguisse provar que Salem ou Pedro fossem uma fraude – eles eram verdadeiros. Quanto às entidades femininas, era óbvio que não existiam e isso explicava por que nunca tinham contato comigo.

Jurei enfrentar B. na manhã seguinte quando ele viesse buscar o prefácio que eu supostamente estava escrevendo. Mal sabia ele que eu estava na realidade trabalhando numa edição final do nosso relacionamento. As três mulheres concordaram em ficar atrás de mim para comprovar minha acusação. Como ninguém sabia de que maneira B. reagiria, pedi aos dois homens para se esconderem atrás dos arbustos e escutarem o que seria dito – só por precaução. Dormi pouco naquela noite, sabendo que nunca mais veria Salem ou Pedro, nem ouviria a linda voz de Willie cantando. Mas tinha de fazer o que era correto.

Acordei antes do raiar do dia, nervosa com o que iria acontecer. Na hora combinada, B. chegou. Apoiada pela presença das três mulheres, recebi-o na varanda. O rosto dele não demonstrou nenhuma emoção quando disse que nem ele nem sua mulher estavam mais em minha folha de pagamento; que estavam de fato despedidos.

– Se quiser saber por quê, é só olhar para essas pessoas que estão aqui comigo e vai descobrir – disse.

Uma expressão de ódio passou por seu rosto – sua única reação. Não disse uma única palavra. Levou o manuscrito de volta e, pouco tempo depois, vendeu a casa e mudou-se para o norte da Califórnia.

Eu estava livre, mas pagara um alto preço. Através da atividade mediúnica de B., muitas pessoas tinham aprendido um bocado. Quando, porém, ele começou a usar erradamente seus dons, a dor, a angústia e a aflição ficaram intoleráveis. Muito mais tarde, quando consegui comunicar-me novamente com Salem, Pedro e outras entidades, eles admitiram que tinham consciência de minhas dúvidas e da minha constante indagação: se vinham de Deus ou do demônio. Passar por aquela terrível experiência, todavia, foi a única maneira de aprender uma lição definitiva sobre a confiança, sobre saber discernir e distinguir.

Tudo foi perdoado mas não foi esquecido. Somente sete anos mais tarde, eu seria capaz de escutar as muitas horas de gravação que havia feito dos ensinamentos de minhas entidades. E só então perceberia os avisos explícitos de enganos e de uma grave desunião, mas estes eram enigmáticos, o que explicava por que motivo não tinha conseguido agir de imediato. Resistira enquanto tinha sido humanamente possível. Estou convencida de que não teria sobrevivido se tivesse ficado com B. mais tempo. Continuaria a ter insônias pelo resto de minha vida e a fazer um milhão de perguntas, mesmo sabendo que só teria as respostas finais quando fizesse a transição a que chamamos de morte. Estaria esperando por isso.

Por enquanto, meu futuro era incerto. Minha casa estava à venda, mas só me mudaria quando tivesse um lugar para onde ir. O grupo que permaneceu em Shanti Nilaya, pequeno mas dedicado, trabalhou com empenho extraordinário para que nossa organização ajudasse pessoas de todo o mundo a criarem projetos semelhantes para pacientes terminais, casas de repouso, centros de treinamento para profissionais de saúde e grupos de apoio a famílias de doentes. Meus workshops de cinco dias de duração, devido à nova situação de urgência causada pela aids, tinham uma procura maior do que a anterior.

Se quisesse, poderia ficar simplesmente viajando para lá e para cá sem ter uma casa, de um workshop para outro, dos aeroportos para os hotéis e vice-versa, mas não combinava comigo, especialmente naquele momento de minha vida. Sabendo que precisava desacelerar, estava pensando no que faria, quando Raymond Moody, o autor de *Vida depois da vida*, que eu havia encontrado algumas vezes, sugeriu que desse uma olhada em sua fazenda em Shenandoah. Foi difícil resistir depois que ele descreveu o lugar como "a Suíça da Virgínia". Assim, em meados de 1983, depois de completar um mês de viagens com uma palestra em Washington, D.C., contratei um motorista para fazer o percurso de quatro horas e meia até o condado de Highland, na Virgínia.

O homem pensou que eu fosse doida.

– Mesmo que eu adore essa fazenda, quero que você faça o papel de meu marido e vete minha decisão – disse. – Não quero tomar uma decisão de que possa me arrepender mais tarde.

Mas, ao chegar em Head Waters, uma cidadezinha a 19 quilômetros da fazenda, o motorista, que ouvira durante horas minhas exclamações de entusiasmo diante da beleza empolgante da região, resolveu que não cumpriria o trato.

– Minha senhora, não adianta, a senhora vai comprar aquelas terras de qualquer jeito – explicou. – Dá para notar que têm tudo a ver com a senhora.

Era o que parecia enquanto percorria as colinas e os campos, examinando os 120 hectares de pastagens e florestas. Mas era só um projeto. A casa de fazenda e o celeiro precisavam de reformas. A terra cultivável tinha sido abandonada. Seria necessário construir uma casa. Mesmo assim, meu sonho de possuir uma fazenda estava sendo totalmente reavivado. Em minha imaginação, via com toda a clareza a fazenda já reformada. Haveria um centro de tratamento, um prédio para aulas, alguns chalés feitos de troncos de madeira para moradias, todos os tipos de animais... e privacidade. O que me agradava muito era o fato de Highland ser a região menos populosa a leste do Mississipi.

Quem me ensinou como se compra uma fazenda foi o fazendeiro idoso que morava no fim da estrada. Em termos. Porque assim que me sentei diante do chefe do Departamento Agrícola de Staunton, na manhã do dia seguinte, não pude deixar de contar a ele todas as ideias que tinha para minha nova fazenda, como um acampamento para crianças de grandes centros urbanos, um zoológico infantil e por aí vai.

– Minha senhora, só preciso saber quantas cabeças de gado a senhora tem, quantas ovelhas, quantos cavalos e o total de hectares – explicou.

Na semana seguinte, no dia 1º de julho de 1983, a fazenda era minha. Dei vida a ela de imediato, dizendo aos meus vizinhos que podiam deixar seu gado pastar em minhas terras, e iniciei então intensas obras de recuperação e reformas. De San Diego, controlava o andamentos das obras passo a passo. Em meu boletim informativo de outubro, escrevi o seguinte: "Já pintamos a casa de fazenda, reconstruímos o depósito de raízes, ampliamos o galinheiro... e também fizemos um jardim lindo e uma horta. O resultado é que a despensa já está abastecida e o depósito de raízes está cheio – prontos para alimentar os famintos participantes dos workshops..."

Na primavera de 1984 já havia outros sinais de renovação. Escolhi um local bem próximo de vários enormes carvalhos antigos, onde planejava construir um chalé de toras de madeira que seria a minha casa. E então nasceram os primeiros carneirinhos, um par de gêmeos e mais três outros – todos pretos, o que tornou a fazenda verdadeiramente *minha*.

...

Os três prédios redondos onde realizaria os workshops estavam sendo construídos quando me dei conta de que precisava de um escritório para todas as necessidades administrativas. Antes de alugar um na cidade, Salem apareceu certa noite e me aconselhou a fazer uma lista de tudo o que seria necessário. Em minha fantasia, imaginei um aconchegante chalé de madeira com uma lareira, um rio cheio de trutas passando na frente, rodeado por um terreno bem grande e, já que era uma fantasia, acrescentei uma pista de pouso à lista. O aeroporto ficava tão distante... então, por que não?

No dia seguinte, a senhora que tomava conta do correio, sabendo que eu queria um escritório, falou a respeito de um chalé encantador a cinco minutos de sua casa, que tinham acabado de pôr à venda. Disse que ficava ao lado do rio e tinha uma lareira de pedra. Parecia perfeito.

– Só há um problema – disse, já com ar desapontado.

E não quis dizer mais nada. Insistiu para que eu fosse vê-lo primeiro. Não concordei e finalmente consegui convencê-la a me contar qual era o grande defeito.

– Tem uma pista de pouso e decolagem nos fundos – disse.

Fiquei não só boquiaberta, como comprei logo a propriedade.

Naquele verão, exatamente um ano depois de comprar a fazenda, disse adeus a Escondido e me mudei para Head Waters, na Virgínia, em 1º de julho de 1984. Meu filho Kenneth foi dirigindo meu velho Mustang país afora. Catorze dos quinze membros da equipe de Shanti Nilaya me acompanharam para ajudar a continuar nosso trabalho tão importante. A maior parte deles acabaria voltando um ano depois, por não conseguir ou não querer adotar um estilo de vida mais rural. Minha intenção era pôr as coisas logo em marcha, acabando primeiro o centro de tratamento, mas meus guias avisaram-me para construir primeiro a minha casa.

Não entendi por quê, até um pequeno exército de voluntários, atendendo a um pedido de ajuda publicado no boletim informativo, chegar munido de ferramentas, entusiasmo e exigências especiais. Das quarenta pessoas que chegaram, por exemplo, pelo menos 35 tinham dietas especiais. Um não comia laticínios, o outro era macrobiótico, a outra não comia açúcar, alguns não comiam frango, outros só comiam peixe. Benditas entidades amigas. Se não fosse pela privacidade de minha casa à noite, teria perdido as estribeiras. Levei cinco anos para aprender a servir apenas dois tipos de refeições: com carne e vegetariana.

Pouco a pouco, a fazenda foi recuperada. Comprei tratores e máquinas de enfardar. Os campos foram arados, semeados e adubados. Furamos poços. É claro, a única coisa que parecia fluir era o dinheiro. Só consegui equilibrar o orçamento oito anos depois, e mesmo assim vendendo carneiros, gado e madeira. Mas viver perto da terra compensava largamente a despesa.

Na noite anterior ao Dia de Ação de Graças, eu estava com martelo e pregos na mão trabalhando com meu mestre de obras quando tive a forte sensação de que algo muito incomum iria acontecer, alguma coisa boa. Não o deixei ir para casa e o mantive acordado a noite inteira com café e chocolates suíços – ele pensou que eu fosse maluca. Mesmo assim, prometi que valeria a pena, e, realmente, tarde da noite, quando estávamos sentados conversando, a sala encheu-se de uma luz cálida. O mestre de obras olhou para mim, como se dissesse: "O que está havendo?"

– Espere – pedi.

Aos poucos, uma imagem apareceu contra a parede mais distante. Vimos na mesma hora de quem se tratava. Jesus. Abençoou-nos e desapareceu. Voltou novamente, sumiu e então retornou mais uma vez e pediu-me para chamar o lugar de Fazenda Healing Waters.

– É um novo começo, Isabel.

Minha testemunha estava incrédula.

– A vida é cheia de surpresas – eu disse.

Quando amanheceu, saímos para o ar fresco da manhã e

vimos que uma neve suave caíra, cobrindo os campos, colinas e construções.

Parecia um novo começo.

A mudança para Healing Waters me estimulou com a sensação de ter novamente uma missão, apesar de não saber qual seria. Era o bastante para começar. Uma das vizinhas, Pauline, um anjo tolhido pelo diabetes, pela artrite e pelo lúpus, telefonava assim que eu acendia as luzes depois de chegar de viagem. Não sentia que tivesse chegado até ouvir a voz dela dizer, calorosa:

– Olá, Elisabeth, seja bem-vinda. Posso ir até aí levar uma coisinha para você?

Minutos depois, ela batia à porta trazendo um pudim caseiro ou uma torta de maçã. Havia dois irmãos que moravam à beira da estrada que aceitavam qualquer trabalho que eu lhes desse.

Havia uma grande sinceridade em meio à vida dura das pessoas daquela região pobre do país, pessoas com quem me identificava, que eram inegavelmente mais autênticas do que os impostores que encontrara no sul da Califórnia, e minha própria vida adaptou-se também aos dias compridos, músculos doloridos e recompensas adquiridas com esforço. E poderia ter continuado assim se não fosse pela maldita eficiência do correio dos Estados Unidos. Eficiência? Exatamente. Talvez eu seja a primeira pessoa a reclamar disso.

Quando cheguei, a pequena agência de apenas uma sala do correio de Head Waters só abria uma vez por semana. Avisei à meiga senhora que tomava conta dela que talvez fosse preciso abri-la mais vezes, já que eu costumava receber quinze mil cartas por mês.

– Bem, minha querida, vamos ver como fica – disse.

Um mês depois, ela passou a abrir a agência cinco dias por semana e nunca deixou de fazer uma entrega sequer.

Naquela primavera, recebi uma carta que afetou minha vida mais do que qualquer outra:

Prezada Dra. Ross,
Tenho um filho de 3 anos que está com aids. Não posso mais cuidar dele. Ele come muito pouco e bebe muito pouco. Quanto cobraria para cuidar dele?

Outras cartas semelhantes vieram em seguida. Nenhuma história ilustrava melhor a trágica frustração que os pacientes soropositivos enfrentavam do que a de Dawn Place. Ela era uma mãe portadora do vírus HIV que, nos últimos e penosos meses de sua vida, procurara desesperadamente um lugar onde aceitassem cuidar de sua filha, também soropositiva, depois que ela morresse. Mais de setenta organizações lhe deram as costas, e ela morreu sem saber quem cuidaria de sua filha. Recebi outra carta tocante de uma mãe em Indiana perguntando se eu podia tomar conta de seu bebê soropositivo. "Ninguém quer nem tocar nele."

Era difícil de acreditar, mas minha revolta aumentou mais ainda quando soube de um bebê em Boston que tinha sido deixado dentro de uma caixa de sapatos para morrer. Era uma menina, que foi levada para um hospital e colocada num berço tão aconchegante quanto a jaula de um animal no zoológico. As assistentes sociais do hospital lhe faziam pequenos afagos diariamente. Mas era só. A criança nunca se ligou a ninguém. Nunca foi abraçada, acarinhada ou se sentou no colo de qualquer pessoa. Com 2 anos, não sabia engatinhar, que dirá andar, e não falava. Uma crueldade.

Empenhei-me febrilmente até encontrar um casal maravilhoso que concordou em adotar essa criança. Quando chegaram ao hospital, porém, não lhes permitiram vê-la. Os administradores deram uma desculpa qualquer alegando que a criança estava doente. Claro que estava, o bebê tinha aids! Acabamos sequestrando a menina, negociamos um acordo com o hospital depois de ameaçar divulgar o fato para imprensa e, felizmente, a menina cresceu bem amparada.

Daí em diante, passei a ter pesadelos com bebês soropositivos morrendo sem que ninguém lhes desse carinho ou amor. Os pesadelos só pararam quando ouvi os clarins da voz do meu coração me aconselhando a abrir uma clínica em minha fazenda. Não era o que tinha sonhado para o lugar, mas já tinha aprendido a não discutir com o destino. Em pouco tempo, já imaginava uma espécie de paraíso de arca de Noé, um lugar onde minhas crianças soropositivas pudessem correr livremente entre cavalos, vacas, carneiros, pavões e lhamas.

Mas tudo acabou sendo muito diferente. Em 2 de junho de 1985, falando para a turma de formandos da Faculdade Mary Baldwin, em Staunton, mencionei casualmente meu plano de adotar vinte bebês portadores de HIV e criá-los em 2 hectares da fazenda que transformaria em clínica. Os estudantes aplaudiram, mas meu comentário, transmitido pela televisão local e publicado nos jornais, desencadeou um protesto irado entre os residentes da região, que, em seu medo e ignorância, passaram a encarar-me como o Anticristo que iria trazer aquela doença mortal para dentro de suas casas.

No início, estava ocupada demais para ter consciência da tempestade que se formava à minha volta. Tinha visitado anteriormente uma maravilhosa casa de repouso em São Francisco, onde os pacientes portadores de HIV recebiam apoio, compaixão e carinho. A visita fez-me pensar em como seria a vida dos soropositivos nas prisões, onde havia tantos casos de abuso sexual e promiscuidade e certamente nenhum tipo de sistema de apoio. Telefonei para funcionários do governo em Washington, D.C., alertando-os a respeito dessa epidemia, que estava se espalhando como rastilho de pólvora, e insistindo para que se preparassem com as medidas adequadas. Eles ridicularizaram minhas preocupações.

– Não temos um único caso de aids nas prisões – garantiram.

– É possível que ainda não saibam de nenhum – argumentei –, mas tenho certeza de que há uma porção.

– Não, não, a senhora tem razão – replicaram. – Tivemos quatro casos. Foram libertados. Os outros todos tiveram permissão oficial para deixar a prisão.

Continuei a dar telefonemas, até falar com alguém que mexeu os pauzinhos e me conseguiu uma autorização para entrar na prisão de Vacaville, Califórnia. Disseram que eles não tinham a menor ideia de como lidar com a doença e, se eu estava interessada em examinar o problema, que fosse até lá. Em menos de vinte e quatro horas, seguia de avião para o oeste.

O que vi na prisão confirmou meus piores temores. Havia de fato oito prisioneiros morrendo de aids. Sofriam sem receber cuidados decentes e viviam em circunstâncias absolutamente deploráveis, cada um isolado numa cela. Só dois deles conseguiam andar e circular pela prisão; os outros estavam fracos demais para sair da cama. Disseram que não tinham "patinhos" ou urinóis e portanto eram obrigados a urinar em suas canecas e esvaziá-las pela janela.

Se isso já eram ruim, o resto era ainda pior. Um homem cujo corpo estava coberto pelas lesões avermelhadas do sarcoma de Kaposi implorou para que fosse submetido ao tratamento com radiação. A boca de outro estava tão tomada por uma infecção causada por fungos que ele mal conseguia engolir, e vi que quase vomitou quando o guarda trouxe seu almoço – *tacos,* com uma crosta dura e molho apimentado.

– Acho que estão mesmo querendo ser sádicos – disse, horrorizada.

O médico da prisão era um médico do interior aposentado. Minhas perguntas fizeram-no admitir que seus conhecimentos a respeito da aids eram menores que o da maioria, mas ele não se desculpou por isso.

Tornei pública a situação lamentável que encontrei naquela prisão através de entrevistas e em meu livro *Aids: o desafio final.* Como projeto, foi um dos mais bem-sucedidos que empreendi. Em dezembro de 1986, dois dos meus melhores companheiros de trabalho, Bob Alexander e Nancy Jaicks, começaram a fazer visitas semanais de apoio aos prisioneiros soropositivos de Vacaville. O trabalho feito pelos dois inspirou ao Departamento de Justiça dos Estados Unidos uma investigação sobre as condições de vida dos presos portadores de HIV em todas as prisões. "Já se começou a agir", escreveu Bob, cheio de otimismo, em agosto de 1987.

Era tudo de que precisávamos. Dez anos mais tarde, voltei a Vacaville. O local onde antes eu constatara uma situação terrivelmente desumana estava completamente transformado num hospital para prisioneiros portadores de HIV em que havia esclarecimento e compaixão. Tinham treinado outros presos para cuidar dos doentes. Havia também alimentação adequada, atenção médica, música suave, fisioterapia e psicoterapia, e padres, pastores e rabinos à disposição, que podiam ser chamados a qualquer hora. Nunca fiquei tão emocionada em toda a minha vida.

Por uma boa razão. Até mesmo no sinistro ambiente de uma prisão os sofrimentos causados pela aids tinham proporcionado a manifestação de atos de compaixão e solidariedade.

Era uma lição importante para os que duvidavam do poder que tem o amor para criar a diferença.

PARTE IV

"A ÁGUIA"

(últimos anos de vida)

◎

A águia gosta de pairar nas alturas, acima do mundo, não para ver as pessoas de cima, mas para estimulá-las a olhar para cima.

35

SERVIÇOS PRESTADOS

Enquanto estava viajando, como fizera durante quatro semanas pela Europa, pouco tinha visto além de hotéis, salas de conferência e aeroportos. Por isso, nada podia ser mais espetacularmente lindo do que chegar em casa. Na primeira manhã, eu me inebriava com toda a exuberância e a vida de um mundo que estava acabando de acordar – umas oitenta ovelhas, gado, lhamas, galinhas, perus, jumentos e patos. Os campos tinham produzido legumes em abundância. Não podia conceber um lar melhor do que a minha fazenda para crianças portadoras do vírus HIV, que não tinham quem cuidasse delas.

Só havia um grande problema: as pessoas à minha volta não concordavam. Atendia a telefonemas esquisitos. Uma caixa de correio lotada me esperava ao chegar. "Leve os seus bebês aidéticos para outro lugar qualquer", dizia uma carta anônima, refletindo a opinião popular. "Não nos contamine."

As pessoas da região diziam-se boas cristãs, mas não conseguiam convencer-me. Desde o momento em que anunciara minha intenção de criar uma clínica para bebês soropositivos, o povo do condado de Highland protestara. Não eram muito bem-informados sobre a aids e o medo alastrou-se rapidamente. Enquanto estava viajando, um operário de construção que eu despedira tinha ido de porta em porta espalhando mentiras sobre a doença e pedindo às pessoas para assinarem um abaixo-assinado contra mim.

– Vote *não* se você não quer que essa mulher traga a aids para o nosso condado – era o que dizia às pessoas.

Ele tinha feito um bom trabalho. Em 9 de outubro de 1985,

data da reunião de eleitores do condado para discutir a questão, as pessoas estavam tão indignadas que ameaçavam usar de violência. Na noite da reunião, mais da metade da população de 2.900 moradores encheu a pequena igreja metodista de Monterey, a sede do condado. Antes de anunciar meus planos de adotar bebês portadores do vírus, era cumprimentada calorosamente e respeitada como a celebridade do lugar. Quando entrei na igreja, contudo, as pessoas que costumavam acenar para mim na cidade começaram a vaiar. Soube então que a minha chance de convencer qualquer um deles a passar para o meu lado era nula.

Mesmo assim, fiquei de pé diante daquela multidão tensa e falei sobre o tipo de bebê que pretendia adotar, crianças entre seis meses e 2 anos, crianças "que estão morrendo de aids e não têm brinquedos, nem amor, nem sol, nem abraços, nem beijos, nem um ambiente de carinho. Estão condenadas a passar o resto de suas vidas dentro daqueles hospitais caros". Era o apelo mais sincero e carregado de emoção que podia fazer. E, no entanto, foi recebido com um pesado silêncio.

Mas estava preparada para mostrar mais. Primeiro, o muito sério diretor do Departamento de Saúde de Staunton fez uma apresentação factual sobre a doença, inclusive discorrendo sobre as formas específicas de transmissão, o que deveria ter acalmado os temores de qualquer indivíduo normal. Depois, uma mulher contou como um de seus gêmeos prematuros contraíra aids através de uma transfusão de sangue e, ainda que as duas crianças usassem o mesmo berço, as mesmas mamadeiras e brinquedos, só o menino infectado morreu. "Seu irmão continuou soronegativo", disse, com voz trêmula. Finalmente, um patologista da Virgínia narrou suas experiências como médico e como pai que havia perdido o único filho contaminado pelo vírus HIV.

Inacreditavelmente, todas essas pessoas foram vaiadas, o que me deixou revoltada e fervendo de raiva diante de tanta ignorância e ódio. Sabia que a única maneira de obter uma reação positiva daquela turba seria anunciar minha partida imediata

da região. Em vez disso, como não estava disposta a admitir a derrota, pedi que fizessem perguntas.
– Você pensa que é Jesus?
– Não, não sou Jesus. Mas estou tentando fazer o que tem sido ensinado há dois mil anos, que é amar o próximo e ajudá-lo.
– Por que não faz o centro de tratamento num lugar onde seja mais útil de imediato?
– Porque moro aqui e é aqui que eu trabalho.
– Por que você não ficou onde estava antes?
Era quase meia-noite quando a reunião acabou. Para que serviu? Para nada. O resultado? Muita raiva e frustração. Eles me detestavam. Meus assistentes, os oradores convidados e eu fomos escoltados na saída da igreja por vários policiais, que nos acompanharam até minha fazenda. Comentei com um amigo que não tinha ideia de que a polícia fosse tão amigável.
– Sua boba, eles não são amigáveis – disse, balançando a cabeça, incrédulo. – Só querem ter certeza de que não terão um linchamento hoje.
Depois disso tudo, passei a ser um alvo fácil e aberto para todos. Quando ia fazer compras na cidade, era chamada de "amiga dos negros". Recebia telefonemas ameaçadores diariamente. "Você vai morrer igual às crianças aidéticas que tanto ama." A Ku Klux Klan queimava cruzes em meu gramado. Outros disparavam tiros pelas minhas janelas. Tudo isso eu aguentava; o que me aborrecia mais eram os pneus furados todas as vezes que saía de minha propriedade. Morando no meio do mato, aquilo era um problema. Era óbvio que alguém estava sabotando minha caminhonete.
Por fim, numa noite, me escondi na casa de fazenda e fiquei vigiando o portão de entrada onde os pneus de meu carro eram furados. Por volta de duas da madrugada, vi seis caminhonetes abertas atravessarem lentamente o portão e deixarem cair cacos de vidro e pregos no chão. Percebendo que tinha de ser mais esperta do que eles, no dia seguinte cavei um buraco no final do caminho de entrada de automóveis e instalei um mata-burros,

uma grade de metal que faria com que os cacos e pregos pontiagudos caíssem no buraco – o que acabou com os pneus furados. Mas não ajudou em nada para melhorar minha popularidade – ou a falta dela – em Head Waters.

Certo dia, quando estava trabalhando do lado de fora, um caminhão diminuiu a marcha ao passar e o motorista gritou alguma coisa horrível para mim. Quando se afastou correndo, vi um adesivo colado em seu caminhão que dizia: "Jesus é o Caminho." Não era aquele, certamente, e, em meio à minha frustração, não pude deixar de gritar em voz alta:

– Onde estão os verdadeiros cristãos por aqui?

Um ano mais tarde, desisti de lutar. A oposição era forte demais. Não era só a opinião pública que me era contrária; o condado recusava-se a aprovar as licenças de zoneamento indispensáveis. A não ser que vendesse a fazenda, o que não faria, tinham-se esgotado minhas opções, recursos e energia. Uma das coisas que mais me partiu o coração foi entrar no quarto que havia preparado para a chegada das crianças, enchendo-o de bichos de pelúcia, bonecas, colchas artesanais e roupas de lã tricotadas à mão. Parecia uma loja para bebês. Aparentemente, tudo o que podia fazer era sentar em uma das camas e chorar.

Mas logo me ocorreu outro plano. Se eu mesma não podia adotar bebês soropositivos, poderia encontrar outras pessoas que o fizessem, criando muito menos controvérsia. Organizei meus consideráveis recursos, que incluíam os 25 mil assinantes em todo o mundo de meu boletim de Shanti Nilaya, e pedi-lhes que espalhassem a mensagem. Em breve, meu escritório parecia uma daquelas agências de adoção que procuram combinar famílias com crianças. Uma família de Massachusetts adotou sete crianças. Acabei encontrando 350 pessoas bondosas e solidárias pelo país afora que adotaram bebês contaminados pelo vírus.

Além disso, conheci pessoas que não podiam adotar crianças,

mas queriam ajudar de alguma forma. Uma idosa descobriu um novo objetivo para sua vida consertando bonecas velhas, que conseguia em mercados de objetos usados e mandava para mim para serem dadas como presentes de Natal. Um advogado da Flórida ofereceu consultoria legal gratuita. Uma família suíça enviou dez mil francos. Uma mulher contou, cheia de orgulho, que uma vez por semana preparava as refeições de um paciente soropositivo que ela conhecera em um dos meus workshops. E outra ainda escreveu que havia superado seus medos e abraçado um rapaz que estava morrendo de aids. Segundo ela, era difícil dizer qual dos dois lucrara mais.

Foi uma época marcada pela violência e o ódio, e a aids era vista como uma das maiores maldições de nosso tempo. Mas eu também via um benefício enorme em tudo aquilo. Sim, um benefício. Todos os pacientes que me falaram de suas experiências de quase morte lembravam-se de entrar na luz e serem perguntados: "Quanto amor você deu e recebeu?" "Que serviços você prestou?" Em outras palavras, como se saíram ao aprender a mais difícil de todas as lições da vida: o amor incondicional.

A epidemia de aids fazia a mesma pergunta. Gerou incontáveis histórias de pessoas que aprenderam a ajudar e amar outras pessoas. O números de clínicas especializadas multiplicou-se enormemente. Soube de um menino pequeno e sua mãe que levavam comida para dois vizinhos homossexuais doentes que não podiam mais sair de casa. A colcha de retalhos comemorativa do Names Project* é um dos maiores monumentos à humanidade que este país e o mundo jamais produziram. Quando foi a última vez

---

* N. da T.: Um projeto que visa lembrar as vítimas da aids e arrecadar fundos para organizações de assistência aos portadores do vírus. Consiste em um conjunto de 41 mil painéis colocados lado a lado, como uma colcha de retalhos, cada um deles lembrando a vida de uma pessoa que morreu de aids. Hoje, dez anos depois de sua criação, a Names Project Foundation tem 44 sedes locais nos Estados Unidos e 39 em outros países de todo o mundo. Já arrecadou quase dois milhões de dólares em recursos.

que se ouviram tantas histórias como essas? Ou se viram tantos exemplos assim?

Em um de meus workshops, um enfermeiro contou uma história a respeito de um homossexual que estava morrendo na enfermaria em que ele trabalhava. O rapaz passava o dia inteiro no escuro, esperando, consciente de que seu tempo estava se esgotando, e sempre desejando que seu pai, que o expulsara de casa, viesse vê-lo antes que fosse tarde demais.

Então, certa noite, o enfermeiro viu um senhor andando sem rumo pelos corredores, nervoso, parecendo desamparado. O enfermeiro conhecia as pessoas que iam visitar os parentes e nunca tinha visto aquele homem antes. Sua intuição lhe disse que aquele era o pai do rapaz. Portanto, quando o homem se aproximou da porta do quarto, o enfermeiro disse:

– Seu filho está aí nesse quarto.

– Meu filho, não – replicou o homem.

Com seu jeito bondoso e compreensivo, o enfermeiro deu um leve empurrão na porta, abrindo apenas uma fresta, e disse:

– Lá está seu filho.

O homem não pôde deixar de lançar um rápido olhar para o rapaz esquelético deitado no escuro. Depois de enfiar a cabeça pela abertura da porta, ele a retirou e disse:

– Não, não é possível, aquele não é meu filho.

Mas o rapaz, com a voz enfraquecida, conseguiu dizer:

– Sou eu, sim, papai. Estou aqui.

O enfermeiro abriu a porta e o pai entrou no quarto. Ficou parado por um momento, depois se sentou na cama e abraçou o filho.

O enfermeiro não se lembra de ter visto o abraço acabar.

Naquela noite, o rapaz morreu. Mas morreu em paz, e só quando seu pai já tinha aprendido a maior de todas as lições.

Eu não tinha dúvida de que um dia a medicina descobriria a cura para essa doença horrível. Mas esperava que, antes, a aids curasse o que nos contaminava como seres humanos.

36
A MÉDICA DO INTERIOR

Meu trabalho era ajudar as pessoas a encontrarem uma maneira mais tranquila de viver e, no entanto, parecia que eu mesma nunca iria ter serenidade. Pagara um preço mais alto do que eu pensara pela intensa luta para adotar os bebês soropositivos. Em seguida, veio um inverno rigoroso; depois, chuvas e enchentes que causaram prejuízos à propriedade. Então, uma estiagem arruinou o que teria sido uma boa colheita, quando mais precisávamos de uma. Como se não bastasse, eu ainda mantinha minha agenda lotada de palestras, workshops, atividades para angariar fundos, consultas a domicílio e visitas a doentes em hospitais.

Não fiz caso das advertências dos amigos, que diziam que eu acabaria tendo sérios problemas de saúde se partisse para um exaustivo programa de palestras e workshops pela Europa. Cumpri o cronograma, mas, em compensação, tirei dois dias de folga no final para visitar minha irmã Eva na Suíça. Quando cheguei em sua casa, estava completamente esgotada. Minha aparência era horrível, precisava de descanso, e ela insistiu para que cancelasse minha viagem a Montreal e ficasse mais tempo.

Apesar disso ser impossível, estava determinada a tirar o melhor proveito de minha curta visita, desfrutando da reunião de família que Eva tinha organizado num bom restaurante. Como esses encontros familiares eram raros, aquele foi alegre e divertido, uma verdadeira festa.

– Isso é o que todas as famílias deveriam fazer – disse. – Deveriam celebrar enquanto todo mundo está vivo.

– Também acho – disse Eva.

– Talvez as gerações futuras passem a comemorar as formaturas e acabem com esse estardalhaço ridículo e essa tristeza toda por causa da morte – continuei. – No mínimo, as pessoas deveriam chorar mesmo é quando alguém nasce e tem de começar de novo todo esse absurdo que é a vida.

Vinte e quatro horas mais tarde, enquanto nos preparávamos para dormir, disse a minha irmã que não se incomodasse comigo na manhã seguinte – que eu tomaria um pouco de café, fumaria um cigarro e iria para o aeroporto. De manhã, meu despertador tocou e, quando desci, verifiquei que Eva nem tomara conhecimento de meu pedido e ainda por cima colocara sua melhor toalha branca na mesa com um arranjo de flores frescas no centro. Sentei-me para tomar café e, quando já ia reclamar com ela por ter tido tanto trabalho comigo, o que todos mais temiam aconteceu.

Toda a tensão, as viagens, o café, os cigarros e o chocolate – tudo junto, de repente, me apanhou. Fui tomada pela estranha sensação de estar afundando. Meu corpo ficou fraco. Tudo começou a girar à minha volta. Perdi a consciência da presença de minha irmã e não conseguia me mexer. Entretanto, sabia exatamente o que estava acontecendo.

Eu estava morrendo.

Soube na mesma hora. Depois de ajudar tanta gente a passar por seus últimos momentos, minha própria morte tinha afinal consentido em chegar. Os comentários que fizera no restaurante na noite anterior agora pareciam proféticos. Pelo menos, eu estava indo embora com uma comemoração. Pensei também na fazenda, nos campos, que estavam cheios de legumes que seria preciso enlatar, nas vacas, porcos, carneiros e nas novas crias que tinham nascido. Olhei então para Eva, sentada bem à minha frente. Ela me ajudara tanto com meu trabalho na Europa e com a fazenda! Queria lhe dar algo antes de morrer.

Aparentemente, não havia como, pois não sabia de que estava morrendo. Se, por exemplo, fosse uma coronária, era provável que eu morresse num instante. Então, tive uma ideia.

– Eva, estou morrendo – disse. – E quero dar a você um presente de despedida. Vou partilhar com você o que é realmente a sensação de estar morrendo do ponto de vista do paciente. É o melhor presente que posso dar, porque ninguém jamais fala enquanto está passando por isso.

Nem esperei – ou mesmo reparei, para dizer a verdade – a reação dela e me precipitei num relato detalhado de tudo o que estava acontecendo comigo.

– Está começando nos meus dedos dos pés – disse. – É como se estivessem na água quente. Dormentes. Confortáveis.

Para mim, minha voz soava rápida como a de um locutor de corridas de cavalos.

– Está subindo pelo meu corpo, pelas minhas pernas. Agora está passando da cintura. Não estou com medo. É exatamente como pensei que fosse. É um prazer. É realmente uma sensação agradável.

Apressei-me para mantê-la a par do que estava sentindo.

– Estou fora de meu corpo – continuei. – Sem mágoas. Diga adeus por mim a Kenneth e Barbara. Só amor.

Àquela altura, só me restavam um ou dois segundos. Era como se estivesse numa rampa de esqui, preparando-me para saltar no vazio. À frente estava a luz brilhante. Estendi os braços num ângulo que me faria voar direto para o centro da luz. Lembro que me agachei numa posição de corrida para ganhar impulso e controle de movimentos. Estava totalmente consciente de que o momento glorioso tinha chegado e saboreava cada segundo revelador.

– É a minha formatura – disse à minha irmã. E olhei para a luz diretamente à minha frente; senti que me puxava para mais perto e abri os braços. – Lá vou eu! – gritei.

Quando acordei, estava de bruços, estirada sobre a mesa da cozinha de Eva. A elegante toalha de mesa branca de minha irmã estava coberta de café derramado. Seu lindo arranjo de flores, espalhado por toda parte. E, o que é pior, Eva estava transtornada. Desatinada, segurava-me e tentava imaginar o que fazer. Desculpou-se por não ter chamado uma ambulância.

– Não seja boba – disse. – Não precisava chamar coisa nenhuma. É óbvio que não fui embora. Estou presa aqui outra vez.

Eva insistia em fazer alguma coisa, e então a obriguei a me levar ao aeroporto, embora ela não achasse conveniente.

– Dane-se a conveniência – escarneci.

No caminho, porém, perguntei o que tinha achado do presente que lhe dera, meu relato sobre como era morrer. Recebi de volta um olhar esquisito. Devia estar pensando que talvez eu já estivesse sendo transportada pelo ar. Só me ouvira dizer "Estou morrendo" e depois "Lá vou eu!". Entre uma frase e outra, um vazio completo, exceto pelo som da louça se quebrando e voando longe quando caí sobre a mesa.

Três dias depois, diagnostiquei o problema como tendo sido uma ligeira fibrilação de meu coração ou também alguma outra coisa, mas nada grave. Dei alta a mim mesma e me considerei ótima. Mas não estava ótima. A estiagem que assolou o verão de 1988 foi das mais duras. Em meio a ondas de calor que atingiam recordes de temperatura, supervisionei o final da construção das casas redondas do centro, dei um pulo à Europa e celebrei meu aniversário de 62 anos promovendo uma festa para as famílias que tinham adotado bebês soropositivos. Lá pelo final de abril, estava me arrastando de cansaço mais ainda do que de costume.

Não dei atenção ao cansaço. Então, no dia 6 de agosto, estava dirigindo o caminhão na companhia de Ann, uma médica amiga que viera da Austrália para me visitar, e de minha antiga colaboradora, Charlotte, uma enfermeira, e descíamos um morro íngreme acima da fazenda quando, de repente, senti um latejar na cabeça, uma pontada dolorosa que se espalhou como uma espécie de choque elétrico pelo meu lado direito. Segurei a cabeça com a mão esquerda e apertei com força. Gradativamente,

meu lado direito ficou mais fraco e depois entorpecido. Voltei-me para Ann e disse, com toda a calma:
– Acabei de ter um derrame.
Nenhuma de nós sabia o que pensar naquele instante. Estávamos assustadas? Entramos em pânico? Não. Seria impossível encontrar três mulheres mais capazes e de maior sangue-frio. De alguma forma, dei um jeito de voltar com a caminhonete até a casa de fazenda e puxei o freio de mão.
– Como é que você está, Elisabeth? – perguntaram.
Sinceramente, eu não sabia. Àquela altura, já não conseguia mais falar com clareza. Minha língua não funcionava direito, minha boca estava mole como se parte dela estivesse gasta, e meu braço direito não obedecia mais.
– Temos de levá-la para o hospital – disse Ann.
– Besteira – consegui dizer. – O que eles podem fazer no caso de um derrame? Não podem fazer nada, só ficar olhando.
Entretanto, consciente de que precisava de ao menos um exame geral básico, deixei que me levassem para o Centro Médico da Universidade de Virgínia. Em vez de fazer o jantar naquela noite, fiquei sentada no setor de emergência. Era a única ali doida por uma xícara de café e um cigarro. O máximo que me deram foi um médico que se recusou a me internar, a menos que eu parasse de fumar.
– Não! – retruquei.
Ele cruzou os braços, um verdadeiro mandachuva querendo impor sua opinião. Eu não sabia que ele era o chefe da unidade de acidentes vasculares cerebrais. E nem me importava.
– A vida é minha – disse.
Nesse meio-tempo, um médico jovem, divertindo-se com a disputa, comentou que a mulher de um figurão da universidade, recentemente internada naquele setor, tinha usado de sua influência para conseguir um quarto particular onde pudesse fumar.
– Pergunte se ela se importa com uma companheira de quarto – disse.

Ela ficou encantada por ter companhia. No minuto em que fecharam a porta, eu e minha companheira de quarto, uma mulher de 71 anos, inteligente e muito divertida, acendemos nossos cigarros. Parecíamos duas adolescentes levadas. Sempre que eu ouvia passos, fazia um sinal e apagávamos os cigarros.

Admito que não era uma paciente fácil, mas mesmo assim o tratamento foi ruim. Ninguém fazia um prontuário que prestasse. Ninguém fazia um exame completo. As enfermeiras me acordavam de hora em hora, a noite toda, acendendo a luz de uma lanterna direto nos meus olhos:

– Está dormindo? – perguntavam.

– Não estou mais – resmungava.

Em minha última noite no hospital, perguntei à enfermeira se ela poderia me acordar com música.

– Não podemos fazer isso – disse a enfermeira.

– E que tal assobiar ou cantar? – sugeri.

– Também não podemos fazer isso – respondeu.

Era só o que eu ouvia: "Não podemos fazer isso."

Acabei ficando farta de tudo aquilo. Três dias depois de entrar no hospital, às oito da manhã, fui cambaleando até a central de enfermagem – com minha companheira de quarto atrás de mim – e autorizei minha própria saída do hospital.

– A senhora não pode fazer isso – disseram-me.

– Você duvida? – disse.

– Mas a senhora não pode.

– Sou médica – disse.

– Não, é uma paciente.

– Os pacientes também têm direitos – repliquei. – Eu assino os papéis.

Recuperei-me melhor e mais depressa do que se estivesse no hospital. Dormia bem e comia uma boa comida. Estabeleci meu próprio programa de reabilitação. Todos os dias, vestia-me e subia um grande morro que havia atrás de minha fazenda. Era uma área ainda em estado natural, com ursos e cobras movendo-se furtivos por trás de árvores e pedras. Comecei subindo o caminho de quatro, engatinhando lenta e penosamente. No fim da primeira semana, já estava de pé, apoiada numa bengala, mas recuperando minhas forças. Em cada caminhada, cantava a plenos pulmões, um excelente exercício, e, graças à desafinação de meus gorjeios, arranjei um método de proteção infalível contra animais selvagens.

Quatro semanas depois – apesar do pessimismo de meu médico – já podia andar e falar outra vez. Por sorte, tinha sido um "pequeno" derrame, e voltei a cuidar do jardim, da fazenda, a escrever, cozinhar e viajar, tudo o que fazia antes. A mensagem para desacelerar era clara. E quanto a abrandar o tom? Pouco provável, como ficou evidente durante a palestra que dei em outubro para os médicos do hospital de onde saíra por conta própria dois meses antes.

– Vocês me curaram – exclamei, caçoando. – Em dois dias, vocês curaram para sempre minha vontade de ser hospitalizada, a não ser em caso de emergência extrema!

No verão de 1989, a melhor colheita que já tivera me encheu de satisfação. Fazia cinco anos que tinha a fazenda, trabalhara nela durante quatro e estava saboreando os frutos e os legumes de meu esforço. Era verdade o que dizia a Bíblia: você colhe o que planta. O outono já estava começando, a estação das cores primárias, e eu ainda não tinha acabado de fazer e enlatar conservas, para, em seguida, ir à estufa começar a preparar as mudas para o ano seguinte. Vivendo perto da terra, reconhecia mais do que nunca a nossa dependência da Mãe Natureza, e vi-me dedicando maior atenção às profecias dos índios Hopi e ao *Livro das Revelações*.

Preocupava-me com o futuro do mundo. A julgar pelo que mostravam os jornais e a CNN, parecia assustador. Acreditava nas advertências de certas pessoas de que em breve o planeta seria abalado por acontecimentos catastróficos. Meus diários estavam cheios de reflexões e ideias destinadas a evitar tanta dor e sofrimento. "Se olharmos TODAS as coisas vivas como uma dádiva de Deus, criadas para nosso prazer e gozo, para amar e respeitar, estimar e resguardar para nossas próximas gerações, e cuidarmos de nós mesmos com a mesma solicitude, o futuro não será TEMÍVEL, mas precioso."

Infelizmente, todos esses diários seriam destruídos. Contudo, algumas outras anotações ainda me vêm à mente:

- Nosso hoje depende de nosso ontem e nosso amanhã depende de nosso hoje.
- Você já deu amor a si mesmo hoje?
- Você já admirou e agradeceu às flores, apreciou os pássaros, contemplou as montanhas e sentiu a admiração reverente que inspiram?

Havia certos dias em que sentia minha idade, em que meu corpo doía e lembrava-me que pessoa impaciente eu era. Mas quando refletia sobre as grandes questões da vida em meus workshops, sentia-me tão jovem, cheia de vitalidade e de esperança como quando ainda era uma médica do interior fazendo minha primeira visita à casa de um doente, mais de quarenta anos antes. O melhor remédio é o mais simples. "Vamos todos aprender a amar e perdoar a nós mesmos, a ter compaixão e compreensão", foi o que passei a dizer sempre no final dos workshops. Era um resumo de todo o meu conhecimento e experiência. "E então seremos capazes de dar aos outros esses bens. Curando as pessoas, podemos curar a Mãe Terra."

37

FORMATURA

Após sete anos de trabalho, luta e lágrimas, estava feliz por ter uma boa razão para comemorar. Numa tarde luminosa de julho de 1990, supervisionei as grandiosas festividades oficiais de inauguração do Centro Elisabeth Kübler-Ross – um acontecimento que tinha de fato começado vinte anos antes, quando senti o primeiro impulso de possuir uma fazenda. Embora as instalações já fossem regularmente usadas para os workshops, todo o trabalho de construção tinha afinal terminado.

Quando entrava no centro e olhava para os prédios, os chalés e minha bandeira da Suíça ondulando ao longe, parte de mim mal acreditava no que via. O sonho tinha resistido ao meu divórcio, tomara impulso quando eu criara Shanti Nilaya, em San Diego, e sobrevivera milagrosamente à minha crise de confiança depois do contato com B. e à minha batalha com a população local, que teria preferido que aquela senhora pretensamente amiga dos soropositivos tomasse o primeiro ônibus para fora da cidade.

Depois da bênção, dada com palavras comoventes por meu velho amigo Mwalimu Imara, tivemos música country e gospel e comida caseira suficiente para alimentar os quinhentos amigos que tinham vindo do Alasca e da Nova Zelândia. Havia também muito assunto para pôr em dia com membros da família e antigos pacientes. Foi um grande dia, que renovou minha fé no destino. Infelizmente, nem todos cuja vida tocara a minha podiam comemorar em pessoa, mas, apenas dois meses antes, tinha recebido algo inesquecível que me lembrava todos eles e a razão por que podia considerar-me verdadeiramente abençoada. Dizia o seguinte:

Querida Elisabeth:

Hoje é o Dia das Mães e estou mais cheia de esperança neste dia do que nos últimos quatro anos! Cheguei ontem do workshop Vida, Morte e Transição, na Virgínia, e tive de escrever para lhe contar como este me afetou.

Há três anos e meio, minha filha de 6 anos, Katie, morreu de um tumor no cérebro. Logo depois, minha irmã me enviou um exemplar do Livro de Dougy, e as palavras que você partilhou conosco naquele livrinho tocaram-me profundamente. A mensagem da lagarta e da borboleta continuam a trazer-me esperança, e foi muito importante ouvir de você pessoalmente a mesma mensagem na última quinta-feira. Obrigada por estar lá e dar tanto de si a todos nós.

Nem sei como falar de todas as dádivas que recebi durante essa semana, mas faço questão de partilhar algumas das que estão relacionadas à vida e à morte de minha filha. Graças a você, hoje compreendo melhor a vida e a morte dela. Nós duas sempre tivemos um vínculo especial, mas isso ficou mais evidente durante o período de sua doença e morte. Ela me ensinou muita coisa enquanto estava morrendo e continua a ser minha professora.

Katie morreu em 1986 depois de uma batalha de nove meses contra um tumor cerebral maligno. Após nove meses, perdeu a capacidade de andar e falar, mas não de se comunicar. As pessoas ficavam muito confusas quando a viam num estado de semicoma e eu lhes dizia que conversávamos o tempo todo. E continuei mesmo a falar com ela e ela comigo. Insistimos para que os médicos a deixassem morrer em casa e até a levamos para a praia com minha família duas semanas antes de sua morte. Foi uma temporada muito importante para todos nós, inclusive para vários sobrinhos e sobrinhas pequenos, que aprenderam muito sobre a vida e a morte durante aquela semana. Sei que se lembrarão durante muito tempo de como ajudaram a cuidar dela.

Uma semana depois de voltarmos para casa, ela morreu. O dia

começou como todos os outros, eu lhe dando seus remédios e alimentação, seu banho, e conversando com ela. Naquela manhã, quando a irmã de 10 anos estava indo para a escola, Katie emitiu alguns sons (o que não fazia havia meses), e comentei que ela estava dizendo "Até logo" para Jenny, antes que a irmã saísse. Notei que ela parecia muito cansada e prometi que não a mudaria mais de lugar naquele dia. Conversei com ela e disse para não ter medo, que eu estava ali com ela e que ela ficaria bem. Disse que não precisava resistir por minha causa e que, quando morresse, estaria segura e cercada por pessoas que a amavam, como o avô, que tinha morrido dois anos antes. Disse que sentiríamos muita falta dela, mas que ficaríamos bem. Depois, fiquei sentada junto dela na sala de estar. À tarde, Jenny voltou para casa, disse olá para Katie e foi para a outra sala fazer o dever de casa. Alguma coisa me disse para ir ver Katie, e comecei a limpar seu tubo de alimentação, que estava vazando. Quando ergui os olhos para ela, seus lábios ficaram brancos. Respirou duas vezes e parou. Falei com ela, que piscou os olhos duas vezes e se foi. Eu sabia que não havia nada a fazer senão abraçá-la, e foi o que fiz. Sentia-me muito triste, mas estava em paz. Não cogitei em tentar uma ressuscitação cardiopulmonar, que sabia como fazer. Graças a você, compreendo por quê. Sei que a vida dela acabou quando tinha de acabar, que ela aprendeu tudo o que veio aprender e ensinou tudo o que veio ensinar. Passo agora grande parte de meu tempo tentando entender tudo o que ela ensinou enquanto viveu e morreu.

Imediatamente depois da morte dela e desde então, comecei a sentir uma onda de energia e tive vontade de escrever. Escrevi por vários dias e ainda me espanto com a energia que persiste e com as mensagens que consigo obter. Assim que Katie morreu, a mensagem que tomou conta de mim foi a de que havia uma missão em minha vida, que estender a mão e dar aos outros é para que serve a vida. "Katie viverá para sempre, assim como todos nós. A essência daquilo que é mais valioso precisa ser partilhada com os outros. Amar, partilhar, tornar mais ricas as vidas de outras pessoas, tocar e ser tocado – existe outra coisa que se compare a esses momentos?"

E assim, desde a morte de Katie, minha vida tomou um outro rumo: comecei um curso de aconselhamento psiquiátrico que terminei em dezembro, estou trabalhando com portadores do vírus HIV... e compreendendo cada vez mais meus laços espirituais com Katie e com Deus.

Gostaria também de contar para você um sonho que tive muitos meses depois da morte de Katie. O sonho parecia muito real e, quando acordei, sabia que era significativo. Depois de suas palavras da última quinta-feira, passou a fazer mais sentido para mim:

Aproximei-me de um riacho que me separava de um outro lugar. Sabia que tinha de ir para lá. Vi uma pinguela estreita que cruzava o riacho. Meu marido estava comigo e me seguiu por algum tempo, até que tive de carregá-lo para atravessar a ponte. Quando chegamos do outro lado, entramos em uma casa pequena. Dentro estavam muitas crianças usando crachás com seus nomes e fotografias. Encontramos Katie entre elas e vimos que aquelas eram crianças que tinham morrido, e que poderíamos ficar um pouco com ela. Fomos ao encontro de Katie e perguntei se podia abraçá-la. Ela disse: "Pode, e podemos brincar um pouco, mas não posso ir embora com vocês." Como já contei, eu sabia disso. Ficamos juntos, brincamos com ela e depois tivemos de ir.

Acordei com a nítida sensação de que estivera com Katie naquela noite. Agora sei que realmente estive.

Com carinho, M.P.

38
O SINAL DE MANNY

Não havia outra maneira de encarar aquela situação: eu estava cercada de assassinos, pessoas que haviam cometido os piores crimes contra a humanidade. Também não havia como escapar. Estávamos todos atrás das grades de um presídio de segurança máxima em Edimburgo, na Escócia. E eu estava pedindo a eles uma confissão – mas não do crime horrível que haviam cometido, seja lá qual fosse. Não, eu queria algo muito mais perturbador, muito mais doloroso. Queria que revelassem a dor interior que os fizera matar.

Era decerto uma forma original de abordagem para promover a regeneração, mas eu acreditava que nem mesmo uma condenação à prisão perpétua ajudaria a regenerar um criminoso, a menos que fosse exteriorizado o trauma que havia motivado um crime tão grave. Era a mesma teoria que estava por trás de meus workshops. Em 1991, propus a vários presídios, inclusive norte-americanos, que realizassem workshops atrás das grades, mas só a prisão escocesa concordou com minhas condições insólitas: que a metade dos participantes fosse de prisioneiros e a outra de funcionários do presídio.

Será que daria certo? Tendo em vista a experiência, não havia dúvidas. Durante uma semana inteira, ficamos todos morando na prisão, comendo a mesma comida, dormindo nas mesmas camas duras, tomando banho nos mesmos compartimentos frios (menos eu, que preferia cheirar mal até morrer do que congelar) e ficando trancados juntos à noite. No final do primeiro dia, depois de quase todos os homens falarem sobre os crimes pelos quais estavam encarcerados, as lágrimas desciam nos rostos dos prisioneiros, até mesmo dos mais insensíveis. Ao longo do resto da semana, muitos revelaram histórias de infâncias marcadas por abusos sexuais ou emocionais.

Mas os prisioneiros não eram os únicos a contar suas histórias. Depois que a diretora do presídio, uma mulher franzina, revelou um problema íntimo de sua juventude diante de prisioneiros e guardas, uma proximidade emocional uniu o grupo. A despeito das diferenças entre eles, de repente se instalou um ambiente de verdadeira compaixão, empatia e afeto. Por volta do final da semana, reconheceram algo que eu já havia descoberto fazia muito tempo: que todas as pessoas, como verdadeiros irmãos e irmãs, estão ligadas pela dor e existem unicamente para suportar as adversidades com paciência e para crescer.

Os presos conquistaram uma paz que lhes permitiria levar uma vida plena mesmo atrás das grades, e eu fui premiada com a melhor refeição suíça que já tinha experimentado fora de meu país, além de uma comovente canção de despedida de um tocador de gaita de foles, talvez a única oportunidade que os prisioneiros teriam de ouvir aquele tipo de música dentro da prisão. Embora tais workshops fossem incrivelmente produtivos, costumavam ser raros. Minha esperança era que inspirassem programas semelhantes nos presídios superlotados dos Estados Unidos, onde não se dá atenção nenhuma à recuperação.

Certas pessoas ridicularizavam esses objetivos chamando-os de pouco realistas, e, no entanto, sabe-se de vários exemplos de objetivos aparentemente ainda mais inatingíveis, exceto pelo fato de estarem associados a pessoas que se empenharam em fazer mudanças. Não havia exemplo melhor do que o da África do Sul, onde o velho sistema repressivo do *apartheid* estava sendo substituído por uma democracia multirracial.

Durante anos a fio, eu havia recusado convites para realizar workshops na África do Sul, a menos que tivesse a garantia de um grupo de participantes composto de brancos e negros. Afinal, em 1992, dois anos depois de Nelson Mandela, o líder do

Congresso Nacional Africano, sair da prisão, me prometeram uma diversidade racial sob o mesmo teto, e, sendo assim, concordei em ir. Ainda que não estivesse rigorosamente seguindo os passos de Albert Schweitzer, em quem me inspirara na escolha da carreira da medicina 55 anos antes, estava realizando o sonho de uma vida inteira.

Aquele workshop, que foi um enorme sucesso ao forjar um entendimento da humanidade baseado antes em suas similaridades do que em suas diferenças, assinalou uma conquista de grande significação: aos 66 anos, realizara workshops em todos os continentes do mundo. Depois, participei de uma passeata de cunho político em apoio à transição pacífica para um governo multirracial. Entretanto, não fazia diferença estar em Johannesburgo ou Chicago, porque o destino de todos é seguir o mesmo caminho: crescer, amar e servir. Estar ali apenas reforçava a minha impressão de já ter chegado.

E então houve um acontecimento triste, o de uma partida. Naquele outono, Manny, que sobrevivera a uma operação para implantação de três pontes de safena, estava muito enfraquecido quando seu coração começou a falhar. Temendo não resistir ao frio intenso de Chicago, uma vez que seu estado era, no mínimo, problemático, ele passou o inverno em Scottsdale, no Arizona, onde o clima era mais agradável. Em outubro, mudou-se para a casa de um amigo. Foi uma temporada muito feliz para ele. Já muito distante de qualquer ressentimento sobre a maneira como nosso casamento acabara, eu passava por lá sempre que podia e enchia a geladeira dele de comida caseira. Manny adorava meus pratos da culinária suíça. Ele foi cercado de cuidados.

Já não posso dizer o mesmo das poucas semanas que Manny teve de passar no hospital quando seus rins começaram a falhar. Embora estivesse cada vez mais fraco, seu ânimo melhorou quando o levamos de volta para casa. Poucos dias antes de sua morte, eu precisava ir a Los Angeles para uma conferência sobre clínicas de repouso. Sabendo como as pessoas que estão próximas da morte têm uma grande percepção do tempo que ainda lhes resta, sugeri cancelar minha ida, mas Manny disse que queria ficar um pouco sozinho com outros membros da família.

– Tudo bem, então eu vou – disse. – Mas volto direto para cá de avião daqui a uns dias.

Meia hora antes de sair para o aeroporto, lembrei-me do trato que queria fazer com Manny caso ele morresse enquanto eu estivesse na Califórnia. Se minhas pesquisas sobre a vida além da morte estivessem corretas, queria que ele me mandasse um sinal depois que morresse. Se não estivessem, ele não faria nada e eu continuaria a pesquisar. Manny tentou protelar.

– Que tipo de sinal? – perguntou.

– Alguma coisa remota – disse. – Não sei exatamente, mas alguma coisa que eu saiba que só poderia vir de você.

Ele estava cansado e sem disposição para o assunto.

– Só vou embora quando você apertar aqui – avisei, querendo selar o acordo com um aperto de mãos.

No último minuto, ele concordou e saí satisfeita. Foi a última vez que o vi com vida.

Naquela tarde, Kenneth levou Manny à mercearia. Era a primeira vez que ele saía de casa depois de passar três semanas no hospital. A caminho de casa, Manny parou numa loja de flores e comprou uma dúzia de rosas vermelhas para Barbara, cujo aniversário era no dia seguinte. Depois disso, Kenneth levou Manny de volta, arrumou as compras, enquanto o pai tirava um cochilo, e foi para sua casa.

Uma hora depois, Kenneth voltou para fazer o jantar e viu que Manny estava morto. Morrera durante o cochilo.

Quando voltei para meu quarto de hotel tarde da noite, a luzinha do telefone que indica recados estava piscando. Kenneth havia tentado me avisar a respeito de Manny muito antes, mas só conseguimos nos falar à meia-noite. Enquanto isso, Kenneth tinha telefonado para Barbara, que morava em Seattle e estava chegando em casa do trabalho, para dar a notícia e os dois tinham passado a noite no telefone. No dia seguinte, depois de dar mais telefonemas para a família, Barbara levou seu cachorro para passear. Ao voltar, encontrou nos degraus da entrada, sobre a neve que tinha caído durante toda a manhã, a dúzia de rosas que Manny mandara para ela.

Eu não tinha conhecimento da entrega das flores até o enterro de Manny, em Chicago. Já me reconciliara com Manny e estava feliz porque ele não iria sofrer mais. Quando estávamos em torno do túmulo, começou a nevar intensamente. Notei que havia uma porção de rosas espalhadas pelo chão à volta do túmulo e achei uma pena deixá-las ali se estragando na neve. Assim, peguei aquelas rosas lindas e dei-as para os amigos de Manny, para as pessoas que estavam sinceramente abaladas com a sua morte. Dei uma rosa para cada pessoa. A última foi para Barbara, porque ela sempre tinha sido a queridinha do papai. Lembrei-me de uma conversa com Manny quando ela tinha mais ou menos 10 anos. Estávamos tendo uma daquelas discussões sobre minhas teorias de vida após a morte. Ele se virou para Barbara e disse:

– Muito bem, se o que a sua mãe diz é verdade, então, quando nevar pela primeira vez depois da minha morte, vai haver rosas vermelhas desabrochando na neve.

Ao longo dos anos, essa aposta tinha se tornado uma espécie de piada na família, mas agora era verdade.

Meu coração se encheu de alegria, que meu sorriso revelou. Olhei para o alto. O céu cinzento estava cheio de um torvelinho de flocos de neve que, para mim, pareciam confete numa comemoração. Manny estava lá em cima. Ah, aqueles dois, os dois maiores céticos de minha vida! Agora estavam rindo juntos. E eu também estava.

– Obrigada – disse, olhando para Manny lá em cima. – Obrigada pela confirmação.

39

A BORBOLETA

Como uma especialista em lidar com as perdas, não apenas conhecia os diferentes estágios por que se passa depois de uma delas, eu mesma os tinha definido. Raiva. Negação. Negociação. Depressão. Aceitação. Naquela fria noite de outubro de 1994, quando voltei de Baltimore e encontrei minha casa querida devorada pelas chamas, passei por cada um dos estágios. Fiquei surpresa com a rapidez com que aceitei o fato.

– O que mais posso fazer agora? – perguntei a Kenneth.

Doze horas depois, o fogo ainda era tão intenso quanto na véspera, à meia-noite, quando eu passara pela tabuleta com o nome da fazenda e notara o soturno brilho alaranjado manchando a escuridão do céu. Naquela hora, agradecera a Deus por não ter sido pior, inclusive pela sorte de não ter ali vinte bebês soropositivos correndo perigo. Eu também estava ilesa. A perda de bens materiais era outra questão além de minha própria vida. Os álbuns de fotografias e os diários de meu pai estavam destruídos. Assim como todos os meus móveis, utensílios e roupas. E o diário que eu mantivera de minha viagem à Polônia, que mudara a minha vida. Fotografias tiradas em Maidanek. Também perdi 25 diários nos quais tinha registrado meticulosamente todas as minhas conversas com Salem e Pedro. Milhares de páginas de documentação, anotações e pesquisas tinham ido embora. Todas as fotografias que havia tirado de minhas entidades estavam destruídas. Inúmeras fotografias, livros, cartas, agora não passavam de cinzas.

Mais tarde, naquele dia, o impacto do desastre me atingiu e entrei numa espécie de estado de choque. Tinha perdido tudo.

Até a hora de dormir, sentei-me, fumei e não consegui fazer mais nada. Na segunda manhã, saí do buraco. Acordei muito melhor, lúcida e realista. O que você vai fazer, desistir? Não. "Esta é uma oportunidade para crescer", lembrei a mim mesma. "Não se cresce quando tudo está perfeito. Mas a dor é uma dádiva com um objetivo."

E qual era o objetivo? Uma oportunidade para reconstruir tudo? Depois de examinar os prejuízos, disse a Kenneth qual era meu plano. Iria reconstruir. Por cima das cinzas.

– É uma bênção – declarei. – Não preciso mais fazer malas. Estou livre. Depois que reconstruir tudo, posso passar metade do ano na África e metade aqui.

Ele não teve dúvidas de que eu não estava em meu juízo perfeito.

– Você não vai reconstruir coisa nenhuma – disse, categoricamente. – Da próxima vez, eles vão dar um tiro em você.

– É provável que sim – disse. – Isso vai ser problema deles.

Meu filho achava que também seria um problema dele. No decorrer dos três dias seguintes, ele me escutou ponderar sobre o futuro, enquanto estávamos praticamente acampados na casa de fazenda. Certa tarde, pegou o carro e foi à cidade com o pretexto de comprar coisas de primeira necessidade, como roupa de baixo, meias e calças jeans para mim. Em vez disso, voltou com alarmes contra fogo, detectores de fumaça, extintores de incêndio e outros dispositivos de segurança – tudo o que era preciso para qualquer tipo de emergência. Entretanto, não foi o bastante para diminuir a preocupação dele comigo. Kenneth não queria mais que eu morasse ali, ponto final.

Não imaginava que ele estivesse tramando alguma coisa quando me levou à cidade para comer uma lagosta, uma das poucas coisas que eu nunca recusava. Porém, em vez de ir para um restaurante, acabamos dentro de um avião, a caminho de Phoenix. Kenneth se mudara para Scottsdale para ficar perto do pai, e agora eu estava indo atrás.

– Vamos procurar uma casa para você – disse.
Não reclamei muito. Não tinha nada para carregar. Não tinha roupas, não tinha móveis, livros ou quadros. Muito menos casa. Não tinha sobrado nada que me prendesse a Virgínia. Por que não me mudar?
Simplesmente disse sim à dor e ela desapareceu.
Em meio ao vale de lágrimas, faça do tempo um amigo.
Alguns meses mais tarde, um homem num bar de Monterey confessaria que "se livrara daquela mulher da aids". Mesmo assim, as autoridades locais recusaram-se a fazer acusações formais. A polícia do condado de Highland disse que não tinha provas suficientes. Eu não estava em condições de brigar. E quanto à fazenda propriamente dita? Apesar do dinheiro e do suor que colocara ali, simplesmente dei o centro e as instalações dos workshops para um grupo que trabalhava com adolescentes perturbados e que haviam sofrido violências.
Essa é a grande vantagem do imóvel. Eu tivera minhas oportunidades ali. Agora era a vez de outras pessoas tentarem fazer a terra trabalhar para elas.

Mudei-me para Scottsdale e encontrei uma casa de adobe no meio do deserto. Não havia nada à minha volta. À noite, entrava na piscina de hidromassagem, ouvia os coiotes uivarem e contemplava as milhares de estrelas da galáxia. Era possível sentir a infinitude do tempo. As manhãs davam a mesma impressão enganadora de quietude e silêncio. Entre as rochas, escondiam--se cobras e coelhos e os pássaros faziam seus ninhos nos cactos altos. O deserto podia ser ao mesmo tempo sereno e perigoso.
No dia 13 de maio de 1995, na véspera do Dia das Mães, havia dito ao meu hóspede, meu editor alemão, que eu estava aproveitando a oportunidade que o deserto me oferecia para refletir. Na manhã seguinte, ouvi o telefone tocar, abri um olho e vi que eram sete horas. Ninguém que me conhecesse se atreveria a ligar para mim àquela hora. Talvez fosse para meu hóspede, alguém

ligando da Europa. Quando tentei me inclinar para atender, vi que alguma coisa estava errada. Meu corpo não se mexia. Não queria se mexer. O telefone continuava a tocar. Meu cérebro dava a ordem para eu me mexer, mas o corpo não obedecia.

Então percebi qual era o problema.

"Você acabou de ter outro derrame", disse a mim mesma. "E desta vez foi grave."

Como ninguém atendeu o telefone, concluí que meu hóspede tinha saído para uma caminhada matinal. O que me deixava entregue a mim mesma. Pelo que podia perceber, o derrame tinha decididamente causado uma paralisia, mas esta parecia estar mais concentrada no lado esquerdo. Embora não tivesse força nenhuma, ainda podia mexer um pouco meu braço e perna direitos. Resolvi sair da cama e ir para o corredor, onde poderia gritar por socorro. Levei quase uma hora para me arrastar pouco a pouco até o chão. Parecia um pedaço de queijo derretendo lentamente. Só pensava em não cair para não quebrar o quadril. Teria sido demais, um derrame e um quadril quebrado.

Uma vez no chão, levei outra hora para chegar até a porta, que não podia abrir porque não alcançava a maçaneta. Gastei mais tempo usando o nariz e o queixo para, com grande esforço, conseguir abri-la. Quando finalmente enfiei a cabeça no corredor, ouvi meu editor lá fora no jardim, longe demais para ouvir minha voz fraca. Depois de mais ou menos meia hora, ele entrou e me ouviu pedindo socorro. Levou-me de carro até a casa de Kenneth, onde meu filho e eu discutimos sobre ir ou não para o hospital. Eu não queria ir.

– Você pode fumar quando sair – disse.

Assim que Kenneth concordou que, não importa o que acontecesse, eu sairia do hospital em 24 horas, permiti que me internasse num hospital próximo. Ainda assim, e apesar de meu lado esquerdo paralisado, estava relutante, difícil, reclamando e louca para fumar um cigarro. Bem longe de ser paciente ideal. Submeteram-me a tomografias computadorizadas, ressonâncias magnéticas e a todos os exames de rotina, que confirmaram o que eu já sabia: tivera um derrame de tronco cerebral.

No que me diz respeito, aquilo não foi nada comparado com os sofrimentos que passei causados pelo atendimento de saúde moderno. Começou no hospital com uma enfermeira antipática e continuou com demonstrações inequívocas de incompetência. Na primeira tarde no hospital, uma enfermeira tentou esticar meu braço, contraído numa posição recurvada e doendo tanto que até um sopro de ar sobre ele incomodava. Quando ela o agarrou, dei-lhe um golpe de caratê com meu braço direito bom, obrigando-a a pedir ajuda a duas outras enfermeiras para me segurar.

– Cuidado, ela é brigona – disse a primeira enfermeira para as outras.

Ela só sabia da missa a metade, porque saí do hospital no dia seguinte.

De modo algum eu iria tolerar aquele tipo de tratamento. Infelizmente, uma semana depois, voltei para o hospital com uma infecção urinária por estar deitada o tempo todo e não beber líquido suficiente. Como precisava urinar a cada meia hora, era obrigada a contar com as enfermeiras para ser colocada na comadre. Na segunda noite, a porta do meu quarto se fechou, minha campainha de chamada caiu no chão e elas esqueceram-se completamente de mim.

Fazia calor e o ar-condicionado estava quebrado. Minha bexiga estava a ponto de explodir. Não estava sendo uma noite das mais agradáveis. Então, vi minha xícara de chá sobre a mesa de cabeceira. Foi um presente dos céus. Usei-a para aliviar o desconforto de minha bexiga cheia.

Na manhã seguinte, uma enfermeira entrou, lépida e fagueira, com um sorriso no rosto.

– Como é que está passando hoje, querida?

Olhei para ela com uma cordialidade de arame farpado.

– O que é isso? – perguntou, olhando para minha xícara de chá.

– É minha urina – respondi. – Ninguém entrou aqui para ver como eu estava durante a noite inteira.

– Ah – disse, sem se desculpar, e saiu do quarto.

O tratamento em casa era um pouco melhor. Pela primeira vez em minha vida, estava aos cuidados do Medicare,* e aprendi um bocado de coisas – na maior parte, não muito boas. Designaram para mim um médico que eu não conhecia. Por acaso, era um neurologista muito conhecido. Kenneth me levou numa cadeira de rodas ao consultório dele.

– Como está? – perguntou.

– Paralisada – respondi.

Em vez de tirar minha pressão e verificar meus sinais vitais, o médico perguntou que livros eu tinha escrito depois do primeiro e deu a entender que gostaria muito de um exemplar do último, de preferência autografado. Eu quis mudar de médico, mas o Medicare não consentiu. Um mês depois, entretanto, tive dificuldades para respirar e precisei de ajuda. Minha excelente fisioterapeuta telefonou três vezes para o médico sem conseguir falar com ele. Por fim, eu mesma telefonei. A secretária dele atendeu e me informou que infelizmente o doutor estava muito ocupado.

– Mas a senhora pode me perguntar o que quiser – chilreou alegremente.

– Se quisesse uma recepcionista, teria procurado uma – disse. – O que eu quero é um médico.

E nunca mais o procurei. Sua substituta foi uma médica maravilhosa que era minha amiga, Gladys McGarrey, e que cuidou muito bem de mim. Era realmente interessada. Vinha me ver em casa, até nos fins de semana, e me avisava quando ia sair da cidade. Ouvia o que eu tinha a dizer. Era como acho que um médico deve ser.

A burocracia do sistema de saúde conseguiu superar as

---

* N. da T.: Sistema federal norte-americano de seguro-saúde para pessoas com mais de 65 anos de idade.

minhas piores expectativas. Indicavam-me assistentes sociais que não estavam dispostas a trabalhar. Uma mulher não me deu a menor atenção quando perguntei o que meu seguro cobria.

– Seu filho pode tomar conta disso – disse.

E ainda houve a questão aparentemente insignificante da almofada ortopédica. Uma enfermeira recomendara o uso de uma almofada especial para meu cóccix, que doía pelo fato de ficar sentada quinze horas por dia. Quando a entregaram, vi que tinham cobrado ao Medicare quatrocentos dólares por algo que não valia mais do que vinte. Despachei-a de volta pelo correio.

Uns dias mais tarde, a empresa telefonou para dizer que eu não podia devolver a almofada pelo correio. Ela teria de ser recolhida exclusivamente pelo serviço de entregas. Estavam mandando o diabo da almofada de volta.

– Ótimo, podem mandar – disse, incrédula. – Quando vierem buscá-la, vou estar sentada nela.

O sistema de saúde não tinha nada de engraçado. Dois meses depois de meu derrame, embora ainda sentisse dores e sofresse as consequências da paralisia, minha fisioterapeuta disse que minha companhia de seguros tinha retirado o apoio financeiro para a continuação do tratamento.

– Dra. Ross, sinto muito, mas não vou mais voltar – avisou. – Eles não querem pagar.

Que frase poderia ser mais assustadora quando relacionada à saúde de uma pessoa? Minha suscetibilidade de médica foi mortalmente ofendida. Afinal, eu me tornara médica por vocação. Sentira-me honrada por poder tratar de vítimas da guerra. Tinha cuidado de pessoas consideradas incuráveis. Dedicara toda a minha carreira a ensinar médicos e enfermeiras a serem mais afetuosos, prestativos e compreensivos. Em trinta e cinco anos de trabalho, nunca cobrara de um só paciente.

Agora diziam: "Eles não querem mais pagar."

Era esse o atendimento médico moderno? As decisões eram tomadas por alguém em um escritório que nunca vira o paciente?

Será que o trabalho de escritório agora era mais importante do que a preocupação pelas pessoas?

Em minha opinião, os valores estão invertidos.

A medicina de hoje é complexa e as pesquisas são dispendiosas, mas os chefes das grandes companhias de seguros e HMO (Health Maintenance Organization) estão ganhando salários anuais de milhares de dólares. Ao mesmo tempo, os soropositivos não têm como pagar remédios que lhes prolongam a vida. Os pacientes com câncer são impedidos de se submeter a tratamentos que são chamados de "experimentais". Fecham-se setores de emergência. Por que isso é tolerado? Como se pode negar a alguém o direito à esperança? Ou aos cuidados médicos?

Era uma vez, há muito tempo, uma medicina que tinha a ver com cura, não com administração. A medicina de hoje precisa adotar essa missão outra vez. Médicos, enfermeiras e pesquisadores precisam reconhecer que são o coração da humanidade, assim como os sacerdotes são sua alma. Precisam fazer da ajuda a seus semelhantes – ricos ou pobres, brancos, pretos, amarelos ou pardos – sua mais alta prioridade. Acreditem em mim, em alguém que recebeu pagamento em "terra abençoada da Polônia", eu sei: não há recompensa maior.

Na vida além da morte, todos têm de responder às mesmas perguntas. *Que serviços você prestou? O que fez para ajudar?*

Se você esperar até lá para responder, vai ser tarde demais.

A morte em si é uma experiência positiva e maravilhosa, mas o processo de morrer, quando prolongado como o meu, é um pesadelo. Vai minando todas as nossas faculdades, em especial a paciência, a resistência e a equanimidade. Durante todo o ano de 1996, suportei as dores constantes e as limitações impostas por minha paralisia. Dependo de cuidados alheios 24 horas por dia. Se a campainha da porta toca, não posso atender. E a privacidade? Pertence ao passado. Depois de quinze anos de total independência, é uma lição difícil de aprender. As pessoas entram e saem. Às vezes, minha casa parece uma estação de trem. Outras vezes, fica quieta demais.

Que tipo de vida é essa? Uma vida desgraçada.

Em janeiro de 1997, quando este livro está sendo escrito, posso dizer sinceramente que espero ansiosa por minha formatura. Estou muito fraca, sempre com dores e totalmente dependente dos outros. De acordo com a minha Consciência Cósmica, sei que se deixasse de lado a amargura, a raiva e o ressentimento por minha situação e apenas dissesse sim a essa espécie de "fim da minha vida", poderia partir, viver num lugar melhor e ter uma vida melhor. Mas como sou muito teimosa e rebelde, tenho de aprender minhas lições finais da maneira mais difícil. Como todo mundo.

Mesmo com todo o meu sofrimento, ainda sou contra Kevorkian, que tira a vida das pessoas prematuramente apenas porque elas estão sentindo dores ou desconforto. Ele não compreende que priva as pessoas das últimas lições, quaisquer que sejam, que precisam aprender antes de se formarem. No momento, estou aprendendo paciência e submissão. Por mais difíceis que sejam essas lições, sei que o Superior dos Superiores tem um plano. Sei que Ele reserva para mim a hora certa em que deixarei meu corpo como uma borboleta deixa seu casulo.

Nossa única finalidade na vida é crescer. Nada acontece por acaso.

40
Sobre a vida e o viver

É bem do meu feitio já ter planejado o que vai acontecer. Minha família e meus amigos vão chegar de todas as partes do mundo, seguir o caminho pelo deserto até encontrarem uma pequena tabuleta branca espetada numa estrada empoeirada onde está escrito *Elisabeth*, depois continuarão dirigindo até a tenda indígena e a bandeira suíça que fica no alto de minha casa, em Scottsdale. Alguns estarão tristes. Outros vão saber como estou finalmente aliviada e feliz. Eles vão comer, contar histórias uns para os outros, rir, chorar e, num determinado momento, soltar uma porção de bolas de gás parecidas com extraterrestres no céu azul. É claro, eu estarei morta.

Mas por que não dar uma festa de despedida? Por que não comemorar? Aos 71 anos, posso dizer que vivi de verdade. Depois de começar como "uma coisinha insignificante de menos de 1 quilo" que não se esperava que sobrevivesse, passei a maior parte de minha vida lutando contra as forças gigantescas, do tamanho de Golias, da ignorância e do medo. Os que conhecem o meu trabalho sabem que, na minha opinião, a morte pode ser uma das maiores experiências da vida. Os que me conhecem pessoalmente podem testemunhar com que impaciência tenho esperado a transição da luta e dor deste mundo para uma existência de amor total e irresistível.

Não foi fácil, essa última lição de paciência. Nos últimos dois anos, por causa de uma série de derrames, tenho dependido totalmente de outras pessoas para os cuidados mais básicos. Passo os dias inteiros num esforço permanente para ir da cama para a cadeira, da cadeira para o banheiro e tudo de volta outra vez. Meu único desejo tem sido deixar meu corpo, como uma borboleta deixa para trás seu casulo, e finalmente me fundir com a grande luz. Minhas entidades reafirmaram a importância de fazer do tempo meu amigo. Sei que no dia em que minha vida terminar sob esta forma, neste corpo, será o dia em que terei aprendido essa espécie de aceitação.

A única vantagem dessa lenta aproximação da passagem final da vida tem sido o tempo que oferece para meditação. Suponho que, depois de aconselhar tantos pacientes terminais, seja apropriado eu ter tempo para refletir sobre a morte quando é a minha própria que está diante de mim. Há poesia nisso, uma leve tensão, como uma pausa num drama de tribunal em que o acusado tem a oportunidade de confessar. Felizmente, não tenho nada de novo para confessar. Minha morte virá para mim como um abraço caloroso. Como disse há muito tempo, a vida num corpo físico é uma parcela muito pequena da existência total de uma pessoa.

"Depois de passar por todas as provas para as quais fomos mandados à Terra como parte de nosso aprendizado, podemos então nos formar. Podemos sair de nosso corpo, que aprisiona a alma como um casulo aprisiona a futura borboleta e, no momento certo, deixá-lo para trás. E estaremos livres da dor, livres dos medos e livres das preocupações... livres como uma linda borboleta voltando para casa, para Deus... em um lugar onde nunca estamos sós, onde continuamos a crescer, a cantar, a dançar, onde estamos com aqueles a quem amamos e cercados de mais amor do que jamais poderemos imaginar."

Felizmente, cheguei a um ponto em que não preciso mais voltar atrás para aprender mais lições, mas, infelizmente, não estou satisfeita com o mundo de onde estou partindo pela última vez. O planeta inteiro está em dificuldades. Esta é uma época muito frágil da história. A Terra foi muito maltratada durante um período longo demais sem que se considerasse a possibilidade de graves consequências. A humanidade deu livre curso à devastação dos frutos do jardim de Deus. Armas, ganância, materialismo e gosto pela destruição tornaram-se o novo catecismo da vida, o mantra de gerações cuja meditação sobre o sentido da vida está perigosamente distorcida.

Acredito que a Terra vá em breve corrigir esses erros. Por causa do que a humanidade fez, haverá terríveis terremotos, inundações, erupções vulcânicas e outras catástrofes naturais numa escala nunca vista. Por causa do que a humanidade esqueceu, haverá uma enorme quantidade de vítimas. Sei que isso vai acontecer. Minhas entidades disseram que podemos esperar por revoluções e ataques de grandes proporções. De que outra maneira fazer as pessoas despertarem? Qual é a outra maneira de ensinar o respeito à natureza e a necessidade de espiritualidade?

Assim como meus olhos enxergaram o futuro, meu coração permanece com aqueles que ficam para trás. Não tenham medo. Não há motivo para isso, se lembrarem que a morte não existe. Procurem conhecer a si mesmos e encarar a vida como um desafio em que as escolhas mais difíceis são as mais elevadas, as que terão uma ressonância de honradez e retidão e que lhes darão forças e a percepção de Deus, o Superior dos Superiores. *A maior dádiva de Deus para nós é o livre-arbítrio.* Nada acontece por acaso. Tudo na vida acontece por uma razão positiva. *Se protegêssemos os cânions dos vendavais, nunca veríamos a beleza de seus relevos.*

Ao me preparar para passar deste mundo para o próximo, sei que o céu e o inferno são determinados pela maneira como as pessoas vivem suas vidas no presente. *A única finalidade da vida é crescer. A suprema lição é aprender como amar e ser amado incondicionalmente.* Há milhões de pessoas no mundo que estão passando fome. Há milhões sem um teto. Há milhões que sofrem de aids. Há milhões de pessoas que sofreram violências. Há milhões de pessoas que padecem de invalidez. Todos os dias, mais alguém clama por compreensão e compaixão. Escutem suas vozes. Escutem como se o chamado fosse música, uma linda música. Posso garantir que as maiores recompensas da vida inteira virão do fato de vocês abrirem seus corações para os que estão precisando. As maiores bênçãos vêm sempre do ajudar aos outros.

Creio firmemente que minha verdade é uma verdade universal – acima de todos os credos, pontos de vista econômicos, de raça ou de cor – e pertence à experiência da vida que é comum a todos.

Todas as pessoas vêm da mesma fonte e retornam à mesma fonte.

Todos precisamos aprender a amar e ser amados incondicionalmente.

Todas as dificuldades por que passamos na vida, todas as tribulações e pesadelos, todas as coisas que vemos como castigo de Deus, são na realidade como dádivas. São uma oportunidade para crescer, que é a única finalidade da vida.

Não podemos curar o mundo sem nos curarmos primeiro.

Se você está preparado para as experiências espirituais e não tem medo, você as terá. Não precisa de nenhum guru ou Baba para lhe dizer o que fazer.

Todos nós, quando nascemos da fonte a que chamamos de Deus, fomos dotados de uma faceta de divindade. É isso que nos dá o conhecimento de nossa imortalidade.

Devemos viver verdadeiramente até a hora da morte.

Ninguém morre sozinho.

Todos são amados além do que são capazes de compreender.

Todos são abençoados e guiados.

É muito importante que você faça apenas aquilo que gosta de fazer. Pode ser pobre, pode estar passando fome, pode estar morando num lugar miserável, mas estará vivendo integralmente. E, no fim de seus dias, abençoará sua vida porque fez o que veio fazer no mundo.

A lição mais difícil a aprender é o amor incondicional.

Não há por que ter medo da morte. Pode ser a experiência

mais deslumbrante de toda sua vida. Depende de como você viveu.

A morte é apenas uma transição da vida para uma outra existência onde não há mais dor nem angústia.

Tudo é suportável quando há amor.

Meu desejo é que você dê mais amor a mais pessoas.

A única coisa que vive para sempre é o amor.

Agradecimentos

Desejo aproveitar esta oportunidade para agradecer não apenas a meus amigos dos dias felizes, mas a todos que sempre ficaram a meu lado nos bons e nos maus tempos.

A David Richie, que encontrei nos "velhos tempos" da Polônia e da Bélgica e que, apesar da idade avançada, continua a manter contato comigo e me visitar.

A Ruth Oliver, cujo amor sempre foi incondicional.

A Francis Luethy, que muito me ajudou durante os meus tempos na Virgínia.

Gostaria também de agradecer a Gregg Furth, Rick Hurst, Rita Feild, Ira Sapin, Steven Levine e Gladys McGarrey, por muitos e muitos anos de amizade.

A Cheryl, Paul e seu filho (meu afilhado) E. T. Joseph, por suas visitas frequentes.

Ao Dr. e à Dra. Durrer, por sua permanente amizade.

A Peggy e Alison Marengo, por adotarem sete bebês soropositivos e serem uma inspiração para todos nós. Assim como minha afilhada Lucy.

E, naturalmente, a minhas duas irmãs, Erika e Eva, como também ao marido de Eva, Peter Bacher.

CONHEÇA ALGUNS DESTAQUES DE NOSSO CATÁLOGO

- BRENÉ BROWN: *A coragem de ser imperfeito – Como aceitar a própria vulnerabilidade, vencer a vergonha e ousar ser quem você é* (600 mil livros vendidos) e *Mais forte do que nunca*

- T. HARV EKER: *Os segredos da mente milionária* (2 milhões de livros vendidos)

- DALE CARNEGIE: *Como fazer amigos e influenciar pessoas* (16 milhões de livros vendidos) e *Como evitar preocupações e começar a viver* (6 milhões de livros vendidos)

- GREG MCKEOWN: *Essencialismo – A disciplinada busca por menos* (400 mil livros vendidos) e *Sem esforço – Torne mais fácil o que é mais importante*

- HAEMIN SUNIM: *As coisas que você só vê quando desacelera* (450 mil livros vendidos) e *Amor pelas coisas imperfeitas*

- ANA CLAUDIA QUINTANA ARANTES: *A morte é um dia que vale a pena viver* (400 mil livros vendidos) e *Pra vida toda valer a pena viver*

- ICHIRO KISHIMI E FUMITAKE KOGA: *A coragem de não agradar – Como a filosofia pode ajudar você a se libertar da opinião dos outros, superar suas limitações e se tornar a pessoa que deseja* (200 mil livros vendidos)

- SIMON SINEK: *Comece pelo porquê* (200 mil livros vendidos) e *O jogo infinito*

- ROBERT B. CIALDINI: *As armas da persuasão* (350 mil livros vendidos) e *Pré-suasão – A influência começa antes mesmo da primeira palavra*

- ECKHART TOLLE: *O poder do agora* (1,2 milhão de livros vendidos) e *Um novo mundo* (240 mil livros vendidos)

- EDITH EVA EGER: *A bailarina de Auschwitz* (600 mil livros vendidos)

- CRISTINA NÚÑEZ PEREIRA E RAFAEL R. VALCÁRCEL: *Emocionário – Um guia prático e lúdico para lidar com as emoções* (de 4 a 11 anos) (800 mil livros vendidos)

sextante.com.br